新编高等学校公共管理专业精品教材

行政管理学

（第三版）

徐双敏　主　编
李明强　副主编

科学出版社
北　京

内 容 简 介

行政管理学是研究国家权力机关的执行机关依法对国家事务、社会事务和机关内部事务进行管理的活动及其一般规律的科学。作为学科的“行政管理”属于管理学门类中公共管理一级学科下的二级学科，与管理学领域的其他学科一样是应用学科；作为课程的“行政管理学”是行政管理专业的核心课程。本书在充分参考国内外相关研究成果和我国改革实践经验的基础上，系统研究了行政管理的基本概念、政府职能、行政组织、政府间关系、政府人力资源管理、公共财政、行政法治、行政伦理、行政领导、行政决策、行政执行、政府绩效管理、行政监督及行政改革与发展等问题。

本书主要供高等院校行政管理及相关专业本科生、专科生使用，也可以作为公共管理硕士（MPA）学员及社会各界实际工作人员学习参考用书。

图书在版编目（CIP）数据

行政管理学 / 徐双敏主编. —3 版. —北京：科学出版社，2016

新编高等学校公共管理专业精品教材

ISBN 978-7-03-049011-7

Ⅰ. ①行… Ⅱ. ①徐… Ⅲ. ①行政管理–管理学–高等院校–教材 Ⅳ. ①D035

中国版本图书馆 CIP 数据核字（2016）第 141111 号

责任编辑：王京苏 / 责任校对：张小霞

责任印制：张　伟 / 封面设计：蓝正设计

科学出版社 出版

北京东黄城根北街 16 号

邮政编码：100717

http://www.sciencep.com

保定市中画美凯印刷有限公司 印刷

科学出版社发行　各地新华书店经销

*

2008 年 10 月第　一　版　　开本：787×1092　1/16

2013 年 2 月第　二　版　　印张：15 3/4

2016 年 8 月第　三　版　　字数：360 000

2018 年 1 月第十三次印刷

定价：38.00 元

（如有印装质量问题，我社负责调换）

主编简介

徐双敏，中南财经政法大学公共管理学院教授，博士生导师。省级精品资源共享课程“行政管理学”课程负责人，校级重点学科“行政管理”学科带头人。1982 年留校任教至今，主要从事政治学、公共管理学领域的教学与研究。从教以来主持完成过省级教学研究项目，并获得省级教学研究成果奖，主编过国家级规划教材《电子政务概论》等多部教材，曾六次获得省政府和省教育主管部门授予的荣誉称号。现在的主要学术兼职有：中国行政管理学会理事，中国行政体制改革研究会理事，中国政治学会理事，湖北省行政管理学会副会长，湖北省政治学会常务理事等。

副主编简介

李明强，中南财经政法大学公共管理学院教授，副院长。省级精品资源共享课程“行政管理学”的主讲教师之一。主要从事行政管理学、地方政府学等课程的教学与研究。曾主持完成省级教学研究项目，获得省级教学研究成果奖。主编《地方政府学》教材，另外参与《中国地方政府改革的理论与实践》等多部教材和著作的编写，在《财政研究》等刊物发表论文数十篇。

第三版前言

本书在2013年第二版出版后，得到全国各兄弟院校师生及广大读者的厚爱，在同类教材不断出版的情况下，到2016年1月已经重印4次。考虑到近年来行政环境的快速变化，相关理论研究领域的拓展，以及我国行政体制改革实践的发展，教材需要跟上时代的步伐，需要反映新的理论研究和改革创新成果，我们对本书进行了修订。修订的主要内容如下：第一，教材仍然保持十四章的篇幅，但是我们对教材的篇章结构重新进行了编排。除去第一章绪论，第十四章行政改革以外，我们认为行政管理十二章的内容大体可以分为行政管理主体、行政行为约束和行政流程三个部分。按照这样的理解，行政主体部分包括第二章至第五章的内容，即政府职能、行政组织、政府间关系、政府人力资源管理各章；行政行为约束部分包括第六章至第八章的内容，即公共财政、行政法治、行政伦理各章；行政流程部分包括第九章至第十三章的内容，即行政领导、行政决策、行政执行、政府绩效管理、行政监督各章。第二，补充、完善、更新了各章相关内容。例如，运用最新的资料和最新的理论研究成果重新改写了政府职能、公共财政、政府改革等各章的相关内容。在行政组织一章中，增加了有关大部门制方面的内容，改写了有关编制管理的法制方法的内容。第三，校对、更新了书中所使用的资料和数据。书中尽量使用了权威机构公布的各种最新数据，同时对各种专业概念进行了校对，删除、替换了一些已经被淘汰的概念。对案例和拓展阅读文献进行了重新审定。全部替换了更合适的案例和书目。第四，为教材制作信息化的辅助资料，在学校和出版社的支持下，教材建设与慕课（massive open online course，MOOC）建设结合，拓展教材的适用性。

本书第三版仍由徐双敏主编，李明强为副主编。徐双敏提出并拟定修订大纲，组织协调全部修订工作，最后统稿。李明强参与修订大纲的拟定，协助组织工作。具体参加各章修订的是：徐双敏修改第一章、第十二章、第十四章；李明强修改第二章、第四章；田进修改第三章、第十章、第十一章；杜兴洋修改第七章、第九章、第十三章；庞明礼修改第五章、第六章、第八章。田柯、李鹏丽承担了案例编写、拓展阅读书目更新等工作。

本书在修订过程中，我们参阅了大量有关著作和文献，使用了大量的案例，恕不在此逐一列举，仅对各位作者一并致以真诚的谢意。同时，我们对出版本书的科学出版社，特别是王京苏编辑表示由衷的感谢。

徐双敏

2016年5月于武汉

目 录

绪　论

目前，国内外关于行政管理学的称谓有多种，如行政学、公共行政学、公共管理学等，它们被公认为在一定意义上可以通用的概念。作为一门应用学科，行政管理学百余年的发展史内容丰富，而它在中国的命运却充满曲折。在这一章里，我们将从行政的含义、行政管理的内涵及研究对象入手，了解行政管理学的产生与发展，以及研究的意义与方法等最基本的问题。

第一节　行政与行政管理学

一、行政的含义

“行政”这个概念在中国的词汇里古已有之。“行”是动词，“政”是名词，二者结合就是执掌政务、处理政事的意思。在西方，“行政”（administration）一词来源于拉丁文“adminatrarc”，主要含义也是执行事务。现在非学术领域“行政”的含义已经被引申到更广的范围了。行政学界的学者们在研究行政时有自己不同的视域，他们对“行政”的理解大致有以下三种。

（一）基于“分权”学说的行政观

这种观点认为“行政”就是指立法、行政、司法“三权”并立中的行政权或行政权的行使。这种观点也被称为“狭义行政观”。在西方，分权学说始于古希腊时期，当时著名学者亚里士多德（Aristotle）就在他的代表作《政治学》中，将政权分为讨论权、行政权和司法权。但是，真正成为现代学者们狭义行政观理论基础的分权思想，则是法国启蒙思想家孟德斯鸠（Montesquieu）的“三权分立”（separation of the three powers）思想。孟德斯鸠集前人分权思想之大成，将国家权力划分为立法、行政、司法“三权”，同时提出并论证了以权力约束权力的可能和必要。一些学者正是以此为依据提出对“行政”的理解，即行政就是指这“三权”之一的“行政权”，或行使行政权的国家机构“内阁政府”所从事的政务活动。

基于分权学说理解“行政”，可以比较清楚地从理论上界定“行政”边界，可以比较清楚地确定行政的主体和客体，从而区分行政权力与其他权力行使活动。但其局限也是明显的，主要是不符合现实社会的实际状况。20 世纪以来，各个资产阶级国家的行政权力都表现出扩大的趋势，而行政权力扩大的主要形式就是“三权”的互相渗透。在“三权”边界实际上日益模糊的今天，用狭义的行政观解释现实已经困难，还要它担负理论指导的重任，显然是难以办到的。

（二）基于“政治–行政二分”的行政观

这种观点认为政治与行政是分离的，政治是国家意志和利益的表达过程，而行政则是国家意志和利益的执行过程。最早提出这个观点的德国学者斯坦因指出：“国家的宪政不能包有行政。此恰犹意志的本身，不能就是行为或劳动一样。此宪政的最大技能，是对行政予以权利和设定。”[①]正是基于这个观点，威尔逊（Thomas W. Wilson）才创立了行政学。不过此后美国学者古德诺（Frank J. Goodnow）在1900年发表的《政治与行政》中更强调的是政治与行政的协调。以古德诺为代表的“政治–行政二分”（polities-administration dichotomy）的行政观，在研究视角上完全不同于基于“分权”学说的行政观，这种行政观将研究的视角投向了有效行政所必需的外部环境方面，即政治与行政的关系，国家意志的表达与执行方面，因而是比较宏观的一种行政观。

基于“政治–行政二分”的行政观，促成了行政学从政治学中独立而成为一门新学科，还为当时政府的行政管理活动提供了理论依据，使政府更多地关注管理技术，从而推动了行政管理的科学化。但在现实中它的局限也是明显的。首先，由于对政治与行政相分离观点的盲目推崇，多数人甚至忽视了古德诺关于政治与行政无法真正分离、应当相互协调的观点。其次，“政治–行政二分”的行政观，没有提供合理的行政组织结构模式，也没有说明行政系统应该如何有效运转。最后，“政治–行政二分”的行政观也不能普遍适用，它具有特定的应用限定。它产生于多党政治这一特定的政治环境下，只有在特定的政治条件下才有意义，因此，第一次世界大战后行为主义批判性地出现成为必然。

（三）基于管理功能的行政观

这种观点认为行政是指所有公共部门和私人部门，也包括非政府组织（non-governmental organization）的行政事务的管理和处理活动。这种观点又被称为广义行政观。持这种观点的代表人物是系统论述行政学科的第一人——美国学者怀特（Leonard White）。他在1926年出版的代表作《行政学导论》中提出：“行政乃是为完成某种目的时，对许多人所作的指挥、协调和控制。”[②]这样的观点在行为主义行政学家西蒙（Herbert A. Simon）那里得到发挥。这种观点基于一般的管理，对行政活动的性质、工作范围没有做任何的限定，所以，实际是把行政的外延扩大到了所有组织的内部管理，也就是通常所谓的部门行政，这样就形成了广义行政观。

基于管理功能的行政观在提升行政管理的科学性、专业性方面起了极大的促进作用，同时极大地拓展了行政学的研究领域，是行政学走出政治学的樊篱后的研究领域的扩展。但负面的影响也会随之产生，这就是，如果将行政混同于一般的管理，那就无法体现行政组织特有的政治性、权威性、公共性、公益性，当然也就不能真实反映行政管理的规律。

（四）行政的定义

对于“行政”这个概念，学界至今未形成完全一致的共识。

不过国内几位有影响的专家学者实际都是狭义行政观的支持者，他们都不主张将行政的

① 蜡山正道：《行政学总论》，中华书局，1934年，第5页。

② 怀特 L：《行政学导论》，刘世传译，商务印书馆，1947年，第2页。

使用外延扩大到国家行政机关以外。本书也持狭义行政观，即我们对行政的定义是，行政就是国家权力机关的执行机关依法管理国家和社会事务，以及管理机关内部事务的活动。

需要特别指出的是，本书的行政定义虽然属于狭义行政观，但并不与西方的任何一种狭义行政观相同。我们的行政观是建立在理论与现实结合的基础之上的，既不同意行政与政治分离的观点，也不同意行政权是与立法权、司法权相对立的权力的观点，因为这些观点理论上都有不科学之处，与现实也不符合。

二、行政管理的含义

“行政”概念提出后，在现实中又引申出“公共行政”、“行政管理”、“公共行政管理”，以及近些年的“公共管理”等近似的概念。说它们近似是因为这些不同概念各有不同内涵，不能简单画等号。

（一）行政管理的内涵

“行政管理”的概念在英文里也是“administration”，但有时也与“public administration”通用。由此也可以知道，“行政”或“管理”与“公共行政”或“行政管理”没有实质的区别。可以这样理解，“公共行政”（public administration）强调的是管理活动的目的性，即突出行政活动的公共性，而“行政管理”强调的是管理活动的主体性质，即突出行政组织从事的管理活动。

由于原本“行政”中的“行”就是管理的意思，所以再加“管理”当然就特别突出是行政机关管理的内涵。为此，本书同意这样理解行政管理的内涵，即“行政管理是指行政机关及其行政人员对国家事务、社会事务和机关内部事务的计划、组织、指挥、协调、控制等管理活动”[①]。这一概念侧重于技术的问题，追求行政行为的效率。

（二）行政管理的构成要素

从管理学的角度研究行政管理，可以认为行政管理与一般管理一样，主要由管理目标、管理主体、管理对象、管理工具等构成。但是从行政管理是国家行政权力性质的角度看，行政管理的构成要素就应该不同于一般的组织。行政管理的主要构成要素应该包括行政权力、行政职能、行政组织、行政体制和行政管理方法等。

（1）行政权力是国家政治权力的重要组成部分，是行政管理活动赖以展开的强制性依据。现代国家的行政权力主要来自国家的宪法和其他法律规定，其中包括法定权力和法律授权。有的国家的行政权力也会来源于行政惯例。

（2）行政职能是政府的职责和任务，也是行政机关设置的依据。行政管理的内容由具体的行政职能所反映，所以不同历史时期国家工作重心不同，行政职能的侧重点不同，具体行政职能也不同。

（3）行政组织是各类行政机构的总称。行政组织是行政职能的载体，所有行政职能都是通过行政组织而得到行使和最终实现的。所以行政组织也是国家机器的重要组成部分。

（4）行政体制也称行政管理体制，是行政权力的外在形式，具体表现为行政机构内部的

---

① 怀特 L:《行政学导论》，刘世传译，商务印书馆，1947 年，第 2 页。

领导组合方式。行政体制由行政组织、行政制度和行政关系共同构成，因为它既包括不同行政层级之间行政组织的隶属关系，也包括同级行政组织之间的相互组合关系。行政体制直接关系行政权力的实现程度，关系行政组织功能的发挥和行政职能的实现。

（5）行政管理方法是实现管理目标的“工具”。一般的行政管理方法包括法制和财政，这两类依据都源于国家权力。其中，财政提供物质性的行政管理依据和手段，法制提供非物质性的依据和手段。

行政管理的内涵都是集中于这些基本要素，行政管理活动就是由这些要素的运动构成的。

三、行政管理学的研究对象

基于上述对行政和行政管理含义的深入认识，行政管理学就是研究国家权力机关的执行机关依法对国家事务、社会事务和机关内部事务进行管理的活动及其一般规律的科学。行政管理对象的广泛性也决定了这个学科与多个学科有密切的联系。

（一）行政管理学的主要研究内容

作为学科的行政管理学，其主要研究内容肯定与行政管理的主要构成要素是一致的，即行政管理的主要研究内容可以分为行政管理主体研究、行政行为约束研究和行政流程研究三大部分。

（1）行政管理主体研究。这是行政管理学的核心部分，它具体包括政府职能、行政组织、政府间关系及行政人员。这些内容之间存在清晰的逻辑联系，即作为国家职能组成的政府职能是全部行政管理活动的逻辑起点，政府职能的抽象性决定了它必须以行政组织和不同层级的政府为载体。行政组织和不同层级的政府又是在行政体制内运作并发挥作用的。行政组织及各级政府的真正运动主体是人，而在行政组织及各级政府内的行政人员就是政府的人力资源。

（2）行政行为约束研究。这是研究约束行政管理主体行政行为各因素的部分，这些约束因素主要包括公共财政、行政法治和行政伦理。政府的所有活动都离不开资金的支持和保证，所以公共财政是必须要研究的重要约束因素。所有现代国家都是法治国家，政府以“法无授权不可为”作为基本行为准则，研究行政行为也必须研究行政法治。行政伦理作为一种特殊的职业伦理，其特殊性就在于它是指导和约束政府公职人员的职业伦理，而政府公职人员是政府职能的实现者。

（3）行政流程研究。这是研究政府管理过程的部分。政府的一般管理流程依次包括行政领导、行政决策、行政执行、政府绩效管理、行政监督几个环节，我们的编排顺序也力求与现实行政管理工作流程一致。行政领导既可以做动词理解，也可以做名词理解，正因为如此，把这行政领导的内容放在行政流程之首，即组建了领导机构，确立了领导体制才能开始行政决策、行政执行等后续实务。这里需要强调的是，就国家政权来说，行政决策是执行性的决策。政府绩效管理和行政监督都是行政管理的控制手段，它们的区别在于，绩效管理可以起到事前引导、事后反省的作用，而行政监督更多的是事中、事后的督促、处罚。

此外，我们还对行政管理的基本概念和沿革进行了研究，这是本书的主要内容。

（二）行政管理学与其他学科的关系

作为管理学门类中的一个二级学科，行政管理应该突出它的管理性，但行政管理主体的管理权力来自国家权力，所以与政治学、法学、管理学有密切的关系，但又明显不同于这些学科。

行政管理学与政治学的关系。行政管理学与政治学联系紧密。行政管理的主体权力来自国家权力，行政权也是国家权力的组成部分。而且国家的国体和政体直接决定行政管理的性质和体制。行政管理的管理客体就是国家事务和社会事务，反之，行政管理的范围、形式、方法又受到法律、资源、国家目标、经济体制等各种因素的制约。但是行政管理毕竟不是政治学，行政从政治学中分离出来，就是因为它属于管理活动，现在的行政管理学已经是比较成熟的、有别于政治学这个基础理论学科的应用性学科。

行政管理学与管理学的关系。行政管理学属于管理学门类，当然与管理学联系密切。当年泰勒科学管理理论的创立，直接推动了行政管理理论的发展和完善。在行政管理学的发展过程中，始终离不开对管理学——企业管理理念、方法、手段的直接运用。但是，行政管理主体的公共性又使它不能完全照搬管理学。因为以企业管理为主要内容的管理学，是以追求企业利益最大化为目的的，而行政管理却必须以追求国家利益的实现、追求公共利益的最大化为目的。

行政管理学与法学的关系。行政管理学与法学的联系十分密切。政府的职能、权限和所有的活动都受到法律约束，政府必须在法律规定的范围内行使职权。同时，政府也参与立法，授权立法。但是行政管理学与法学的区别又是明显的。法律是国家意志的体现，法学作为一个研究一切法律现象的学科，以法律意识、法律关系、法律行为等作为自己的研究对象。这显然与行政管理学不同。

总之，行政管理学是一门应用学科，同时也是一门综合性很强的独立学科。

第二节 行政管理学的产生与发展

一、行政管理学的产生背景

与政治学、哲学等古老的学科相比，产生于19世纪后期的行政管理学是一门年轻的学科。由于“行政学”是它产生时的概念，现在我们所说的行政管理学与之没有本质的区别，所以，以下论述中我们为了尊重事实，不区分“行政学”与“行政管理学”的使用。一般认为，1887年美国学者威尔逊发表的《行政学研究》是行政学领域的开山之作，因为这篇论文第一次提出并论述了行政学独立于政治学成为专门学科的必要性。1900年美国学者古德诺出版著作《政治与行政》，使威尔逊提出的观点得到极大的充实和普及。1926年美国学者怀特的《行政学导论》出版，标志着行政学学科体系的完整建立。

行政管理学产生于19世纪末20世纪初，有其深刻的时代背景和理论基础。

（一）行政管理学产生的时代背景

19世纪末到20世纪初是世界资本主义从自由主义向垄断发展的时期，与经济的发展相一致的是国家行政权力的集中，政府职能的扩张。自由资本主义时期的经济特征就是“自由”发展，政府对社会和经济事务的管理是相当有限的。政府以“守夜人”的角色为自己定位，在国家权力结构中，政府只是议会的“仆人”，行政权力从属于立法权，各国的权力重心都在议会，也就是在立法权。

当自由资本主义向垄断资本主义转变时，政府行政职能扩张，国家的权力重心逐步向行政权转移，政府也日益上升为支配地位。垄断资本主义阶段由于需要管理的国家和社会事务急速增加，政府必须改变“守夜人”的角色定位。而政府管理事务的增加，又使政府机构急速扩大，政府内部的管理事务也日趋复杂，在这样的现实中，原有的行政管理方法无法适应，现实呼唤行政管理科学理论的指导。

形成于19世纪中期的英国文官制度，也为行政管理学的最终形成提供了现实基础。1855年，英国政府以《枢密院令》的形式，颁布了文官制度改革的第一个正式法令，直到1870年枢密院颁布第二个文官制度改革法令，标志着英国正式建立起了现代文官制度。由于这个制度以实行政府公职人员的公开竞争考试，择优录用，建立考绩制度，对公职人员实行品位分类管理和常任制为主要内容，为政府实行科学管理奠定了基础，所以也为行政管理学的产生提供了现实依据。

（二）行政管理学产生的理论基础

从理论基础和源泉看，政治学的长足发展和科学管理理论（scientific management theory）的诞生，为行政管理学从政治学中分离做了充分的理论准备。

政治学是行政学的母体，经过法国18世纪启蒙运动思想家们的推进，古老的政治学说得到了极大的充实和完善，尤其是“三权分立”的思想为社会普遍接受，成为后来行政学独立于政治学的一个主要理论依据。法国著名启蒙思想家孟德斯鸠在1748年发表了代表作《论法的精神》。在这部著作里，他集前人分权思想之大成，第一次完整地提出了“三权分立”的思想。他指出，立法权力代表国家的一般意志，行政权力执行国家的意志，司法权则应该按照法律规定的方式行使。孟德斯鸠的“三权分立”思想在法国和西方各国的历史进程中产生了重大的影响，尤其是直接促成了基于“分权”学说的行政观的形成。

科学管理理论的诞生，更是为行政管理学提供了直接的理论借鉴。进入19世纪，在工业革命后迅速发达起来的欧美国家，相继出现了一些大型和超大型的工业组织和商业组织，但是这些组织的管理却仍在沿用传统的以个人经验为主的管理方法。传统的完全靠管理者个人的经验积累，以及口述言传延续、发展的管理方法，已经不能适应现代企业的发展需要，这就为科学管理理论的产生提供了基本条件。既具备产生条件，又有产生需求，正是在这样的背景下，被称为“科学管理之父”的美国人泰勒（Frederick W. Taylor）在1911年出版了著作《科学管理原理》（*The Principles of Scientific Management*，又译《科学管理原则》），标志着科学管理理论诞生。他的理论主要包括制定工作定额、标准化、能力与工作相适应、差别计件工资、计划职能与执行职能相分离等。由于科学管理主要是对工作过程的管理，所以，泰勒理论后来也被归为“管理过程学派”。科学管理理论的这些内容被运用于政府内部管理，就成为行政管理学的基本内容。

二、行政管理学的形成与发展

行政管理学的产生和发展至今已有一个世纪了，对这一个世纪中行政管理学的发展历程，学者们有不同的划分方法。

本书同意三阶段划分方法，即我们认为一百多年来，行政管理学经过了形成、成长和现代化这样三个阶段的发展。

（一）行政管理学的形成阶段

这个阶段是指 1887 ~ 1929 年这一时期。

在这个阶段里，1887 年威尔逊在《行政学研究》中首次提出要建立一门独立的行政科学。他的贡献有以下几个方面：①指出了建立行政学的必要性，认为“与制定一部宪法相比较，‘贯彻’一部宪法变得越来越困难了”[①]，所以行政管理工作迫切需要有科学理论的指导。②厘清了行政学与政治学的关系。指出政治科学是大约 2 500 年前就开始了的学问，而行政科学却是 20 世纪的产物。行政科学是政治科学的最新成果。“公共行政就是公法的明细而且系统的执行活动。一般法律每一个具体执行细节都是一种行政行为”[②]。③提出了行政学的目标和任务。认为行政学研究的目标在于弄清楚政府能够适当而且成功地承担的任务，弄清楚政府怎样以尽可能高的效率和尽可能少的消耗完成这些专门的任务。④指出了行政学的研究方法，特别强调排除一切成见，“向除了本国之外的一切地方寻求启示”[③]的重要性。⑤对行政学的部分具体内容，如人事行政、行政监督、行政伦理等做了阐述。正是由于威尔逊不仅提出了行政学与政治学分离的必要性，还提出了行政学的目标、任务、研究方法及主要内容，所以完成了行政学的创立工作。

1900 年古德诺的著作《政治与行政》出版，进一步阐发了威尔逊的“政治–行政二分”的观点，从而使行政学独立学科的地位更加凸显，对行政学的形成和发展产生了深远的影响。①古德诺的突出贡献不在于提出了“政治–行政二分”的观点，而在于他澄清了由这种“二分”的提法而容易造成的误解，同时强调了政治与行政必须以某种方式取得协调。②古德诺还提出了政治与行政协调的方式，他说：“为了使政治功能与行政协调起来，政府体制中的政治机构必须对行政机构进行控制。”[④]③他还认为：“只有行政在一定程度上被集权化了，才能达到政治和行政功能之间必要的协调。”[⑤]根据这样的原则，他甚至具体提出了对美国政府进行体制改革的设想和建议。古德诺完善和充实了威尔逊创立的行政学理论，在创立行政学的过程中树立起了又一块丰碑。

20 世纪初期也是管理学理论发展活跃的时期，1911 年泰勒的《科学管理原理》发表，1916 年法约尔（Henry Fayol）的《工业管理与一般管理》（*Administration Industrielle et Générale*）出版，标志着科学管理理论的诞生，科学管理理论对管理的机制、原则和方法进行了全面而深入的研究。

法约尔与泰勒主要关注工人工作效率不同，他试图建立一个适用于一般管理，即包括企

---

① 威尔逊 TW:《行政学研究》，李方译，《国外政治学》，1987 年第 6 期，第 32 页。

② 威尔逊 TW:《行政学研究》，李方译，《国外政治学》，1987 年第 6 期，第 46 页。

③ 威尔逊 TW:《行政学研究》，李方译，《国外政治学》，1987 年第 6 期，第 50 页。

④ 古德诺 FJ:《政治与行政》，王元译，华夏出版社，1987 年，第 51 页。

⑤ 古德诺 FJ:《政治与行政》，王元译，华夏出版社，1987 年，第 69 页。

业管理和政府、公共事务管理的理论。他提出了五个管理要素，对管理的定义是“管理就是实行计划、组织、指挥、协调和控制”①。提出这五个管理要素是他的重大贡献。他开创了组织研究的领域。在这方面他提出了 14 个管理原则，其中的一些核心内容，如金字塔形的组织层次结构、层次原理、统一命令、例外原则、授权、管理幅度、分部门管理等内容，至今还被管理学普遍使用。行政组织学的开创也是他的最大贡献。

德国的学者韦伯（Max Weber）在这个时期，也对行政组织理论进行深入细致全面的研究，他提出的官僚制理论（bureaucracy theory）成为行政组织的经典理论。韦伯的官僚制中“官”是指领导者、官员，“僚”是指工作人员、幕僚，而“官僚制”则指特定的具备分工合理、层级节制、照章办事、非人格化管理、专业化等特征的行政模式。韦伯认为这种官僚制管理模式是大规模机构管理的最有效模式，这种管理模式适用于企业和政府等社会中所有庞大复杂的组织。这些管理学的理论极大地启发了行政管理的研究者。

行政学学科体系完整建立的标志是 1926 年怀特的《行政学导论》的出版。这部著作被后人公认为世界上第一本行政学教科书。怀特的研究重点是行政内部管理，包括行政管理的技术性细节，所以就极大地丰富了行政学研究的内容，同时也使行政学真正成为一门独立、完整的学科。怀特明确了行政学的研究对象和范围，他指出：行政学就是对政府中“市政、联邦或联邦行政的研究”，行政中的各种基本问题，包括公务员创造才能的发展、工作的胜任、廉洁、负责、合作、财政、监督、领导资格、纪律及各级政府的行政程序等，都是行政学研究的范围②。怀特在他的著作里“为行政学的学科体系构建了一个比较完整的理论框架，对行政学研究的基本理论问题都进行了系统的研究”③，所以第一次使行政学成为系统化、理论化的知识体系。1927 年美国学者威洛比（F. Willoughby）出版了《公共行政原理》，这两部书的出版完成了行政管理学的创立。

总体看，处在创立时期的行政管理学，因为深受政治–行政二分及科学管理思想的影响，所以研究是从政府机构的静态结构、固定程序入手，比较注重研究行政管理的原则、制度等过程管理的内容。

（二）行政管理学的成长阶段

这个阶段是指 1930 ~ 1960 年这段时期。

1930 年，国际行政科学学会在西班牙首都马德里成立，标志着行政管理学的发展进入了一个新阶段。与行政管理学创立初期注重科学管理、个人管理不同，这个阶段行政管理学的理论充分借鉴了管理学中行为主义（behaviorism）管理理论，重视行政过程中人的行为和心理因素的管理。

行为主义理论后来也被称为行为科学（behavior sciences），是在 20 世纪 30 年代前后出现的。与此前的各种管理理论主要强调管理的科学性和严密性，轻视人的作用，把工人看做机器的附属品不同，早期的行为主义在综合运用心理学、社会学、人类学等相关学科研究成果的基础上，注重组织中人的因素，研究人的个体行为和群体行为，强调满足个人的社会需求。

早期行为主义的代表人物是美国哈佛大学教授梅奥（George E. Mayo）。1933 年他出版了著作《工业文明中人的问题》（*The Human Problems of An Industrial Civilization*），提出了著名

---

① 法约尔 H:《工业管理与一般管理》，周安华等译，中国社会科学出版社，1982 年，第 5 页。

② 怀特 L:《行政学概论》，刘世传译，上海商务印书馆，1947 年，第 12 页。

③ 丁煌:《西方行政学说史》，武汉大学出版社，1999 年，第 91 页。

的“霍桑实验”。“霍桑实验”结果表明：工人是“社会人”而不是“经济人”；企业中存在着非正式组织；生产率主要取决于工人的工作态度以及他和周围人的关系。为此，梅奥提出：第一，工人是“社会人”，除了物质需求外，他们还有社会的、心理的等各方面的需求，不能忽视这些因素对工人工作积极性的影响；第二，原有的管理理论仅注重正式组织的作用是有欠缺的，非正式组织不仅存在，而且与正式组织互相依存，对生产率有重大影响；第三，提高生产率的主要途径是提高工人的“满足度”。梅奥和他的“霍桑实验”引起了管理学界的极大关注。

早期行为主义理论直接影响了行政管理学的学科发展进程，其中最著名的是巴纳德（Chester I. Barnard）和西蒙的理论。

巴纳德被称为现代管理理论中社会系统学派的创始人。他的贡献有以下几个方面：第一，提出了组织是一个社会系统的观点。他给组织下的定义是：组织是一个协作的系统[①]。第二，提出了非正式组织的理论。他把组织分为正式组织和非正式组织，认为正式组织不论其级别高低、规模大小，其存在和发展都必须具备明确目标、有协作的意愿和良好的沟通这三个条件。正式组织中还存在非正式组织，这些组织是无形的，是一些因工作上的联系而形成的有一定看法、习惯和准则的成员群体。非正式组织可以实现正式组织实现不了或难以实现的信息沟通、意见发表传递、意愿调节等作用，从而维持正式组织内部的团结。所以巴纳德认为，非正式组织的存在和作用，可以增强组织的功能，使组织更有效率。经理人员应该重视非正式组织，创造条件发挥非正式组织的作用。第三，他用社会系统的观点研究经理人员在组织和管理中的重要作用，概括出领导行为的四个要素，即确定目标、运用手段、控制组织、进行协调，他强调这四个要素是一个整体。第四，他认为环境和组织对领导人的影响极大，但领导人的个人品质是第一位的、决定性的。他还全面论述了对领导人进行选拔、培养、训练等一整套方案。正是他的这些理论使行政管理学的发展与现代管理科学的发展保持了同步。

西蒙在行政学领域最重要的贡献是1947年出版的《行政行为——行政组织决策过程的研究》（*Administration Behavior: A Study of Decision-Making Processes in Administrative Organization*，又译《管理行为——管理组织决策过程的研究》）。这部著作被后人评价为传统行政学派与行为主义学派的重要里程碑[②]。西蒙的贡献主要体现在以下几个方面：第一，提出“管理就是决策”的观点。他指出，传统的行政学都只研究“执行”，不注意“决策”，而实际上决策与执行互相关联、不可分割。决策活动是行政活动的典型活动。第二，提出有限理性决策理论是西蒙的重大贡献。西蒙认为，古典经济学理论中所谓的“绝对理性经济人”实际上是不存在的，人类行为所依赖的实际是介于理性和非理性之间的“有限理性”。因此，应该用“行政人”来取代“经济人”，而“行政人”的基础就是“有限理性”。基于“有限理性”的分析，西蒙提出决策准则也应该用“令人满意”准则取代“最优化”准则。第三，西蒙主张在合理决策结构的基础上设计组织结构，从而使自韦伯以来传统的组织结构优先的行政管理学研究，转为决策结构优先的研究。他在著作中批评传统行政管理理论中的“专业分工”“统一指挥”“控制幅度”等行政原则，不过是自相矛盾的谚语。因为，如果组织的决策结构不良，僵化的组织结构就会成为合理决策的障碍，对负担大量公共事务的行政组织更是如此。第四，西蒙不仅把决策的概念引入了行政管理学，而且建立了一个比较完整的决策理论体系。他提出，决策过程包括“情报活动”“设计活动”“抉择活动”“审查活动”四个阶段。

---

① 孙耀君：《西方管理学名著提要》，江西人民出版社，1998年，第318页。

② 丁煌：《西方行政学说史》，武汉大学出版社，1999年，第213页。

他还指出，在实际决策活动中，各阶段是互相交织的，而且各阶段的重要性是不一样的。第五，他在决策理论的基础上，对组织的层级结构、组织的专业分工、组织的集权与分权等方面，提出了关于组织设计的理论。

尽管对西蒙理论的评价存在分歧，但他的确是一个承前启后、开创行政管理学研究新阶段的学者。从研究方法看，他“承前”，他是运用行为科学理论研究行政管理学最有成就的学者之一[①]，而从行政管理学研究的途径和内容看，他“启后”，他对决策的研究开创了以政策研究为主导的行政管理学研究的新潮流。

（三）行政管理学的现代化阶段

这个阶段是指 1960 年以来的时期，所以也被称为科学化阶段。这个阶段行政管理学发展的最显著特点就是研究方法的多学科交叉、渗透。20 世纪 60 年代以来，自然科学、技术科学、现代社会科学及管理科学的最新理论化方法都被引入行政管理学领域，使行政管理学的发展进入了一个新的阶段。

这个阶段另一个特点是学科发展的百家争鸣、百花齐放。由于不同学术背景的学者加入，以及多种理论和方法的引入，行政管理学科中出现了多种学派并存的局面。科学管理学派、决策理论学派、组织行为学派、经验主义管理学派、人际关系学派、系统管理学派、权变理论学派等，它们之间互相借鉴，也互相争辩，共同推进了行政管理学的发展。

20 世纪 60 年代以来，政策科学（policy sciences，或称公共政策学、政策学）和新公共管理（new public management）理论先后兴起，它们在成为行政管理学新内容的同时，也为行政管理学增添了新的时代气息和新的活力。

政策科学在这个时期的快速兴起，为行政管理学增添了新的领域。政策科学的创始人是美国学者拉斯韦尔（Harlod D. Lasswell）。1951 年他与勒纳（D. Lerner）共同主编的《政策科学：视野与方法的近期发展》一书出版，书中第一次提出并界定了政策科学的概念，书中指出：“政策科学是用于解决社会问题，特别是解决那些结构和关系都很复杂的社会问题的工具。”书中还对政策科学的基本范畴、科学的决策方法等问题，都做了比较深入的探讨，这本书因此被公认为政策科学形成的标志。20 世纪 60 年代以后，政策科学得到长足发展，美国经济学家林德布洛姆（Charlse E. Lindblom）的渐进主义（incrementalism）决策理论、以色列学者德洛尔（Yehezkel Dror）的政策分析理论，都为政策科学增添了新的分支领域。总体看，政策科学的发展特点包括如下几点：第一，政策科学方法论实现了多样化，改变了单一的行为主义方法论的研究局面。20 世纪 60 年代初期，在政策分析中运用系统分析、运筹学、线性规划及成本收益分析等定量方法和技术，取得了显著的成就。60 年代后期以后，公共选择（public choice）方法、博弈论（game theory）方法、个案分析方法等都相继成为政策科学的重要研究方法。第二，研究的重点有所转变。20 世纪 60 年代初期，政策科学的研究重点在政策制定。60 年代后期以后，对政策研究的重心转到政策的执行、评估，以及政策的终结和政策周期方面。第三，对政策过程中的价值因素和伦理因素的作用给予了重视。政策科学的发展极大地影响了行政管理学的整体进程，以至于行政管理学中出现了公共政策学派，一些学者甚至主张用公共政策取代行政管理学的地位。

新公共管理理论在 20 世纪 70 年代以后出现，在 21 世纪之初基本形成，是西方新公共管理运动的直接产物，它的理论内涵也与新公共管理运动密切联系。需要指出的是，我们今天

---

① 张永桃：《行政管理学》，高等教育出版社，2003 年，第 13 页。

所谓的新公共管理运动，实际是对 20 世纪 70 年代末由英国开始、继而遍及美国等几乎所有西方国家的政府改革的总称。

新公共管理理论也被称为“公共管理学”（public management）。有学者指出，是英国学者胡德（Christopher Hood）于 1991 年春在《行政管理》（*Public Administration*）杂志发表论文《一种普适的公共管理模式》（*A Public Management for All Seasons*）中，第一次提出“新公共管理”的概念。而 1991 年在美国锡拉丘兹大学召开第一次美国公共管理学术研讨会（The National Public Management Research Conference），以及参会论文集《公共管理：学科的现状》在 1993 年正式出版，是公共管理学派正式形成的标志。

不过对于“public management”到底是行政管理学的一个新学派，还是一个独立的新学科的问题，学界目前还没有形成一致意见。本书认为公共管理学是行政管理学的一个新学派，因为它们的学科基础是一样的，研究的主要内容是一样的，就“管理”而言，主体和客体，以及目的、原则、方法、基本保障等构成学科的基本要素都只是扩大了外延，并没有“另起炉灶”，所以不能说它是一个全新的学科。

新公共管理理论是行政管理学在新的历史环境中的新发展，主要表现在以下几方面：第一，它的研究对象范围扩大了。它不仅研究政府组织，还注重研究非政府公共组织。第二，研究的重心从政府内部转到政府外部，即从注重研究政府的机构、过程、人员等，转到注重研究政府的公共责任、政府管理的对象、管理绩效评价、公共管理的环境、战略管理等内容。第三，研究所使用的理论和方法更综合、更具跨学科的特点。一方面，对公共管理问题研究的学者来自各个不同的学科；另一方面，学者们的理念也更开放，整合了经济学、管理学、社会学和政治学等多个学科的最新研究理论。第四，开拓了新的研究领域。新的研究理论在为行政管理学带来新理念、新方法的同时，也带来了新的研究内容。例如，在从经济学和管理学等领域吸收了公共选择理论（public choice theory）、委托—代理理论（principal-agent theory）、生产成本理论（production cost theory）、平衡计分卡理论（balanced score card theory）及社会治理理论（social governance theory）的同时，也将公共物品、成本核算、绩效管理、重塑政府、流程再造、制度安排、公私伙伴、民营化、政府形象、管理工具等，过去从来没有涉及的关键词变成了自己的研究主题。第五，实证研究成为主要研究方法。由于是新公共管理运动催生了新公共管理理论，所以从某种程度上说，新公共管理理论是对各国改革实践经验的总结和论证，所以实证研究就成为新公共管理理论的核心研究方法。第六，它的另一个特点是具有现实性。近 20 年来，新公共管理理论能够得到迅速的发展和广泛的传播，与其能够直接而有效地指导实践有着密切关系。

行政管理学现代化的发展趋势表明，作为一门应用型的学科，行政管理学的发展必须以回应社会新要求为基本方向，公共管理学派的发展特点就代表了行政管理学的发展方向。

三、行政管理学在中国的传播和发展

（一）行政管理学在中国的早期传播

中国古代关于国家管理的思想和学说非常丰富，两千多年前的《论语》就专门有“为政”篇。“四书五经”、《资治通鉴》、《二十四史》实际都是有关国家管理的经验和理论，有关“修齐治平”之道妇孺皆知，更是成为我们民族文化的一个重要组成部分。如果就行政管理学所研究的主要内容来说，中国作为一个文明古国，在漫长的封建统治时期，积累了相当丰富的国家管理经验，如集中统一的行政组织体制、古代科举制度、古代监察制度等。不过在中国古代，行政思想与政治思想不分，政治思想与伦理思想不分，所以虽然有关行政管理的思想和实践经验都非常丰富，但是却没有能够产生独立的行政管理学。行政管理学作为一门独立学科，还是从西方传入中国的。

早在 19 世纪末，行政管理学刚刚在西方出现，就有学者把它们介绍到中国。梁启超曾在 1896 年写的《论译书》里呼吁“我国公卿要学习行政学”①。不过，当时中国内忧外患的实际国情，是不可能真正形成“学习行政学”的动力的。20 世纪三四十年代以后，一些国内学者开始比较系统地介绍、传播行政管理学。1935 年上海商务印书馆出版了我国第一部行政管理学专著《行政学之理论》。这部书的作者张金鉴在 1944 年与唐振楚等一起发起成立了行政学会，并出版了《行政学季刊》。此后，行政管理学在中国的传播和研究进入了兴盛时期，一些大学开设了行政学专业，为了适应教学需要，一些学者编写了相关的教材，如《行政管理学》《行政学概要》《行政学提要》《行政学典范》等，此外还翻译了一批国外行政管理学的著述。

不过总体看，这时行政管理学在中国还仅限于传播的层面，还没有学者真正深入研究行政管理理论，更没有结合中国的行政管理实际取得独创性的研究成果。

（二）行政管理学在中国的恢复

新中国成立之初，国内一部分高等学校继续设置行政学专业，开设相关课程。但是在 1952 年，国家对高校进行院系调整时却由于种种原因取消了全国各个高校设置的行政学专业，相关的行政管理学等专业课程也同时被取消，这使我国行政管理学的教学和研究工作就此中断。

1978 年年底，中国走上了改革之路。1979 年 3 月 30 日，邓小平同志在党的理论工作务虚会上明确指出：“政治学、法学、社会学以及世界政治的研究，我们过去多年忽视了，现在也需要赶快补课。”②就这样，在邓小平同志直接关心下，1980 年中国政治学会成立。同时，随着全党和全国工作重心转到经济建设上，对政府及其工作的研究问题被急迫地摆到理论工作者和实际工作者的面前。1981 年全国政治学会年会对行政体制改革的有关问题进行了专题讨论。1982 年 1 月 29 日，夏书章教授在《人民日报》上发表署名文章《把行政学的研究提上日程是时候了》，极大地激发了理论工作者和实际工作者投入行政学研究的热情。1984 年全国召开的“行政科学研讨会”是我国的行政学研究发展到行政管理学的转折点。在这次会议上，与会的国务院和各省、市地方政府代表以及各地学者专家，共同对开展行政科学的有关问题进行深入的讨论。同时初步明确了行政管理学和行政改革要研究的主要课题，建议成立中国行政管理学会和筹建国家行政学院。这次会议为在全国恢复和重建行政管理学起了极大推进作用。正是在这次会议的基础上，1986 年部分高校首批开设“行政管理”本科专业，1988 年中国行政管理学会经国务院批准正式成立。从此，行政管理学科在中国的发展进入“快车道”。

（三）行政管理学在中国的蓬勃发展

行政管理学在中国恢复和重新建设以来，在国家改革实践的推动下，无论是学科建设、人才培养，还是理论研究、成果发表，各个方面都取得了显著的成就。

---

① 转引自荣仕星：《实用行政管理学》，人民出版社，2004 年，第 19 页。

② 邓小平：《坚持四项基本原则》，《邓小平文选》，第 2 卷，人民出版社，1994 年，第 180-181 页。

行政管理学科建设方面，现在行政管理已经发展成为体系完整的一级学科。继 1986 年部分院校开设行政管理本科专业以后，1990 年、1994 年国务院学位委员会办公室又先后批准行政管理专业的硕士、博士学位授予权。1998 年教育部重新修订本科专业目录时，第一次在管理学门类下增加设置了公共管理一级学科。公共管理一级学科下设行政管理、公共事业管理、公共事业管理（师范类）、劳动与社会保障、土地资源管理 5 个二级学科。2002 年国务院学位委员会办公室又正式开设了公共管理专业硕士（master of public administration，MPA）学位。

行政管理专门人才培养方面，现在已经建成多个层次的、比较完备的人才培养机制。除了有普通高校可以培养相关的专门人才外，还有各地的党校、行政学院承担行政管理的在职教育和短期培训。1993 年，国家公务员制度在全国正式施行，1994 年国务院批准成立了国家行政学院，作为国家高级公务员培训基地。此后，部分国务院部委及各副省级以上地方相继成立行政学院，作为本系统和地方干部培训基地。

行政管理学的学术队伍和理论研究方面，现在从事行政管理学理论研究的人员，主要是来自各高校、各研究院所、各党校、行政学院的学者专家，以及各级行政管理学会的会员。在研究的内容方面，20 世纪 80 年代至 90 年代初，主要是对西方相关理论和改革实践的介绍，所以翻译的著作比较多，还有就是基本相关课程的教材编写。进入 21 世纪以来，理论研究有了突破性的发展，一方面，随着行政管理学科建设的推进，包括行政管理学、政策学、行政思想史（行政理论）、地方政府学、行政组织学、国家公务员制度、领导科学、电子政务、行政监察、机关管理学、公共事业管理、非政府组织研究、行政制度史、行政案例研究等相关理论，以系列丛书或系列教材的形式出版，充分显示行政管理学的理论研究正向深度和广度两个方向迅速发展。另一方面，一大批记载着各地行政改革实践经验和体会的著作相继出版，通过书名中的“政府职能转变”“责任政府建设”“政府绩效管理”“服务型政府建设”“行政能力建设”“电子政务”等关键词，可以让我们清楚地看到，这些著述是行政管理学的理论与各级各地的行政改革实践结合的产物。事实也正是这样，我国行政管理学的理论研究正越来越关注改革实践，而改革实践也越来越主动地寻找理论的指导和支持。

作为一门应用型的学科，更紧密地与行政改革和工作实践结合，将是行政管理学保持勃勃生机最简单也最有效的途径。

第三节 行政管理学的研究意义与方法

一、行政管理学的研究意义

100 多年前，行政学从政治学中分离出来时，它的创始人就充分论述了行政管理学成为一门独立的专门学科的重要意义。总体说，这些意义仍然存在，只是时代的发展赋予了它新的内涵。具体表现在以下几方面。

（一）研究行政管理学是国家行政机关科学工作、科学发展的需要

研究行政管理学是为了了解和掌握行政管理的基本规律，科学履行政府职能，促进国家经济和社会发展。行政管理活动事关民生、事关稳定、事关发展，非常重要，国家行政机关

必须科学工作，才能实现预期的工作目标。这不仅是被新中国的建设历史证明了的，也是被世界上更多国家的兴衰历史都证明了的。国家行政机关的管理活动是有科学规律的，了解和掌握这个规律，就可能促进国家行政机关的科学工作科学管理。另外，还可以通过研究，学习、借鉴各国的相关经验，使行政管理也实现博采众长、科学发展。

（二）学习行政管理学是促进行政管理体制改革平稳有序推进的需要

一方面，行政管理体制改革迫切需要得到理论指导，从而不断推动行政管理学向广度和深度发展；另一方面，行政管理学从改革实践中获得新的研究动力，也获得新鲜的研究课题和研究素材，研究成果直接服务于改革实践，充分体现了行政管理学的学科价值。现在我国的行政管理体制改革正处在攻坚阶段，尤其需要得到理论研究工作的支持。改革是理论发展最好的推动力，同时，理论也是改革平稳有序推进的基本保证。

（三）学习行政管理学是提高行政管理人员素质的需要

学习和掌握行政管理学的基本理论，从近期看，是专业学习的需要，而对于将来从事非行政工作的人员而言，了解和学习行政管理学也是必需的。掌握行政管理的一般规律，可以提高自身素质，可以对行政管理机关的管理政策、措施理解和掌握得更及时、更准确，当然也就可以更从容地应对工作，取得更出色的工作业绩。

二、行政管理学的研究方法

马克思主义的认识论是我们认识和研究客观事物最基本和最基础的方法，对于行政管理学的研究也不例外。马克思主义的认识论告诉我们，任何理论都来自实践，都是对实践的高度概括；同时，任何理论又都必须回到实践，接受实践的检验，并通过实践不断地完善。行政管理学的理论也不例外。

当然从事行政管理学的研究，除了坚持一般的、基本的认识和研究方法以外，它还有体现本学科特色的具体的研究方法。

（一）理论与实践结合的研究方法

理论与实践结合，就是把行政管理的基本理论与行政管理的实践相结合。坚持这个研究方法，既是遵循马克思主义认识方法的需要，也是行政管理学自身特点的需要。

行政管理学是一门应用型的学科，其基本理论来自实践，在实践的需要中产生，在与实践的结合中发展，我们研究它当然也必须运用理论与实践结合的方法。一方面，要从行政管理活动一般规律的层面，注意将行政管理的基本知识、基本理论与国家行政机关活动的基本规律相结合。另一方面，则要立足中国的实践，尤其是中国改革开放的实践，结合中国当前改革的重点、难点，深入研究理论，发挥理论的指导作用，让理论服务于实践，同时也保持理论的活力。

（二）比较研究方法

比较研究就是将不同国家的行政管理实践进行比较，将同一国家的不同历史和社会条件下的行政管理实践进行比较。这种研究方法也是许多学科都经常采用的研究方法。与不同国家的行政管理实践的比较研究，就是横向比较研究，它既可以开拓我们的思维，也可以使我们迅速掌握世界范围的研究前沿，并充分借鉴其他国家行政管理的经验。对同一国家不同历史和社会条件下的行政管理实践比较研究，就是纵向比较研究，它可以保证我们更好地掌握行政管理的规律。

（三）综合研究方法

综合研究就是综合运用各种学科的理论和方法进行研究。行政管理学本身就具有多学科交叉的特点，研究它不能仅仅只用单一学科的理论和方法。行政管理活动涉及社会几乎所有的领域，行政管理的规律必须建立在对各个领域客观规律的认识基础之上，所以行政管理学充分运用了经济学、管理学、社会学、政治学、组织行为学，甚至数学、统计学、运筹学等学科的理论和方法，研究行政管理当然也必须运用综合的方法，以避免局限和片面。

（四）案例分析方法

案例分析方法也是实证研究的方法，是从对现状进行分析或归纳基础上得出理性认识的研究方法。行政管理的一般规律本来就存在于形形色色的行政管理实践活动之中，每一项具体的行政管理活动也就是所谓的"案例"。不研究具体的行政管理案例就不可能了解一般规律的表现形式，当然也就不可能真正掌握一般规律。同样道理，用对行政管理规律性的认识指导实践，实际也是对具体工作、具体案例的指导。

研究的方法还有多种，如实地调查的研究方法、行为科学的研究方法等，只要是适用的都是可以的。但是必须指出的是，多种研究方法之间不是互相排斥的，而且研究方法从来也不是固定的、一成不变的。每一个研究者都应该结合自己的学术背景，针对所要研究的问题，选择适合的方法进行研究。

➢ 本章小结

行政是国家权力机关的执行机关依法管理国家和社会事务，以及管理机关内部事务的活动。行政管理学就是研究国家权力机关的执行机关依法对国家事务、社会事务和机关内部事务进行管理的活动及其一般规律的科学。行政管理的主要研究内容可以分为行政管理主体研究、行政行为约束研究和行政流程研究三大部分。

行政管理学产生于19世纪末20世纪初，当时自由资本主义向垄断资本主义的转变，政府行政职能的扩张，英美等主要资本主义国家文官制度的确立，是行政管理学产生的时代背景。政治学理论的发展和科学管理理论的诞生，是行政管理学产生的理论基础。一百多年来，行政管理学最初从政治学中分离出来，经过了形成、成长和现代化三个阶段的发展，在研究内容上，已经从注重研究政府内部的机构、过程、人员等自身工作效率问题，扩展到注重研究政府的公共责任、政府职能的实现方式、政府绩效评价、公共管理环境等政府外部效率问题，在研究方式上，行政管理学已经成为一个多学科交叉、渗透，多种学派并存的应用型学科。

在中国，改革开放以后，行政管理学才获得恢复和发展的大好时机。目前，在学科建设方面，行政管理已经发展成为体系完整的一级学科；在专门人才培养方面，现在已经建成多个层次的、比较完备的人才培养机制；在学术队伍方面，已经汇聚了各地高校、研究院所、各地行政学院和各地学会的多支力量；在理论研究方面，行政管理学的研究内容不断丰富，并日益与国家的改革和发展实际实现更紧密的结合。

研究行政管理学是国家行政机关科学工作、科学发展的需要，是促进行政管理体制改革平稳有序推进的需要，是提高行政管理人员素质的需要。进行行政管理学的研究要坚持理论与实践结合的研究方法、比较研究的方法、综合研究方法及案例分析方法，需要灵活运用多种研究方法实现自己的研究目的。

➢ 关键术语

行政；行政管理学；威尔逊；政治–行政二分；韦伯；官僚制；西蒙

➢ 思考题

1．什么是行政?
2．什么是行政管理学?
3．如何理解行政管理学产生的时代背景?
4．科学管理理论对行政管理学的产生有什么影响?
5．如何理解新公共管理理论与行政管理学的关系?
6．如何理解行政管理学在中国恢复和发展的历史条件?
7．研究行政管理学有什么意义?
8．行政管理学需要怎样的研究方法?

➢ 拓展阅读

蔡放波. 2009. 中国行政制度史. 武汉：武汉大学出版社
丁煌. 2011. 西方行政学理论概要. 第2版. 北京：中国人民大学出版社
古德诺 F J. 2012. 政治与行政. 王元译. 上海：复旦大学出版社
沙夫里茨 J M, 拉塞尔 E W, 伯里克 C P. 2011. 公共行政导论. 第6版. 刘俊生, 欧阳帆, 金敏正, 等译. 北京：中国人民大学出版社
谭功荣. 2008. 西方公共行政学思想与流派. 北京：北京大学出版社
韦伯 M. 2008. 经济与社会. 杭聪译. 北京：北京出版社

政 府 职 能

政府职能，有时也称为行政职能，是国家职能的一个重要组成部分。作为行政管理学的核心内容之一，它主要回答了政府应该管什么、怎么管、发挥什么作用的问题。政府职能具有执行性和动态性的特征，在不同的国家，或者在同一国家的不同发展阶段，政府职能重心不同，而且职能的具体内容也不同。进入 21 世纪，我国社会主义市场经济体制初步确立以来，政府的行政环境发生了重要的变化，这就要求我国政府进一步转变职能，以适应经济体制和政治体制改革的深化。

第一节　政府职能概述

一、政府职能的内涵

（一）政府职能的概念

职能又称功能、职责。就国家现象而言，职能是一个与公共权力、公共责任紧密相关的概念。关于政府职能国内学界并没有形成统一的看法，本书认为政府职能是行政管理主体行使国家行政权力，依法对国家事务、社会公共事务进行管理所发挥的基本职责、功能和作用。

政府职能是复杂的，考察政府职能可以有许多角度。

首先，政府职能是国家职能的一部分，考察政府职能不能离开对国家作用的考察。行政目的表现为政府行政目标与政府行政动机的统一，行政目的引导政府职能，即为了实现行政目的而设定相应的政府职能。

其次，政府职能与公共政策、制度创新相联系。公共政策是政府履行其职能的主要形式，公共政策的有效性构成了政府履行职能的现实基础。因此，为了履行职能必须正确地制定和有效地执行公共政策。

最后，政府职能与制度创新相联系。人类社会的不断发展进步，促使人们不断进行行政改革以调整或改变行政关系，进而实现政府制度的不断创新，并通过创新不断实现社会整体发展进步。在此意义上，行政改革是政府制度创新的基本形式之一，而转变、修正、调整政府职能，增强政府公共政策和行政管理的有效性，是行政改革最经常的诉求对象。

（二）政府职能的特点

政府职能具有执行性与变通性、政治性与社会性、多样性与整体性、动态性与相对稳定性的特点。

1. 政府职能的执行性与变通性

从行政与立法的关系看，政府职能是一种执行性职能。政府职能的行使是以国家强制力为后盾的，与其他非国家活动的管理相比，它具有明显的权威性，而这种权威性只有在政府执行国家意志，即立法机关的决定和决议时才能得以实现。但是由于客观环境的复杂性与变动性，立法机关的决定和决议在具有指导性的同时，可能不具有可执行性，这就要求政府因时、因地制宜，进行变通，以更好地执行立法机关的决定、决议。

2. 政府职能的政治性与社会性

政府的各项职能都是为了统治阶级的政治统治服务的，都直接反映和体现了国家的阶级本质，其根本目的都是维护统治阶级的利益，其政治性十分突出。同时，政府职能又具有广泛的社会性①。尤其是在自身的统治地位稳固后，统治阶级在国家法律的框架范围内采取和平的方式解决对立双方的矛盾，从而使原先那种作为阶级镇压工具的政府形象得以改变，弱化了政府行政的政治职能，转而注重社会管理职能的发挥。

3. 政府职能的多样性与整体性

政府职能具有多样性：一方面是政府职能涉及社会生活的各个领域、无所不包；另一方面是政府的多层级性带来职能层次上的多样性。政府职能体系的层级既相互贯通，又相互独立，呈现出一种互相交错的局面。尽管政府职能在内容和层次上表现出一定的多样性，但相对于立法职能与司法职能来说，政府职能又是作为一个整体而存在的。此外，政府职能包括产生于政府管理自身运动的内在机制和过程之中的计划、组织、指挥、控制、沟通、协调、监督等职能，这些职能贯穿于整个行政活动的始终和各个方面。

4. 政府职能的动态性与相对稳定性

作为上层建筑组成部分的政府职能不是一成不变的，社会生产力发展水平不同，政府职能的内容和范围也会有所差别；政治体制和经济体制不同，政府职能的基本内涵和实现形式也会发生相应的变化。然而在一个特定的历史时期，政府职能又表现出相对的稳定性，在这个时期内，政府职能不会轻易发生变化和做出调整，这是与国家政权在该时期内的主要任务相一致的。

二、政府职能体系

随着经济全球化的发展和社会的进步，政府的职责和功能越来越多，并不断细分。我们可以依据不同的标准对职能进行分类。学界占主导地位的观点是将政府职能分为基本职能和运行职能两类，每一类职能又各自包括几种具体职能，由此构成一个完全的政府职能体系。本书使用这样的职能分类方法。

（一）政府的基本职能

政府的基本职能包括政治职能、经济职能和社会职能。

1. 政治职能

维护政治统治是一个国家的首要任务，从而使政治职能成为政府职能的核心内容。政治

① 张永桃：《行政管理学》，高等教育出版社，2006年，第53页。

职能包括军事保卫职能、镇压与治安职能、民主建设职能。

（1）军事保卫职能。政府通过军事科研、国防建设、武装力量建设来维护国家的独立和主权的完整，保卫国家的安全。另外，政府还可以通过外交外事活动保护国家的利益，为国家的建设创造一个良好的外部环境。

（2）镇压与治安职能。政府要从维护人民的根本利益出发，镇压各种危害社会治安的违法犯罪分子，以维护国家的政治经济秩序，维护安定团结的政治局面，为社会经济生活的正常运转提供良好的内部环境和秩序。

（3）民主建设职能。民主建设职能是指提高行政活动的公开性和透明度，做到重大政情让人民知晓、重大决策让人民讨论；疏通和不断增加公民参政议政的渠道，完善公民监督检查行政活动的机制，它的目的是调节公民间的关系，促进人民内部的协调，增强人民群众对国家和社会的责任感，调动人民群众建设社会主义的积极性[①]。

2. 经济职能

经济职能是政府在国家经济行政管理中的职责和功能，是政府根据一定时期社会经济发展的需要，对经济生活进行管理的全部活动，目的在于维护特定的经济基础，促进经济繁荣。经济职能所采用的手段和所依赖的途径与其他职能有所不同。

3. 社会职能

社会职能也称社会服务职能，是指除了政治职能、经济职能之外政府所具有的管理社会生活领域中的公共事务的职能。具体而言，政府的社会职能的内容主要包括：制定社会发展的战略、规划、计划、法规和政策，改革社会事务管理机制；建立健全社会保障体系，改革社会保障制度，建立与社会经济发展水平相适应的社会保障制度；发展社会文化事业；发扬民族文化传统；筹集社会保障基金，监督和管理社会保障基金的有效使用；加强公共服务和公共设施的建设和管理，提供优良的社会服务；合理利用和保护自然资源，强化对环境污染的综合治理，改善生态环境；控制人口增长，提高人口素质，促进人口生产与社会经济的协调发展；及时收集、汇集、整理、发布和传递各类信息，促进信息畅通；积极引导社会生活，提倡文明、健康、科学的生活方式等。

政府的政治、经济、社会职能不是互相独立的，它们是一个密切联系、不可分割的有机整体。

（二）政府的运行职能

政府的运行职能具体包括政府的决策、组织、协调、控制四个方面的职能。

1. 决策职能

决策是根据客观实际资料，确定政府的目标和任务，并具体设计出实现目标的方案、步骤、方法的工作。决策职能是政府管理过程的首要职能，它贯穿于政府管理过程的始终。政府机关进行管理活动，无论是确定组织的目标，还是制订各种战略计划和战术计划等，都需要在两个以上可供选择的方案中进行抉择，这便是计划工作中的决策问题；组织结构的设置、部门划分方式的选择、集权分权关系的处理，以及各职位人员的选配等，这些则是组织工作中的决策问题；在控制过程中，控制标准的制定、活动执行情况的检查及所采取的纠正措施的选择等，这些方面也需要决策。

---

① 张永桃：《行政管理学》，高等教育出版社，2006 年，第 61 页。

2. 组织职能

组织是政府为了实现目标、计划而建立政府的组织体制，并对行政管理过程进行有效的指挥、沟通和协调，也是行政机关及其人员把确定的计划方案付诸实施的活动过程。具体地说，行政管理中的组织职能包括：设置、调整和有效运转有关机构；选拔、调配、培训和考核工作人员；合理安排和有效利用已有的人员、资金、物材等；督促、检查和指导执行活动。组织职能的有效发挥是实现决策的关键，行政管理目标的实现，在很大程度上依赖于组织职能的充分发挥。可以说，组织职能是实现行政管理目标的依托，是行政组织形成有序系统并产生整体效应的基础。

3. 协调职能

协调就是设计和保持一种良好的行政环境，使身处其中的人们能够在组织内协调地开展行政工作，从而有效地完成行政目标。可以说，每一项政府管理职能的开展，都是为了更好地促进协调。有了协调，组织可以收到个人单独活动所不能收到的良好效果。协调职能的具体内容是，协调政府组织之间、组织与个人之间、人员之间的关系；协调各项政府管理之间的关系；协调政府组织与其他组织及人民群众之间的关系。通过政府协调，理顺、沟通各方面的关系，减少、消除不必要的冲突和能量损耗，从而建立和谐的分工合作、相互促进的联系，实现政府管理目标。因此，政府管理过程必须重视公共关系与协调功能的发挥。

4. 控制职能

控制是政府为了保证计划的实现而确立的职能，包括监督、检查和纠偏等方面的内容。它是上级部门或行政领导者，通过对具体执行部门或人员的监督、检查、修正、纠偏等，力求实际工作的结果与预期的结果相符合。控制职能贯穿于政府管理过程的各个环节、各个方面和各个层次，内容涉及事前、事中的预防、督促、检查和事后的纠偏、惩戒。控制职能主要体现在两个方面：一是通过收集、加工、分析、研究计划执行和完成过程中的有关情报材料，对活动中的数量、时间、质量等因素加以控制；二是通过了解和掌握活动中的人事、组织、财务、物资和方法等情况，对活动中的各种行为进行控制。政府管理控制职能的主要任务是通过监督、检查、反馈，掌握情况，发现问题，采取措施，纠正偏差，保证行政机关科学、有效运行，最终达到预期的管理目标。从动态上看，控制职能的发挥过程具体包括以下几个相互联系的环节：确立明确的控制标准和适当的控制幅度，获取偏差信息，采取有力的调节措施，实施有效持久的监督。

政府的基本职能与运行职能一起，在纵向和横向上构成了政府职能体系，它们相互联系、相互交叉、相互作用，形成了一个互相渗透、有机统一的整体。我们应该以系统的观点来看政府职能体系，充分发挥各职能环节及有关职能部门的作用，以更有效地实施政府管理活动。

三、政府职能与政府能力

政府职能涉及的是政府应该做什么、不应该做什么的问题。而政府能力则指政府实际能够履行这种职责和功能的程度，它要解决的是政府如何去做、何时做、通过什么方式去做的问题。

（一）政府能力的含义

关于政府能力的含义有不同的理解。我们认为，政府能力是政府为了完成法定的目标和任务，所拥有的维持本组织的稳定和发展，有效治理社会的能量和力量的总和。

政府能力主要包含自我稳定能力和资源运作能力。自我稳定能力是政府在与市场、社会的互动过程中通过持续的发展，为政府行为树立形象、巩固地位、赢得信誉和支持并适时自我更新的能力。它是政府能力的基础部分，是政府赖以存在和发展的前提，也是政府资源运作能力的前提。政府资源运作能力中的资源有实体、制度与精神三种形式，具体包括人力资源、财力资源、权力资源、权威资源、文化资源、信息资源、制度资源。政府的资源运作能力正是运作这些资源的能力。一方面，政府从公众社会直接提取实物资源，直接或间接地吸收制度资源和精神资源；另一方面也是更为重要的方面，政府要向公众社会持续地提供高品质的实物资源、制度资源和精神资源，以促进整个社会的健康发展。政府能力具体包括决策能力、组织能力、协调能力和控制能力等。

（二）政府能力与政府职能的关系

政府能力对政府职能有重要影响。政府能力的大小强弱决定了政府职能的实现程度。一个政府只明白自己应该做什么、不应该做什么，并不代表一个政府实际上能做什么。只有当一个政府明白如何去做、通过什么方式去做，即具有某方面的能力时，才表明一个政府实际上能够做什么。这其实也表明了一个政府的职能实现程度。政府能力是政府职能得以实现的保障，如果政府能力不足，势必影响到政府职能的实现。同样，随着政府能力的增强，政府职能必将进一步的规范和合理。政府职能框定了政府能力的基本内容和发展方向①。

总之，政府能力与政府职能互为条件、相互依存、缺一不可。

随着现代社会经济的发展、社会事务的成倍增加，为了满足社会的需要，政府总是通过进一步扩张职能来提高其能力，这又造成政府规模的进一步非理性膨胀。政府职能范围的扩大，侵入了社会的自组织领域，剥夺了本应由社会自治组织和公民个人进行管理的权力，从而造成政府能力的下降，进而影响到社会的发展。因此，现代国家普遍认识到压缩政府职能范围，同时提高政府能力的重要性。

四、政府职能的发展及趋势

奴隶制和封建制社会时期国家政府职能的重点在于政治统治，通过强化政治职能，采取残暴的统治方式来维护奴隶主阶级政权的生存和发展，经济职能十分微弱，社会管理职能也很少。政府职能体现出如下两方面的特点：一方面是政治统治职能的极端强化；另一方面是社会管理职能的相对微弱，这是由奴隶社会和封建社会条件下的自然经济及其经济基础所决定的。

自由资本主义时期是资本主义发展的上升阶段。这一时期，英国古典政治经济学家亚当·斯密等以理性经济人假设为基础，极力推崇市场机制这只“看不见的手”，反对政府干预经济生活，认为最好的政府就是最廉价的政府。因此，自由资本主义时期政府采取自由主义的管理方法，以保障资产阶级的自由、平等、民主权利为目的，通过政治统治职能对新生的资产阶级政权的巩固和发展起着“守夜人”的作用，奉行“政府管得越少越好”的信条，主要依靠市场这只“无形的手”来调节和引导社会经济及其他各项事业的发展。

---

① 夏书章：《行政管理学》，中山大学出版社，2006年，第40页。

进入垄断资本主义时期以后，资本主义所固有的矛盾日益尖锐，自由主义的统治方法已不适应这个时期的统治要求，形成了干预主义的政府职能论。这一时期资本主义国家充分地运用和强化了政府的政治统治职能，行政权力扩大，专政镇压职能大大加强，民主职能有所削弱。在经济领域，强调政府对社会经济的调节和干预，垄断代替了自由竞争，垄断资本和国家政权紧密结合，政府的经济职能和社会职能都扩大和加强了，如政府通过行政手段和法律手段来保证市场秩序，通过预算和高额税收、发行公债等办法承担某些社会公共事务，在收入及分配领域采取一系列福利措施等。当代西方学者既不赞成政府只承担“守夜人”职责的自由主义，也不同意政府全面干预经济的干预主义，而主张有选择地干预“市场失败”。

当代政府职能的主要发展趋势是：第一，政府职能逐渐扩大。第二次世界大战以来，人类社会发展进步的节奏明显加快，给西方国家带来了日渐增多、日益复杂的政治、经济和社会问题，客观上需要政府能够灵活应对变化并有效解决问题，这种需求在扩展政府职能的同时，也造就了一个规模庞大的“大政府”。第二，政治职能中的镇压职能相对减弱，而保持社会稳定的民主职能趋于加强。这种民主职能表现为，政府通过与各种利益集团、各种社会力量之间的妥协合作来达到平衡，通过吸收工人和人民群众参与管理等来缓和社会阶级矛盾，通过行政改革来适应经济基础及生产力的发展需求。第三，政府职能日益分化和专业化。随着现代社会生活日益复杂化，政府职能也日益分化和专业化。以社会分工和科学技术的日新月异为特征的现代社会，使专业化成为政府行政管理活动的主要价值取向，政府职能的实现越来越依赖于专业化知识和受过专业化训练的专门人才。专业化手段和专门知识的应用，不仅提高了行政管理活动的效率，同时也提高了行政管理活动的科技含量，为政府职能提供了更加多样的实现渠道。第四，政府的宏观调控、综合协调职能的强化与政府职能的社会化同步进行。为确保行政管理活动的顺利进行和经济活动的相对稳定发展，当代西方国家在行政改革中都加强了政府宏观调控和综合协调职能，同时将一部分职能交还给社会，实行社会自治，从而使社会职能社会化。

第二节　政府职能的实现

一、西方政府工具理论

（一）政府工具的含义

政府工具（tools of government）又称为政府治理工具（instruments of government）或政策工具（policy instrument），“它是指政府将其实质目标转化为具体行动的路径和机制”[①]。政府工具既是当代行政管理学理论研究的一个新的重要领域，又是当代行政管理实践的一个新的重大课题。

如果说“政府职能”解决的是政府该做什么的问题，那么“政府工具”解决的就是政府如何做的问题。政府职能不等于政府职能的实现，政府具有职能也不等于政府必须亲历亲为去实现这些职能，如同所有权和使用权可以分离一样，政府职能的所有者和政府职能的实现者也是可以分离的。经济学、管理学、社会学、政治学及政策学等多个领域的学者早已在关

① 张成福、党秀云：《公共管理学》，中国人民大学出版社，2001 年，第 62 页。

注有关政府工具问题的研究。

政府工具的概念是在新公共管理运动中被西方学者提出的。西方国家在政府改革中用多种方式提供公共物品和公共服务，即有的由政府直接提供，有的是政府委托其他部门提供，或者说政府允许各种非政府的部门提供，还有的是以各式各样的市场的方式提供等。

不过，政府工具研究并不是一个全新的、突然出现的话题。社会科学的各个学科，特别是经济学、政治学及行政学等领域早已开始关注这一话题。在经济学领域，经济政策工具历来构成经济政策研究的一个重要方面，工资、价格、利率等常常被当做政策工具。在政治学领域，达尔和林德布洛姆在《政治、经济和福利》中已论及政府工具的基本原理。在公共行政学领域，行政工具和行政方法也早已构成一个重要的理论主题，公共行政学为工具途径的产生、发展做出了贡献。在法学领域，法律、法规也往往被当做一种社会控制的工具。20 世纪八九十年代，政府工具开始成为西方公共管理学和政策科学研究的一个焦点，正在成长为一个新的学科分支或主题领域①。

（二）政府工具的分类

不同学术背景的学者对政府工具研究时进行的分类不同。例如，美国政治学家罗威、达尔、林德布洛姆等，将政府工具分为规制性政府工具和非规制性政府工具两种；政策分析家狄龙将政府工具划分为法律工具、经济工具、交流工具三类。此外，还有的学者根据工具所要获得的目标，将政府工具分为命令性工具、激励性工具、能力建设工具和系统变化工具；有的根据政府工具的强制性程度，将政府工具分为自愿性工具、强制性工具和混合性工具等。其中，美国学者奥斯本和盖布勒对政府工具的研究更全面一些。他们将政府工具比喻为政府“箭袋”里的“箭”，并且将政府传统的职能方式、改革创新的方式及改革的发展趋势进行对照，比较他们划分的“传统类”“创新类”“先锋派类”这三类工具，我们可以看到，不同类型的政府工具使用时，政府的介入程度明显不同，而且，在公共物品和服务的提供中，政府逐渐减少直接介入，以及日益多样的社会主体介入就是总的发展趋势，见表 2-1。

表 2-1 当代政府所使用的工具

<table>
<tr><th colspan="3">政府“箭袋”里的“箭”</th></tr>
<tr><th>传统类</th><th>创新类</th><th>先锋派类</th></tr>
<tr><td>建立法律规章和制裁手段</td><td>特许经营</td><td rowspan="2">种子资金</td></tr>
<tr><td>管制或放松管制</td><td>公私伙伴关系</td></tr>
<tr><td></td><td>公共部门间的伙伴关系</td><td rowspan="3">股权投资</td></tr>
<tr><td rowspan="2">补助</td><td>半公半私的公司</td></tr>
<tr><td>公营企业</td></tr>
<tr><td rowspan="2">颁发许可证</td><td>采购</td><td rowspan="2">志愿者协会</td></tr>
<tr><td>保险</td></tr>
<tr><td rowspan="2">税收政策</td><td>技术支持</td><td rowspan="2">共同生产或自力更生</td></tr>
<tr><td>信息</td></tr>
</table>

① 张璋：《理性与制度——政府治理工具的选择》，国家行政学院出版社，2006 年，第 273 页。

续表

<table>
<tr><th colspan="3">政府“箭袋”里的“箭”</th></tr>
<tr><th>传统类</th><th>创新类</th><th>先锋派类</th></tr>
<tr><td>贷款</td><td>介绍推荐支援服务者</td><td rowspan="2">回报性安排</td></tr>
<tr><td rowspan="2">进行监督和调查</td><td>有价证券</td></tr>
<tr><td>后果费</td><td rowspan="2">需求管理</td></tr>
<tr><td rowspan="2">拨款</td><td>催化非政府行动</td></tr>
<tr><td>奖励</td><td rowspan="2">财产的出售、交换与使用</td></tr>
<tr><td rowspan="2">贷款担保</td><td>改变公共投资政策</td></tr>
<tr><td>召集非政府领导人开会</td><td rowspan="2">重新构造市场</td></tr>
<tr><td>合同承包</td><td>政府施加压力</td></tr>
</table>

资料来源：奥斯本 D、盖布勒 T：《改革政府——企业精神如何改革着公营部门》，上海市政协编译组、东方编译所译，上海译文出版社，1996 年，第 8-9 页

政府工具的多样性使政府工具的选择也需要理论支持。美国学者胡德（Hood）认为，政府工具的选择，一般会受到资源、政治压力、法律、过去的教训这四个因素的限制[①]。总体上说，市场化和社会化正在成为政府选择的主要方向。

（三）政府工具的意义

政府工具对于政府职能的意义在于实现政府职能。政府职能不会自动实现，而且政府职能的实现形式不科学、不完善，也会严重影响政府职能的实现。具体说，政府工具有理论和实践两个方面的意义。

从理论上说，可以全面了解政府工具的内涵、性质、类型和作用，以及每种工具的潜力、优劣和应用范围等问题，形成关于政府工具的系统化知识，建立起作为公共管理学的一个分支学科的政府工具学，拓展公共管理学及政策科学的视野，促进公共管理学与经济学、工商管理学的理论、方法相互渗透、融合和相互借鉴，丰富公共管理学的理论内容，完善其学科体系；可以更好地把握 21 世纪国内外公共部门管理研究领域的发展前沿，推动我国公共管理的理论在 21 世纪的全面发展。

从实践意义上说，加强对政府工具的研究，概括、总结和提炼一系列在国内外公共管理中被证明是行之有效的政府工具，尤其是市场化工具、工商管理技术和社会化手段，促进我国政府管理方式及管理方法、技术与手段的创新，推动我国行政体制改革和政府职能转变，提高政府管理的绩效及效率。

政府管理方式的创新，特别是市场化工具、工商管理技术和社会化手段在政府管理中的引入，是 21 世纪行政管理发展的一个基本趋势。作为人类社会管理的两个基本领域，公共管理与私人管理二者有共同之处，都属于一般组织与管理范畴，私营部门发展起来的某些管理经验、原则和方法及技术同样适用于公共部门，可以相互借鉴和应用；而市场机制是改善政府功能，提高行政效率的基本手段。现阶段我国行政管理水平不高的一个重要原因是管理手段单一、管理方式落后，即缺乏管理方式方法的更新和现代化。这就迫切需要引入一整套与市场经济和加入 WTO（World Trade Organization，即世界贸易组织）相适应的新的政府工具

① 张成福、党秀云：《公共管理学》，中国人民大学出版社，2001 年，第 64 页。

或现代化的公共管理技术，并建构起新的行政管理的实践模式①。

二、政府职能市场化

（一）政府职能市场化的内涵

政府职能市场化是指通过政府与企业、市场之间的合作，利用竞争机制、价格机制、供求机制与约束机制，调动社会资源参与政府公共服务的供给过程，从而实现政府以较少的资源与较低的成本提供数量更多、质量更高的公共服务的目的。它主要包括三个方面的内容②：

（1）政府的角色是公共服务的“购买者”而非“生产者”。政府职能市场化涉及一个重要的理念转变，即将政府由公共服务的“供应者”转变为“购买者”。传统观念认为，政府的角色是为公众“供应”公共服务。在这一理念下，政府设立众多的机构“生产”和“供应”这些服务。而公共服务市场化的中心含义是：对于许多服务，政府不必自己动手，可以转由专门的供应商来生产和提供这些服务；政府需要做的只是预先确定所需要的服务类别和应达到的质量标准，然后根据合同向供应商购买这些服务以满足使用者的需要。

（2）明确区分“内部供应者”与“外部供应者”。区分由政府自己的“内部供应者”负责生产和交付的服务，以及由包括非政府组织在内的市场“外部供应者”生产支付的服务。内部供应者的主要职能是提供具有纯公共物品特征的商品或服务。而对于另外许多公共服务，如垃圾处理、法律咨询、投资评审等，它们虽然具有公共性，但可以由市场提供，因而由独立于政府的外部供应商负责生产和提供就显得十分必要。在多数发达国家中，这类公共服务都是由政府组织提供的，政府可以直接向它们“购买”服务。

（3）在公共服务供给中引入竞争机制。在传统政府管理中，大多数公共服务都是由政府垄断供应的。由于缺乏竞争，结果导致服务成本高昂、效率低下、公众满意度低、政府公信力下降。打破这种垄断格局的一种有效方法是，让私人企业和非政府组织参与公共服务供应，从而将市场竞争机制和竞争压力带入公共服务领域，有效革除垄断造成的种种弊端。

（二）政府职能市场化的方式

政府职能市场化在实践中采取的方式主要有，政府业务合同出租、建立政府部门与私营企业的伙伴关系、使用者付费和补贴制度等主要方式③。

（1）政府业务合同出租是指政府决定某种公共服务的数量和质量标准，将公共服务转包出去，由私营部门与政府签订提供公共服务的供给合同，而政府则以纳税人的税收去购买承包商提供的公共服务，并依据合同对承包商的活动进行监督和管理。政府业务合同出租在英国、美国的发展最为典型。

（2）建立政府部门与私营企业的伙伴关系是一种特殊形式的合同出租。与合同出租不同的是，政府不需要出资购买私营部门提供的服务，而是以政府特许或其他形式吸引中标的私营部门参与基础建设或提供某项公共服务，并允许承包商有投资收益权。公私合作的优势在于既可通过对社会资源的有限利用提高公共服务的生产能力，又能借助于价格机制显示真实

---

① 陈振明：《政府工具研究与政府管理方式改进——论作为公共管理学新分支的政府工具研究的兴起、主题和意义》，《中国行政管理》，2004年第6期，第47页。

② 童伟：《公共服务市场化——政府改革的切入点》，《宏观经济管理》，2007年第9期，第35-37页。

③ 徐仁璋：《公共行政学》，中国财政经济出版社，2002年，第400页。

的社会需求。

（3）使用者付费，即消费者在使用政府提供的服务时，按照“谁享用、谁付费”的原则，向政府支付部分成本费用，其目的在于通过付费把价格机制引入公共服务。在使用者付费的模式下，服务的生产者一般是政府，享受服务的消费者直接向政府购买服务。

（4）补贴制度，即政府对于需要鼓励的收费公共服务进行的补贴。补贴通常有两种方式，即补助和凭单。补助是一种政府给予生产者的补贴，补助的形式可能是提供一定的资金，也可能是提供税收优惠、低息贷款或贷款担保。凭单是政府部门给予有资格消费某种服务的个体发放的优惠券，有资格接受凭单的个体在政府指定的公共服务生产组织中“消费”他们手中的凭单，然后政府用现金兑换各组织接收的凭单。

总体来说，政府职能市场化使政府的角色和职责发生了改变，政府不再是服务的生产者，而转变为公共服务需求的确认者、购买者、对所购服务进行严格监督的检查者和评估者，成为合乎公民要求的公平税赋的有效征收者和谨慎而精明的支出者。

三、政府职能社会化

（一）政府职能社会化的内涵

政府职能的社会化，是指政府改变传统的大包大揽的做法，将原来由政府包揽管辖的许多事务，通过社会转移或委托代理等方式，改由企业、社会团体、群众组织、社会中介组织来办理，以节约政府财政开支，提高政府工作效率。

政府职能的社会化是指政府职能实现方式的社会化，即相对于政府包揽一切社会公共事务而言的，反映的是政府和企业、社会的关系，体现了三者在社会公共事务管理中的地位和作用。

政府职能的社会化主要是指政府的经济职能、社会职能的社会化。政府的政治职能是不可能社会化的。

政府职能社会化是一个渐进的、阶段性的过程。政府职能社会化归根到底是政府与社会、企业的互动，政府职能的社会化程度取决于社会和企业的发展水平，而社会和企业的发展是一个渐进的过程，并呈现出阶段性发展的特征。

政府职能的社会化就是要运用市场机制的作用，使政府的规模、能力和作用与社会的需要相适应，实现政府管理的现代化。

政府职能社会化意味着政府权力的有限化。政府权力有限化，才能给社会和企业留出足够的空间，而社会和企业活动空间的扩大，又能遏制政府权力的无限膨胀。

（二）政府职能社会化的原因

政府职能的公共属性决定了政府职能能够实行社会化。政府行使经济职能和社会职能，一般带有比较复杂、专门的技术性，同时具有相对独立的社会性，为了提高政府的运行效率，政府必须考虑行使这些职能的技术可行性。因此，政府的这些职能可以实行社会化运作。

随着社会公共事务日益纷繁复杂，政府无力统包独揽，即使由政府包揽，也会因成本高、效益低而不能持久。

政府职能社会化是市场经济发展的客观要求。在市场经济中，政府不是也不应该成为市场竞争的主体，而只能是市场规则的制定者和维护者。这就要求政府切实转变行政理念，全面而有序地退出市场竞争，并把应该由市场管的事情还给市场和社会，实现政府与市场、政府与社会的功能性分离和重组①。

（三）政府职能社会化的方式

政府职能社会化的方式有多种，委托、替代、撤资等都是行之有效的。

1. 委托

委托就是指政府通过合同或协议等形式让非政府组织行使某些公共职能，提供一定的公共产品和服务，目的在于减轻政府压力，实现“适度政府”的目标。这种职能任务的委托既可以借用社会强大的力量来改变政府面对公众不断增加的需要日渐力不从心的窘迫之境，又能通过减少政府职能而缩小政府规模，降低政府成本，从而使政府专心致力于最关键的工作领域，提高管理服务质量，最终建立适度、合理、高效的政府管理体制。可以采取的具体委托方式如下：

（1）授权合作性委托。授权合作就是在以往由政府垄断的一些社会发展领域中，政府通过主动授权，与社会中介组织合作从事一些社会发展项目。

（2）合作项目式委托，也称合同式委托。这主要指政府通过与民间组织签订合同协议等方式实现职能的委托。

（3）公共招标。为了使各社会中介组织也产生良性竞争，从而推动公共服务与产品的质量，政府可以对一些公共项目进行公开招标。

（4）其他委托方式。政府可以通过多种方式与非政府组织合作，如制定税收政策、政府补贴、特许经营、股权投资及发行有价证券等，引导非政府组织为公众提供少花钱、多办事的优质服务。

2. 替代

替代主要是指非政府组织通过独立自主、积极主动地开展活动，起到事实上替代政府一部分职能的效果。替代形式不需要政府特定的授权，政府只需给予一些政策上的认可与支持就可以了。替代不同于委托，它更倾向于借助社会公众代表的广泛性和参与的主动性，是一种自下而上的主动式替代。

3. 撤资

撤资就是政府放弃某一企业或某一资产的所有权。撤资总体上是一次性工作，它主要采取出售、转让、清算等具体形式。

（1）出售就是将国有企业出售给私人买主。国有企业可以不完全地出售，但是政府必须放弃对企业的控制，否则出售只能被视为集资行为。

（2）转让就是将企业无偿转让给雇员、使用者或消费者、公众、原所有者，也可以转让给符合资格的特定群体。当国家将其股份转让给一个新创立的实体，并且不因此索取回报时，此时合资也属于转让。

（3）清算就是关闭经营不善的企业，清算其资产。如果国有企业作为一个继续经营的实体难以找到买主，或者扭亏增盈无望，可以卖掉其资产，这也是民营化的形式之一。

（四）政府职能社会化的意义

政府职能社会化有利于政府机构精简。政府职能社会化的提出，使公共服务更多地依赖

---

① 孙亚忠:《论政府职能社会化》,《江苏社会科学》，2001 年第 6 期，第 10 页。

政府与社会、政府与市场之间的互补与合作。政府应该改变做事的方式，减少对企业和社会的干预，加强其计划和监督职能，从直接提供公共服务转向间接提供管理。这一转变，能有效地促进政府机构的精简。

政府职能社会化有利于减轻政府压力，优化财政资源配置[①]。随着经济和社会的发展，公共服务领域的不断扩大给政府财政带来了很大的压力，国家和社会的发展越来越需要政府与社会力量的合作。实施政府职能社会化使政府的生产性功能转移到社会，能有效地弥补政府财力的不足。

政府职能社会化有利于构建激励与约束机制，促进政府及公务员管理能力的提高。缺乏竞争使政府缺乏创新和进步的动机，垄断不仅不能产生经济效益，还影响社会效益的实现。政府职能社会化打破了政府公共服务机构的垄断性，形成公共服务供给的竞争和压力机制，必然对政府和公务员的管理能力提出挑战。在提供公共服务方面树立成本意识，自觉节省开支，制约权利滥用和腐败行为的扩张。

政府职能社会化有利于推进社会民主化进程。政府职能社会化反映了公共权力与市场权力的关系。在公共服务领域，政府把部分权力让渡给社会力量或与它们共享，这是社会民主管理的一种形式，有利于推进民主化进程，拓展政府与民众的沟通渠道，有利于公众方便地获得信息，提高对公共服务市场的监督力度，建立政府与社会的参与合作关系，有利于增强公民对社会的责任感和参与程度。

第三节　中国政府职能的转变

政府职能转变是指由于行政环境改变，政府的基本任务和工作重点发生转变，而出现的政府职能重心转变、政府职能方式转变、政府职能关系转变。

一、中国政府职能转变的必要性

（一）政府职能转变是政府职能发展的普遍规律

政府职能是在政府和行政环境的互动过程中调整和发展的。政府职能是国家职能的体现和要求，同时也直接受到行政环境的制约和影响。行政环境通过特定的渠道将有关信息输入政府职能体系中，政府职能重心、职能方式和职能关系都会据此做出相应的调整和变化。行政环境变化的普遍性决定了政府职能转变的普遍性。

（二）政府职能转变是国家根本任务转变的必然要求

现阶段我国社会的主要矛盾已经不再是敌对阶级之间的矛盾，国家和政府的工作重心已不再是“阶级斗争”。现行《中华人民共和国宪法》(以下简称《宪法》)明确指出“国家的根本任务是集中力量进行社会主义现代化建设”，为实现这个根本任务，政府必须转变职能重心和职能关系。

---

① 马箐苒：《对政府公共服务社会化的思考》，《兰州学刊》，2004年第4期，第192页。

（三）政府职能转变是适应经济全球化的迫切要求

加入 WTO 是我们适应经济全球化的必然选择，而我国在加入 WTO 以后，实际上对政府的职能也提出了新的要求与挑战，要求政府的职能与国际接轨。与 WTO 的对接再次凸显出我国政府职能与市场经济的不适应，真正的市场经济体制对政府职能的内容、方式、效率都有全面的要求，我国转变政府职能的任务还很艰巨。

（四）政府职能转变是最终建立完善的社会主义市场经济体制的必然要求

我国原有的政府职能的配置基本上是在计划经济体制下逐渐形成的，政府管了很多不该管、管不好、管不了的事。随着我国经济体制改革的深入开展和对外开放的不断扩大，宏观调控体系框架的逐步建立，特别是社会主义市场经济体制的确立和发展，市场在资源配置中的基础性作用明显增强。在这种社会历史条件下，过去的那种政府职能已经到了不改就难以为继的程度。因此，政府职能的转变被提上了议事日程。

（五）政府职能转变是建设服务型政府的需要

“建设职能科学、结构优化、廉洁高效、人民满意的服务型政府”，是党的十八大政治报告提出的中国特色行政体制改革目标，也是我国政府职能转变的新要求。党的十七届二中全会通过的《关于深化行政管理体制改革的意见》中指出，各级政府要按照加快职能转变的要求，结合实际，突出管理和服务重点，增强地方，特别是基层政府提供公共服务的能力①。完善公共服务体系，强化社会管理和公共服务职能，是建立与社会主义市场经济体制相适应的服务型政府的基本要求，建设这样的服务型政府，有赖于政府职能的进一步转变。

二、中国政府职能转变的沿革

新中国成立以后，为了适应单一所有制下的计划经济体制的需要，我们建立的是高度集权的全能、统治型政府。改革开放 30 多年来，我国政府经历了一个从全能型政府向有限型政府、从管治型政府向服务型政府转变的过程。

（一）全能型政府职能时期

全能型政府职能时期是指从新中国成立到 20 世纪 70 年代末党的十一届三中全会召开以前。这个时期也是我国的社会主义改造时期和计划经济时期。在这个时期，我国经济上的基本特征就是单一的所有制和计划经济体制，与之相适应的就是全能型政府职能体系。在这 30 多年的时间里，政府把职能重心放在政治职能方面，经济和社会职能没有充分行使。尤其是在 20 世纪 60 年代以后，“左”的思想影响越来越严重，不仅“以阶级斗争为纲”成为政府一切行政管理活动的统帅和灵魂，而且直接用行政手段管理经济。在高度集权行政管理体制中，政府管理经济的唯一手段就是行政命令，指令性计划是其表现形式。政府把所有的经济活动都纳入国家的刚性经济计划体系中实行集中管理，政企不分。企业不是独立的责任主体和利润主体，而是各级政府机构的附属物。政府一方面对企业实行统一计划、统收统支；另一方

---

① 中共中央：《关于深化行政管理体制改革的意见》，http://news. xinhuanet. com/newscenter/2008 03/04/content_ 7717129. htm，2008 年 3 月 4 日。

面又对企业实行统负盈亏、统购统销。重计划、否市场，把计划和市场绝对对立起来，错误地认为计划经济等同于社会主义，市场经济等同于资本主义，进而从根本上否认市场配置社会资源的基础性作用。市场长期被排除在社会经济生活之外，政府运用行政手段来配置社会资源，强政府、弱社会。由于政府不但包揽经济事务，也包揽了许多社会事务，政府权力渗入社会生活的各个角落，政府权力凌驾于社会之上，造成社会功能缺失。

（二）改革及转变政府职能时期

改革及转变政府职能时期是指 1978 年年底至 2002 年党的十六大召开。1978 年 12 月党的十一届三中全会召开以后，我国进入了改革开放的新时期。随着改革开放的不断深入，社会主义商品经济的发展，迫切要求政府退出微观经济管理领域，还商品经济以市场配置资源的“空间”。1987 年党的十三大上，“转变政府职能”的政府改革任务被明确地提出，但限于种种原因，转变政府职能的任务一直没有真正落实。1992 年，党的十四大确立了建立社会主义市场经济体制的改革目标，同时也明确了政府的职能，主要是统筹规划、掌握政策、信息引导、组织协调，提高服务和检查监督。这是第一次具体提出政府职能。20 世纪 90 年代末中国加入 WTO，表明社会主义市场经济体制初步建立，这也极大地促进了政府职能的转变。2002 年党的十六大政治报告从完善社会主义市场经济体制出发，科学地将政府职能定位为“经济调节、市场监管、社会管理、公共服务”。至此，我们对与社会主义市场经济体制相适应的政府职能已经有了清晰的认识。在社会主义市场经济体制下，凡是市场能发挥功能的地方，政府都应让位于市场。所以，从中央到地方持续开展的审批制度改革，成为实现政府职能转变的具体“推手”。

（三）建设服务型政府时期

2003 年 9 月，温家宝总理在一次重要讲话中提出，要“更加重视政府的社会管理和公共服务职能”，同时详细论述了社会管理和公共服务职能。这是服务型政府的正式提出。2007 年 10 月，党的十七大报告明确把“建设服务型政府”作为行政体制改革的目标提出。这标志着我国的政府职能转变进入建设服务型政府时期。

2012 年 11 月召开的党的十八大政治报告明确提出了服务型政府的特征，即“职能科学、结构优化、廉洁高效、人民满意”。这十六个字也是我们建设服务型政府的标准。十八大报告还第一次系统阐述了政府职能转变的方向，即“推动政府职能向创造良好发展环境、提供优质公共服务、维护社会公平正义转变”①。比较党的十六大报告提出的“经济调节、市场监管、社会管理、公共服务”政府职能定位，十八大报告对政府职能转变的认识更加深刻、全面。十八大报告还明确了深化行政审批制度改革，简政放权，是实现政府职能转变的路径。这表明我们已经初步掌握了与社会主义市场经济体制相适应的基本行政规律。

（四）中国政府职能转变的主要内容

政府职能转变主要包括政府职能重心的转变、政府职能方式的转变、政府职能关系的转变。

---

① 胡锦涛：《坚定不移沿着中国特色社会主义道路前进　为全面建成小康社会而奋斗——在中国共产党第十八次全国代表大会上的报告》，http://www. xj. xinhuanet. com/2012-11/19/c_113722546_5. htm，2012 年 11 月 19 日。

1. 政府职能重心的转变

政府职能重心的转变[①]，即在政府职能体系中将政府职能重心从政治职能转向经济、社会职能。1956年在我国完成社会主义的基本改造之后，党和国家的工作重心本应该转移到以经济建设为中心的轨道上来，但由于受极“左”思潮的影响和对马克思主义关于社会主义个别结论理解的偏差，导致了我国在长达20多年的时间里，一直是重政治统治职能，轻经济和社会管理职能；重阶级斗争，轻经济建设。1978年年底，党的十一届三中全会明确提出了把党和国家的工作重点转移到经济建设上来。此后，各级人民政府紧紧围绕经济建设这个中心，实现了政府职能重心的根本转变，开创了我国行政管理的新局面。

2. 政府职能方式的转变

改革开放以来，随着市场经济的发展，过去单一的政府职能方式，即主要依靠行政命令的方式，已经越来越不适应经济社会的发展。同时商品和市场的活动，也迫切要求法制的健全。正是在这样的背景下，政府职能方式开始发生转变，从单一的行政方式，转变为行政的、经济的、法律的、市场和社会的等多种方式的结合。

行政方式主要是政府下达指令性计划，强制下属和社会各领域主体实行的方式。经济方式主要是政府按照客观经济规律的要求，灵活运用价格、财政、税收、信贷、工资等经济杠杆，调节和影响社会经济活动的方式。法律方式主要是制定和完善经济领域的法律，并严格实施，以此规范社会各种经济主体行为的管理方式。现在我们还明确了政府职能还有市场和社会的方式。这些方式各有所长，也各有所短，所以应该把它们结合起来灵活运用。

3. 政府职能关系的转变

政府职能关系主要表现为中央政府与地方政府之间的职能关系、上级政府与下级政府之间的职能关系、政府内部各部门间的关系、政府与企业的关系、政府与事业单位的关系、政府与社会的关系等。政府职能关系的转变，也就是上述这些职能关系的转变。

计划经济时期，我国的政府职能关系总体表现为高度集权和职能泛化，即在中央与地方的职能关系方面，中央高度集权；上下级政府之间，权力高度向上集中；政府内部各部门间，则又存在职能分解过细，以及职能重复、交叉、错位的情况。在政府与国家经济、社会事务方面，政府职能泛化，表现为政企不分、政资不分、政事不分、政社不分。

改革开放以来，政府职能关系转变在分清职能、理顺关系方面取得了明显的成绩，主要表现为权力下放，在一定程度上分清了不同管理主体之间的职能及权限。现在还明确了加快推进政企分开、政资分开、政事分开、政府与市场中介组织分开，规范行政行为，是当前行政改革的重点。

三、中国政府职能转变的基本趋势

在社会主义市场经济条件下，我们已经明确政府的职能定位是“经济调节、市场监管、社会管理、公共服务”。我国政府职能转变的任务是推动政府职能向创造良好发展环境、提供优质公共服务、维护社会公平正义转变。现在我国的政府职能转变表现出的基本趋势体现在以下几方面。

---

① 张永桃：《行政管理学》，高等教育出版社，2003年，第72页。

（一）让市场在资源配置中起决定性作用

经济体制改革是全面深化改革的重点，核心问题是处理好政府和市场的关系，使市场在资源配置中起决定性作用和更好发挥政府作用[①]。政府对经济运行实施宏观调控，在现代市场经济中，是一项重要职能，同时又是重要特征。政府必须在遵循市场经济规律的前提下，履行经济调节职能，弥补市场失灵。

政府对经济调节的主要作用有以下几个方面。

（1）制定和部署全国经济发展战略，主要包括经济增长目标、结构优化目标、人民生活水平提高目标等。全国经济发展战略的制定必须要有科学的依据，首先，深入了解基本国情，制定经济发展战略必须从本国与经济社会密切相关的各种基本情况出发,使战略目标的确定、发展途径的选择符合客观条件、立足本国实际。其次，充分认识客观规律，制定经济发展战略必须符合客观规律的要求，经济规律是社会经济现象及其运动过程内在的、本质的、必然的联系。因此，制定经济发展战略，要善于学习和总结实践经验，从经济实践中找出经济发展的规律性，做出科学的决策。最后，敏锐感知国际环境，国际政治和经济的形势及条件对国内经济发展有着重大影响。当今世界，经济一体化趋势加强，国际经济关系日趋密切。国际贸易关系、国际金融资本转移、技术转让和商品贸易、国际劳力市场、国际经济结构等国际环境日趋复杂。

（2）保证经济发展战略目标和计划目标的实现，主要运用经济手段和法律手段对经济运行实施有效调节。在社会主义市场经济中，经济主体、经济秩序、经济行为都需要加以规范。随着经济体制改革的深化，经济关系和经济活动日益多样化和复杂化，市场内容越来越复杂，业已兴起的生产要素市场（技术、土地、劳动、资本等市场）用原有的民事法律法规来调节已不适应，而新的法律体系，特别是信用合同制度还未建立起来，因此出现经济秩序较为混乱的状况。由于我国经济运行中法律手段调节的力度不够，经济秩序混乱的状况还未根本改变。我国的社会经济秩序迫切需要运用法律手段来调节和规范，以保证经济发展战略目标和计划目标的实现。

（3）保证经济系统平稳高效运行，促进经济持续健康发展。促进经济持续健康发展的主要手段是加快转变经济发展方式，加快发展现代产业体系。首先要大力推进信息化与工业化融合，促进工业由大变强。其次要从改革体制机制、加大资金投入、完善政策等方面采取措施，发展现代服务业。最后还要加大支农惠农政策力度，积极发展现代农业。

（4）建立系统完整的生态文明制度体系，实现可持续发展目标。面对资源约束趋紧、环境污染严重、生态系统退化的严峻形势，政府应积极承担生态文明建设的职能，统筹社会力量，加强生态治理。当前，主要职能是健全自然资源资产产权制度和用途管制制度；划定生态保护红线；实行资源有偿使用制度和生态补偿制度；改革生态环境保护管理体制。

（二）加大力度规范和整顿市场经济秩序

由于我国社会主义市场经济体制建立的时间不长，所以，在市场经济秩序方面还存在着很多问题，还未完全形成统一开放、竞争有序的市场体系，还未充分激发市场活力。政府需要切实将职能重心转到规范和整顿市场经济秩序，改善经济运行环境上来。

---

① 中共中央：《中共中央关于全面深化改革若干重大问题的决定》，http://cpc.people.com.cn/n/2013/1112/c64094-23519137.html，2013年11月12日。

（三）进一步加强政府社会管理职能

加强政府社会管理职能，是社会和谐稳定的重要保证，是社会全面发展的重要手段，是我国行政环境变化的要求。加强政府社会管理职能，重在转变观念、创新机制。

（1）在转变社会管理观念方面，重在以人为本、关注民生。加强社会建设，要以保障和改善民生为重点，解决好人民最关心、最直接、最现实的利益问题，在学有所教、劳有所得、病有所医、老有所养、住有所居等问题上持续取得新进展。政府要由刚性管理向柔性服务转变，由政府统一管理向社会共同治理转变，进一步激发社会活力，创新社会管理。

（2）在创新社会管理机制方面，要处理好政府职能与其他社会主体职能之间的关系。要加快形成党委领导、政府负责、社会协同、公众参与、法治保障的社会管理体制，加快形成政府主导、覆盖城乡、可持续的基本公共服务体系，形成政社分开、权责明确、依法自治的现代社会组织体制，形成源头治理、动态管理、应急处置相结合的社会管理机制。

（四）政府提供更多公平的公共服务

构建服务型政府，面向社会提供更多更公平的公共服务，既能为市场创造一个良好的外部环境，又能使人民群众共享发展成果，实现人的全面发展。政府要加快健全基本公共服务体系，把更多的资源投入公共服务领域，加快形成政府主导、覆盖城乡、可持续的基本公共服务体系，努力实现基本公共服务均等化，政府应主要从以下几个方面入手。

（1）政府要强化提供公共服务的意识，确立承担公共服务责任的理念，真正树立起符合新时代要求的以人为本的观念、增强政府责任意识、成本意识及公平意识。

（2）要稳步增加政府公共服务支出，切实解决公共服务投入不足的问题。建立健全公共财政体制，调整和优化政府公共服务结构，增加政府公共服务支出，重点是不断增加社会性公共服务支出，使社会性公共服务的支出成为政府公共服务支出的主体。

（3）要营造政府与社会的协作机制，政府是重要的公共服务供给主体，但是面对经济、社会新变化，政府必须充分发挥各个社会主体的建设作用，重塑政府与社会的合作互动关系。

（4）要加强科技化和信息化建设，提高地方政府自身提供公共服务的能力和政府引导管理其他组织提供公共服务的能力，改善公共服务的供给方式和手段，不断提高公共服务的质量和水平。

（5）要加强文化产品供给和服务，推进文化体制机制创新。政府主要职能是完善文化管理体制，建立健全现代文化市场体系，构建现代公共文化服务体系，以及在政府主导下提高文化开放水平。

➢ 本章小结

政府职能是行政管理主体行使国家行政权力，依法对国家事务、社会公共事务进行管理所发挥的基本职责、功能和作用。政府职能具有执行性与变通性；政治性与社会性；多样性与整体性；动态性与相对稳定性的特点。政府职能分为基本职能和运行职能两类。其中基本职能包括政治职能、经济职能和社会职能；运行职能包括决策、组织、协调、控制四个方面的职能。政府能力对政府职能有重要影响。政府能力的大小强弱决定了政府职能的实现程度。

政府职能不会自动实现，政府职能市场化和政府职能社会化，都是 20 世纪 80 年代以来新出现的政府职能有效实现形式。

改革开放30年来，我国政府经过了一个从全能型政府向有限型政府、从统治型政府向服务型政府的转变过程。我国政府职能转变的具体内容包括：职能重心从政治职能转向经济、社会职能；职能方式从单一的行政方式转变为行政的、经济的、法律的、市场和社会的等多种方式的结合；政府职能关系从高度集权，政企不分、政事不分、政社不分，向下放权力，分清职能、理顺关系方面转变。“经济调节、市场监管、社会管理、公共服务”是我们已经明确的政府职能定位，推动政府职能向创造良好发展环境，提供优质公共服务，维护社会公平正义转变，是我国政府职能转变的目标。

➢ 关键术语

政府职能；政府职能社会化；政府职能市场化；政府职能体系；政府工具；政府职能转变

➢ 思考题

1．如何理解政府职能的含义？
2．试论述政府职能体系的基本内容。
3．简要说明政府能力与政府职能的关系。
4．政府职能市场化的含义与方式是什么？
5．政府职能社会化的方式与利弊是什么？
6．我国政府职能转变的主要内容及基本趋势是什么？

➢ 案例

行政审批3.0：告别万里长征图①

深化行政审批制度改革、加快政府职能转变是党的十八大和十八届二中、三中全会部署的重要改革，是《国务院机构改革和职能转变方案》的重要任务。新一届国务院组成以来，把简政放权、放管结合作为本届政府组成后的“开门第一件事”。国务院根据行政许可法的要求，整体谋划、分步推进，大刀阔斧取消、下放行政审批事项，着力推进简政放权，为人民提供优质高效服务。

改革过程中，中央政府改革力度不断加大，地方政府积极探索创新，行政审批制度改革和政府职能转变工作取得重要阶段性成果。在试点探索、研究论证、沟通协调和组织建设等多方面积累了丰富的经验。

1．行政审批改革1.0——多点多部门，质量改革

中央正式启动行政审批制度改革之前，部分地方政府自发地从制度、组织等方面尝试克服原来的制度障碍。1992年，海南省海口市实行行政审批制度改革“三制”，即能够直接登记或办理的项目则实行直接办理制；须保留的审批项目实行一个窗口对

① 周舜尧：《武汉行政审批3.0版挥别“万里长征图”》，《长江商报》，2015年7月27日。

外办公和内部一条龙服务；同时实行社会服务承诺制规定审批或便民服务时限和自罚措施。

2．行政审批改革 2.0——单点多部门，流程改革

行政审批改革 2.0 时代是将散布在各个审批部门的审批事项，聚合到政务服务中心办理，搭建日常管理平台。广东江门市、深圳市，浙江的宁波市、金华市等地先后建设行政中心，以集中办公、一站式办理和规范的办事程序机制为特色，区别于原来的政府管理模式，使政府管理变得规范化和人性化，体现了“执政为民”的根本要求。

3．行政审批改革 3.0——单点单部门，流程再造

2015 年 6 月 24 日，武汉市首家行政审批局在武汉经济技术开发区挂牌成立。此前，该区已经将原有的 268 项行政审批事项压缩至 159 项，压减 40%，审批人员精简 56%。行政审批局成立后，民政局、工商行政管理局、质量技术监督局等 22 个区属部门的审批职权划转到行政审批局，70 枚审批公章合一，由行政审批局直接审批事项。同时，建立企业注册电子信息交换平台，工商行政管理局、质量技术监督局、国家税务总局、地方税务局及公安局等部门信息共享。另外，行政审批局还建立了行政审批移动政务平台，市民可将材料拍照上传，进行线上预审。启用行政审批专用章，实行“一枚印章管审批、一个窗口办完事”。

一枚印章管审批，不同于集中办理模式，打破了多部门、多层分头管理的局面。最大限度地为企业提供了便利。这不仅是工作方式与流程上的大变化，也是对过去的行政流程的再造。

请思考：

1．结合案例，谈谈政府职能在行政审批制度中的体现。

2．行政审批制度改革从 1.0 模式到 3.0 模式，体现了我国政府职能转变的何种趋势？

➢ 拓展阅读

薄贵利. 2014. 建设服务型政府的战略与路径. 北京：人民出版社

坦茨 T. 2014. 政府与市场——变革中的政府职能. 王宇，等译. 北京：商务印书馆

唐斯 A. 2006. 官僚制内幕. 郭小聪，等译. 北京：中国人民大学出版社

吴爱民，沈荣华. 2009. 服务型政府职能体系. 北京：人民出版社

张锐昕，杨国栋. 2013. 网络时代政府职能转变问题研究. 北京：中国书籍出版社

行 政 组 织

行政组织是行政职能的载体，是行政管理的基础，也是国家机构的重要组成部分。科学的行政组织体系，是国家有效地发挥行政职能，提高行政效率的基础性条件。本章将就行政组织的特点、概念、基本要素、类型、环境，行政组织的结构与体制，以及编制管理问题进行深入探讨。

第一节　行政组织概述

一、行政组织概念

（一）行政组织的含义

“组织”在一般的词义上指人们围绕一定目标联合起来进行有序活动的群体。英文中“组织”（organization）则源于“器官”（organ），意思是自成系统的、具有特定功能的细胞结构。这个概念被引申到社会群体以后，就得到了新的含义，即组织就是两个以上的人、目标和特定的人际关系这三种要素构成的一种特殊的人群体系①。在构成组织的三个要素中，人是最重要的主体，一般来说，进入组织的人都是有特殊要求或有特殊共性的；目标是构成组织的基本依据，或者说组织的必要性就在于要实现特定的目标；特定的人际关系是由于组织的产生而形成的，即在组织内部为实现目标的需要进行分工，由于分工而在纵向上形成隶属或管理关系，在横向上形成合作或配合关系。

在人类社会里，组织是广泛存在的，按照组织活动的领域，可以划分为不同的组织类型。行政组织，就是在行政领域活动的组织，旨在推行政务，是各类社会组织中极为重要的一种。

行政组织有广义和狭义之分。广义的行政组织泛指一切具有执行性管理职能的组织系统，既包括整个国家机关中的行政机关，也包括国家机关中的立法、司法系统中具有执行性职能的各单位，在我国，甚至还包括党委机关、事业单位和人民团体这些具有管理职能的组织系统。狭义的行政组织则仅指国家的行政机关。本书从狭义上探讨行政组织，即指根据宪法和法律组建的执行国家行政权力的机关。

（二）行政组织的特点

行政组织是社会组织中规模最大、结构最严密的机关体系。较之于社会一般组织，行政

① 傅明贤：《行政组织理论》，高等教育出版社，2000 年，第 2 页。

组织有政治性、权威性、法制性、系统性、社会性的特点。

（1）政治性是一切国家行政组织的共同属性，政治性源于国家的本质，是国家政权组织的重要组成部分，是实施政治统治和社会管理的主要工具。

（2）权威性是由行政组织在国家权力机关中的地位决定的，行政组织是国家权力机关的执行机关，是国家权力的具体执行者，以国家强制力为后盾，是行政权力和国家强制力的象征与代表。

（3）法制性是依法行政的基本含义，包括行政组织自身建设的法制性和行政组织对社会公共事务进行管理的法制性两个方面。

（4）系统性是指行政组织依法设置的具有特定的目标结构、部门结构、权力结构、人员结构，职责分明、分工合理、运转协调的有机整体。系统性体现在行政组织的整体性、严密性和有序性等方面。

（5）社会性是由国家的社会管理职能所决定的，主要表现为管理性和服务性两个方面。行政组织的管理性主要表现为对广泛社会生活的有效领导和管理。同时，国家为了维护阶级的利益，维持在社会上的权威地位，就必须服务于社会。这种服务性首先是为执行宪法和法律服务，其次是为一定的公共利益提供保障。

（三）行政组织的基本要素

行政组织是一个庞大而完整的公共权力执行系统，由相互作用的若干要素构成。只有合理组合这些要素，行政组织才能发挥有效的功能。行政组织的基本要素包括职能目标、机构设置、人员构成、权责体系、运行程序、法制规范和物质资源。

1. 职能目标

这是组织赖以建立和存在的前提及基础，是组织活动的出发点和归宿，也是行政组织的首要因素。职能目标的多寡和重要程度决定组织的机构设置、规模数量、地位级别及人员编制，也决定行政组织活动的方向、范围和内容。因此，行政组织必须有明确清晰的职能目标，自上到下，由宏观到微观地进行目标分解，依次确定各级行政组织所属的各个子目标、分目标，形成一个多层次、多序列的组织目标体系。

2. 机构设置

机构是行政组织的实体，也是行使行政权力、履行行政职能、实现组织目标的工具。机构设置是指根据组织目标、职能范围在行政组织系统内部按照一定法律程序和分工要求设置相应的组织机构，包括纵向机构和横向机构以及每一个机构中具体的内设部门和职位设置。机构设置是行政组织的核心问题，机构设置的合理与否，直接决定了行政组织整体效能和行政效率的高低。

3. 人员构成

人是行政组织的主体，有一定素质和技能的行政人员构成行政组织及其机构，行政人员是行政活动的决策者与执行者，也是组织形象的代表。行政人员的专业、知识、技能等素质决定着组织职能目标的实现程度，决定着行政组织活动的效率。因此，要求行政人员必须具有强烈的事业心和责任感，具备专业素质，并有较强的组织能力、管理能力、综合分析能力和应变能力，还应有良好的工作作风和工作方法、廉洁奉公和不谋私利。

4. 权责体系

行政组织是一个纵横交织的权责体系，各个部门、各个层级、各个成员之间存在着一系列从属、并列关系。权责体系的存在和作用，使行政组织成为一个上下一致、左右协调、分工有序、共同承担目标任务的有机体。为了实施科学管理，必须合理划分行政组织权力和责任，探求行政组织集权和分权、授权与制约的适度点，做到权责分明，保障行政组织各组成部分的有序运行。行政组织层次划分、部门配置、岗位设置的合理化是行政组织系统科学化的最基本标志。

5. 运行程序

行政组织是当代规模最大、职能范围最广泛、受众最为复杂的组织，有着规模庞大、人员众多、层次繁多、管理对象复杂的组织形态，因此，建立开放、灵活、高效的运行机制很有必要。通过计划、执行、组织、协调、监督反馈等环节把行政各要素有机地联系到一起，从而形成法制化、规范化和科学化的运行程序。运行程序就是行政活动内在规律性的客观反映，行政组织必须遵循运行程序来开展活动。如果行政组织违反行政程序，各行其是、自作主张，不仅直接影响其自身的正常运转，而且会出现全局性的工作紊乱，妨碍整体工作的开展和目标的实现。

6. 法制规范

当代国家是法治国家，当代行政是依法行政，行政组织建设与运行也必须有法可依，有法必依、作为行政组织不可缺少的要素，法制规范是否健全与完善是行政组织现代化、科学化的重要标志之一。健全完善的法制规范，可以确保行政组织自身建设有序有效进行，使行政组织的其他构成要素合理配置并发挥作用。健全完善的法制规范，确保行政组织各种行为的统一，减少矛盾冲突，同时也为制裁违法行政行为提供了客观依据。

7. 物质资源

物质资源是行政组织存在和运行的必要条件，也是行政组织必不可少的一大要素。物质资源通常包括行政管理活动所必需的行政经费、办公场所、办公设备、物资、用品等有形要素。各项行政组织活动的开展都离不开必备的物质条件，没有这些物质条件，组织就无法实施行政管理。其中，行政经费是物质资源的核心问题，世界各国都是通过财政预算为行政组织提供经费。行政经费的数量取决于社会经济发展水平、国家的经济状况、行政职能目标的范围及重要程度等因素。

二、行政组织的类型

行政组织是一个体系庞大、结构复杂、类型多样、职能齐全的系统，按照不同的标准，从不同的角度可以分为若干类型。比较常见的是按照行政层级分类及按照工作性质分类和按照隶属关系分类。由于这些分类方法往往是同时使用的，所以，一个行政组织可以同时具有不同的分类性质。

（一）按照行政层级分类

按照行政层级权限的不同，可将行政组织分为中央行政机关和地方行政机关。

中央行政机关即中央政府，是国家最高行政机关，其基本职责是组织和管理整个国家的政治、经济、文化、军事、外交等方面的行政事务，如我国的国务院。地方行政机关，即基本职责和管理权力只在一定行政区域范围内行使的行政机关。地方行政机关内部是分层级的，即地方行政机关还可以进一步分为两级、三级，甚至更多。地方行政机关内不论分为几级，都还是地方行政机关。国家的结构形式不同，中央机关与地方机关的行政关系就不同，它们之间的关系可以是分权关系，也可以是授权关系。但是，无论是怎样的国家结构，地方行政机关都只能在本辖区行使行政职权，并都会受到中央机关的限制。地方行政机关，如美国的州政府，我国的省、市、县、乡等。

（二）按照工作性质分类

按照行政组织的工作性质不同，可以将行政组织分为领导机关、职能机关、辅助机关、咨询机关等几种类型。

（1）领导机关又称首脑机关或中枢机关，是中央政府和地方各级政府统辖全局的指挥、决策和监督中心。领导机关是决定行政效能的关键，其职责是负责制定行政组织的目标、规划和政策，对辖区内的重大行政问题进行集中领导与协调，并督导决策的实施，如我国的中央人民政府和各级人民政府。

（2）职能机关是指在领导机关领导下，负责组织和管理某一方面行政事务的机关。大部分行政机关属于职能机关。它对上受领导机关的指挥和监督，执行领导机关的各种具体指示、方针和政策；对下行使政府的行政管理职能，负责领导或指导业务上相同的下属行政部门的工作，如我国国务院所属外交部、财政部、商业部等各部及地方政府所属各厅、局等。

（3）辅助机关是直接协助行政首长及各职能机关工作，在行政组织内部承担辅助性业务工作的机关。其主要职责是为领导机关和职能机关收集信息、协调沟通各方面的关系、管理日常事务、提供后勤服务等。辅助机关有两类典型的存在形式，一类是为行政首长服务的办公和参谋机关，如我国各级政府的办公厅（室）、研究室等，这类机关也可以称为幕僚机关。它们没有特定的专业性，不能离开行政首长而独立存在，其活动直接听从行政首长的指挥和要求，对各职能部门没有直接指挥和监督的权力，但在授权条件下可以代表行政首长。由于幕僚机关是紧靠行政首长且完全受命于首长的一个组织环节，事实上参与政务、协助决策、沟通关系、协调活动、汇集信息、处理纠纷，因此，它的状态直接影响领导机关功能的发挥，历来被认为是一种重要的行政机关。另一类是为职能机关服务的机关，它们为职能机关工作提供辅助性工作或管理服务工作，如各级政府的机关事务管理局等。

（4）咨询机关亦称智囊机关或参谋机关，是指为领导机关或行政首长出谋划策，提供各种对策建议和政策方案的政策研究机关。咨询机关一般由专家学者和富有实践经验的资深政府官员组成，其基本职责是围绕领导机关或行政首长下达的课题开展研究，并针对有关问题出主意、想办法、提建议，供行政首长决策时参考、采纳。在西方，它常被称为“智囊团”或“思想库”。咨询机关既不是执行机构，也不是辅助机关，具有较强专业性和相对独立性，其基本职能是研究咨询、参与决策、协调政策、培训人才和提供信息。

（三）按照隶属关系分类

按照行政机关之间的隶属关系不同，可以将行政组织分为直属机关、派出机关等类型。

（1）直属机关是指根据需要而设置的主办各项专门业务、为领导机关直接管辖的单独机构。它不是领导机关的组成部门，法律地位也略低于职能机关，主要负责人不列入政府组成人员。例如，在我国，通常把一些不便划归各部、各委员会管理的专门事务交付给专设的直属机构管理，由其担负业务指导、监督和协调职能。直属机关一般称（总）局、署，为（正）副部级单位，如国务院直属的国家统计局、国家旅游局、国家新闻出版广电总局、国家知识产权局、海关总署等。

（2）派出机关是指行政机关根据工作需要在辖区范围内依法设立的分支机关或代表机关。派出机关在国家行政序列中不构成一级政府组织，其权力是委派机关的延伸，因而以委派机关授权的性质、程度和范围为转移。派出机关主要是在管理区域广阔条件下，为便于领导机关统一指挥、统一领导和加强监督而设置的，基本职责是代表委派机关，协调、监督下级单位落实各项上级管理政策，授权处理各种事宜，比如我国的行政公署、街道办事处。我国的派出机关还包括国家行政机关有关工作部门派出的代表机关，如财政、公安等机关派驻各地的机关专员、派出所，以及外交部派驻国外的大使馆、领事馆，派驻中国香港、中国澳门的特派员公署等。

三、行政组织环境

在传统的行政学理论中，人们对行政组织的研究主要集中于组织内部，很少考虑外部环境对组织内部各要素的影响，这是在市场经济不很发达、人们之间相互关系松散、利益交换力度松弛的历史条件下，组织理论对社会生活的合理反映。系统论方法的引入，使人们的视野从行政组织内拓展到对行政组织环境的关注。人们认识到，行政组织不是一个自我封闭的系统，作为社会大系统中的小系统，它存活于环境中，受到环境影响和制约，如果割断与环境的联系，行政活动便失去意义，行政组织也不可能存在和发展。在组织与环境的相互作用中研究行政组织的运行和发展，使行政组织更好、更主动地适应环境，是现代行政组织理论区别于传统组织理论的重要标志。

（一）行政组织环境的含义及类型

环境一般指主体自身以外，与之相互作用的各种因素。环境相对主体而言，是组织边界以外的一切事物。世界上任何事物都存在于一定的环境之中，都与它周围的事物相互联系，相互作用，环境不仅可以影响事物发展的进程，有时还会有重大的决定性的作用。

一般来说，行政组织环境即政府管理的环境，是行政组织赖以存在和发展的外部条件的总和，即各种直接或间接地作用和影响行政组织及其活动的外部因素的总和。行政组织环境决定、影响和制约着行政组织目标的制定、机构的设置、机制的运行及活动方式的选择等，同时，行政组织环境总是处于发展变化的动态过程之中。可以说，有什么样的环境，就一定有什么样的行政组织。

行政组织环境有极其广阔、不断变动的周延性。一国的行政组织环境，包括从地形分布、山川河流，到气候特征、自然资源；从人口数量、民族状况，到阶级状况、历史传统；从文化教育、科学技术，到社会制度、经济状况，乃至道德水准、价值观念、人际关系、国际事件等。这些条件或因素，在一定的时空中可能是常规的、确定的，也可能是混杂的、不确定的，还可能是有物质的、有精神的、有形的、无形的，有自然的、社会的。总之，凡是作用于行政组织，并为行政组织反作用所影响的条件和因素，都属于行政组织环境的范围。

为了更好地认识行政组织环境的各个因素以及它们对行政组织的影响，我们可以将包罗万象的行政组织环境诸因素，从不同的角度进行具体归类分析：第一，按内容分类，可将行政组织环境分为政治环境、经济环境、文化环境、自然环境等；第二，按地域和范围分类，可将行政组织环境分为国际行政环境和国内行政环境；第三，按作用的层次分类，可将行政组织环境分为宏观行政环境、中观行政环境和微观行政环境；第四，按环境形态分类，可将行政组织环境分为有形环境和无形环境；第五，按作用和影响分类，可将行政组织环境分为良性的行政环境和恶性的行政环境。

但事实上，各种类别之间也不是截然分开的，而是相互交叉、相互融合的。我们应当通过分类更清楚地了解行政组织环境各个因素的基本范围和特征，以更好地适应环境、改造环境。另外，行政组织环境还可以按环境作用于行政组织的强度、方式，环境对行政管理产生的影响及产生影响的途径、时间顺序等不同的标准，对行政组织环境进行不同侧面、不同角度的区分。

（二）行政组织环境的特点

总体看，行政组织环境具有广泛性、复杂性、差异性和动态性的特点。

（1）广泛性。行政组织环境是行政组织赖以存在和发展的外部因素的总和。地形地貌、山岳、河流、自然资源、经济状况、人口素质、民族宗教、文化教育、科技水平等无一例外。这就决定了行政组织决策和运作的繁杂性、全面性、原则性和灵活性的特点。

（2）复杂性。行政组织环境是一个复杂的开放系统，它对行政组织的影响与作用不仅是广泛的，更重要的是在此基础上体现出来的复杂性。在这些广泛的外部条件和要素中，有物质的、精神的；有有形的、无形的；有社会的、自然的；有政治的、经济的；有国内的、国际的。这些要素本身及这些要素之间构成纵横交织的关系，可见行政组织环境是极其复杂的。

（3）差异性。不同的行政组织所处的环境状况是不尽相同的，有时这种差异性还会很大。由于国家、地区、时代，以及地理位置、政治制度、经济状况、民族文化、宗教信仰等不同，直接导致了行政组织所处环境的不同。也正是由于这种环境的差异性，不同国家和地区的行政组织具有不同的组织形式、管理体制、发展目标、活动方向等，从而表现出多种多样的性质和风格。即使在同一国家不同的区域、不同的系统、不同的部门，面对的行政组织环境都会有很大差异。

（4）动态性。世界不是一成不变的事物的集合体，而是过程的结合体。无论是对自然界的开发与改造，还是人类社会的发展与变迁，这些变化必然对行政组织产生重要的影响。不同时期、不同阶段，甚至某个具体行政过程中，环境因素都在不断变化之中，因此，行政组织为适应外部环境也是处于动态的变化过程之中的。

（三）行政环境与行政组织的关系

行政组织与行政环境之间相互作用的基本形式是输入—转换—输出。在这个交换过程中，行政环境向行政组织输入物质、能量和信息，行政组织通过各种形式对之进行转换，输出法规、政策、措施、办法等，以满足行政环境的需要。

在这里，行政环境对行政组织的输入大体可以分为三种类型，即要求、支持和反对。当行政环境的种种要求、支持和反对等各种信息进入行政系统后，会引起行政组织的变化，甚至产生和改变行政组织的部分功能。

转换过程是指政府根据外部环境输入的各种信息，对政府内部包括职能设定、组织建设、活动方式、行政体制、人员配置等进行的调整、改变、修订、增加的活动，使之与外部环境的关系更为协调和谐，以取得外部环境更大的支持。

输出过程指政府通过转换以后，重新向外部环境输出的各种信息，表现为行政组织的各项政策法规与各种方法措施的出台和实施，以引导整个社会协调有效地发展，这就是行政对环境的创造。

综上所述，如果输入、转换、输出各部分之间都保持和谐状态，行政组织与环境之间就能保持一种动态的平衡；反之，则会处于失衡状态。尤其是转换部分和输出部分，作为行政组织对环境所输入信息、物质和能量的一种回应和效果，它们直接关系到行政组织对环境所发挥的作用，即是发挥促进作用还是阻碍作用，积极作用还是消极作用，强烈作用还是微弱作用，都取决于这两个部分的情况与效果。所以，要保持行政组织与环境之间的动态平衡，必须特别重视这两个关键环节。

第二节　行政组织的结构与体制

一、行政组织结构

组织结构是组织内部各组成要素之间的相互联系方式。它涉及组织内部各构成部分和成员的具体分工以及职能划分问题，决定着组织整体、部分和人员间纵横交错的权责关系、分工协作和指挥、协调、沟通的具体方法，体现了组织内的结构关系。

行政组织结构是指行政组织各组成要素（部分）之间的相互联系方式。行政组织结构是完成组织任务的机体和行政组织内部分工与合作关系的体现。研究行政组织结构，对于发挥行政组织的功能有非常重要的意义。科学合理、运转灵活的组织结构，能保证行政组织内的各个构成要素包括人力、物力、财务等有一个最佳的配置状态，最优地实现行政组织的目标。

行政组织的基本结构一般可分为两类：一类是行政组织的纵向结构，另一类是行政组织的横向结构。

（一）纵向结构

行政组织的纵向结构，也称行政组织结构的层级化，它是指行政组织纵向分作若干层级的直线制，上下层级之间存在着领导与被领导、命令与服从的一种垂直关系的排列组合方式。行政组织的纵向结构既包括不同层级政府之间上下级关系，也包括每级政府各组成部门之间的上下级关系。

我国行政组织的纵向结构有两种：一种是整个行政组织体系的纵向分化，指各级政府的上下层级结构，如从中央到地方分为国务院—省（自治区、直辖市、特别行政区）—市（自治州）—县（市）—乡（镇、民族乡）五个层级。另一种是指各级行政组织内部的纵向结构，即每一级行政组织内部的上下层级结构，如国务院为部（委、办）—司（局）—处三级，国务院直属机构为局—处（司）两层或局—司—处三级，省政府为厅（委、局、办）—处两级，少数在处以下还有科一级，省以下政府工作部门设两级或一级。

纵向结构的特点是：第一，层级越高，管辖的范围越广，但是组织的数量越少；而层级越低，则管辖的地域范围越窄，但组织的数量越多。例如，我国的中央机关国务院是最高一级的行政组织，只有一个，而最低级的地方行政机关乡镇，现在有两万多个。这种下多上少的行政结构，被称为“金字塔”结构。第二，行政指挥和命令按照垂直方向自上而下地传达和贯彻。它具有事权集中、权责明确、指挥统一、便于控制等优点。其缺点是组织内没有专业化的管理分工，各级行政首长管理过多，责重事繁，容易顾此失彼。

（二）横向结构

行政组织的横向结构也称行政组织的部门分工，它是指同级行政组织的部门分工，或一级行政组织内部各组成部门之间的平衡分工，它反映的是同级行政组织相互合作与协调的关系模式。

由于行政组织管理内容的复杂多样性，必须在纵向机构的基础上，按业务性质的不同进行进一步科学合理的横向分工，以适应各级政府不同职能的需要。行政组织的横向结构可分为一般权限部门和专门权限部门。一般权限部门是一级政府的首脑机关，负责统一领导指挥所辖行政区域内各行政机关的工作，其职权具有全局性和综合性特点；专门权限部门是一级政府所属各职能部门，旨在执行一般权限部门的指示和决定，只负责某一方面的行政任务，其职权具有局部性和专业性特点。

横向结构的特点是：专业分工、业务明确，有助于提高行政效率。各组成部门统分结合，既相对独立，又相互配合，使整个行政管理流程既灵活又有序。同时，又可使行政首长摆脱日常具体业务，集中精力筹划全局的决策和领导。其缺点是：如果分职不当、分工过细，容易造成机构臃肿、部门林立、管理失控，反倒会增加协调难度，降低行政效率。

划分行政组织中的横向机构可以从不同角度进行，主要的划分方法有以下几种。

（1）按管理职能和工作任务划分。这种方法是目前应用最广泛的部分划分法，是把相同或相似性质的职能或工作归类形成一个组织单位或部门，由该单位或部门全权负责此类任务。例如，我国国务院根据职能划分的部门有国民经济管理部门、财政管理部门、文化教育部门、劳动人事部门、科学技术部门、国家安全部门、民政部门、司法部门、外事部门等。它的优点是：能较好体现专业化分工的组织原则，做到事权统一，职责明确，有利于行政组织内部的协调统一。不利之处在于：如果权责过分集中，容易导致集权，滋长本位主义，也容易造成部门之间利益冲突。

（2）按行政管理的环节和程序划分。现代公共行政由一系列完整而系统的各个环节组成，即决策、咨询、执行、信息反馈和监督主要环节。这五个环节是公共行政活动中不可缺少的组成部分，承担各自特定的功能。按照这种划分方法，行政组织可划分为决策部门、执行部门、信息部门、咨询部门和监督部门。以环节和程序为标准划分部门或设置专门机构，可以保证各项功能充分发挥应有作用，使管理活动环环相连，形成一个完整的过程。

（3）按行政区域划分。这种划分方法是以行政区域为标准划分行政部门，主要适用于行政组织管理的区域比较分散、区域间政治经济文化的发展不平衡、由于自然、历史、社会原因不能由中枢机关直接统一指挥的情形。一个国家可划分为若干省、市、自治区；一个省可划分为若干市、县；一个县可划分为若干个乡（镇）等。它的优点在于：能调动各行政区域的行政部门的积极性、主动性和创造性，因地制宜、区别对待，从而提高决策质量；加强同一区域行政组织职能部门间的协调，有利于行政效率的提高。其缺点是：由于增加管理层次，必然增加财政负担；各区域组织容易变成权力集中的行政实体，自主权力过大，容易产生地方主义和区域部门权力膨胀、条块分割等弊端。

（4）以服务对象为标准来划分。这种划分方法是依据服务对象特点设置专门机构的部门划分，如政府部门设置的信访局、军队转业干部安置办公室、离休干部管理局等。这种划分方法使办事机构权责明确，便于直接了解服务对象的需求，有针对性地提供服务，能有效地提高服务水平和工作效率。其缺点是：这种划分部门的方法与其他划分部门方法之间会出现交叉重复现象，当服务对象需要解决的问题涉及多个部门时，如果协调不当就会出现互相推诿“踢皮球”的现象。而且，在某些情况下，服务对象群体变动较大，一定程度上造成事务处理的困难。在这个基础上建立起的部门，其工作必然是时紧时松，其存在的必要性时大时小，经常处于不稳定的状态之中。

二、管理层次与管理幅度

管理层次与管理幅度是行政组织结构的两个基本范畴。层次构成组织的纵向结构，幅度构成组织的横向结构，纵横结合构成组织的整体结构。因此，行政组织的管理层次与管理幅度是影响组织结构形态的两个决定性因素。

（一）管理层次

管理层次是指组织的纵向等级结构和层级数量。行政组织系统划分等级层次的数量，通常都是从组织的最高层逐层由上而下分解，上下层之间有比较明确和严格的隶属关系。管理层次的划分取决于组织分工、组织权力构成、组织事务的性质及工作量等因素。管理层次的设置必须适宜，层次过多会造成信息流通不畅、程序复杂、效率低下、政策执行力不足、官僚主义滋生、难以监督和控制；层次过少又会导致分工不明确、职责和权力不清、权力过于集中、不利于调动下级的积极性。

一般来说，任何组织都可在其内部划分为高层、中层、基层三个基本层次。高层是组织的战略决策层，负责制定整个组织的目标、计划和政策，决定组织的大政方针，对整个组织起神经中枢作用。中层是组织的协调与执行层，它在高层组织领导下，制订所辖范围内的活动计划，将组织的整体任务和总体目标分解为许多具体方案、任务和目标，在整个组织中发挥承上启下、沟通高层与基层之间联系的作用。基层是组织的具体操作层，主要负责组织的业务操作。基层操作人员的士气、情绪、能力和工作状况直接影响到组织效率的提高和组织目标的实现程度。三个层次之间的协调一致是整个组织系统正常运行的重要条件。

（二）管理幅度

管理幅度是指在一个层级的行政机关或行政首长直接领导和指挥的下级部门或人员的数额及范围。由于受主客观条件的限制，管理幅度必然是有一定限度的，超越这个限度，或多或少会影响到管理效能。科学合理的管理幅度没有统一的标准，它取决于管理机构的合理程度以及物资设备和技术水平的先进程度，并与管理层次密切相关。管理幅度既受管理者性格、知识、技能、精力及经验等限制，又受组织的规章制度、工作性质、技术条件、福利待遇、人际关系，以及管理对象能力和素质等因素的制约。

管理幅度的设置也必须适宜，幅度太宽则直接领导的部门或人员过多，难以面面俱到，疲于应付，甚至会出现本位主义、各自为政、部门利益、机构臃肿、权力交叉、相互掣肘、权责不清等问题。幅度太窄又会造成对下属控制过严，影响下级的工作积极性和自主性。

（三）管理层次与管理幅度的反比关系

在既定条件下管理层次与管理幅度是紧密联系在一起的，两者在组织结构中成反比。如果组织规模一定，管理层次越多，管理幅度则越小，即每个层次所包容的基本单位和人员就越少；反之，管理的层次越少，管理幅度则越大，即每个层次所包容的基本单位和人员就越多。这就是行政组织中客观存在的管理层次和管理幅度间的反比关系。

管理层次与管理幅度的不同方式决定了组织结构形态是“高耸”型，还是“扁平”型，抑或是中间形态。第一，管理层次越多，管理幅度越小，行政组织的结构就呈现“高耸”型。高耸型结构是一种偏重于集权的结构，其优点是：指挥链条严密，管理权力集中，分工明确，控制严格，便于整体协调和统一领导。其不足是：由于管理层次多，沟通时间长，不利于信息交流，对外界变化的反应较慢，以至于难以适应环境的变化；在管理上所花费的人力、物力、财力、时间增多，从而导致行政效率降低且不易发挥下级的积极性和创造性。第二，管理层次越少，管理幅度则越大，行政组织结构就呈现“扁平”型。“扁平”型组织结构的优点是：偏重于分权，缩短了上下级之间的行政距离，沟通容易，办事程序简单，对外界的变化适应性强，有利于调动下级的积极性和创造性，提高行政效率。不足之处是：会弱化行政控制强度，加上层次减少，必然造成管理幅度的增大，而管理幅度的增大会给领导者带来许多工作困难。

管理层次与管理幅度是影响行政组织结构的重要因素，因此，我们应根据不同的工作性质、人员素质、领导能力、技术条件等实际情况，正确处理好管理层次与管理幅度的关系。实践证明，一个行政组织的结构往往不是纯粹“高耸”型或“扁平”型，而是综合型的，即组织中某些层次的机构管理幅度大，某些层次的机构管理幅度小。

三、行政组织体制

体制是指组织的制度及运行方式。行政组织体制也称行政体制，是行政组织的制度及运行方式，其实质是行政权力关系的制度化和程序化。行政组织体制是国家政治体制的重要组成部分，对保证国家行政管理整体效能具有重要意义。一般来讲，根据不同的标准，行政组织体制可划分为以下几种形式。

（一）首长制、委员会制与混合制

根据行政组织中最高决策人的人数，行政组织体制可分为首长制、委员会制与混合制。

（1）首长制又称一长制或独任制，是指行政组织的最高决策和管理权力由行政首长一人执掌，并同时承担全部领导责任的组织体制。行政组织内部的其他领导人都是首长的下属和助手，在决策时只负责向首长提供信息和建议，最后由首长做出决策。美国总统制是首长制的典型。首长制下，事权和最高决策责任都集中于首长一人，权力集中、责任明确、指挥统一、反应灵活迅速，信息沟通渠道畅通，效率较高，且容易建立起有效的行政指挥系统。其缺点是：容易导致行政首长独断专行、主观片面、滥用权力。

（2）委员会制又叫合议制，指行政组织最高决策权和责任，赋予由两个以上人员组成的集体或委员会承担的组织体制。其基本特征是组织的最终决策是由两个以上的地位平等的委员组成的委员会做出，组织的最高决策权属于全体委员，一切均由委员会按照“少数服从多数”的原则集体讨论决定。瑞士是典型的委员会制国家。委员会制具有集思广益、分工合作、相互监督、集体负担工作的优点，便于发挥集体智慧和力量，避免营私舞弊和独断专行，体现了民主精神，符合民主原则。但也有事权不专一、责任不明确、行动迟缓、影响效率、委员之间易形成相互倾轧与排挤等缺陷。

（3）混合制又称委员首长并立制，是指行政组织的事权一部分由委员会集体讨论决定，另一部分由行政首长个人决定的一种行政组织体制。其基本特征是行政组织中既设有合议制的委员会，又设有专门的行政首长。重大问题的决策权由委员会集体讨论决定，具体问题的决策权由行政首长个人行使。从理论上讲，混合制兼有首长制与委员制的优点，可是如果运用不当，则可能产生首长制和委员制存在的弊端。

上述三种行政体制的实际运用应视本国具体情况而定，不可偏执于某一种。目前，我国采用的是行政首长负责制，是指重大事务在集体讨论的基础上由行政首长决定，具体事务由行政首长决策，行政首长独立承担行政责任的行政体制，其兼具首长制和委员会制的优点。行政首长负责的具体内容包括“三权一责”，即对本级或本部门工作的全面领导权；对本级或本部门工作的最后决定权；人事提名权及对本级或本部门工作的全面负责制。

（二）集权制、分权制与均权制

按照中央行政组织与地方行政组织间权力分配关系划分,行政组织体制可划分为集权制、分权制与均权制三种。

（1）集权制是指行政权力集中于中央，地方行政组织完全在中央的指挥、监督、控制下行使本级权力，地方政府没有或很少有自主权。法国是典型的集权制国家。集权制具有政令统一、标准一致、力量集中、统筹全局、层级节制分明、指挥灵便，以及有利于推行跨区域的大型综合建设项目和社会治理工程等优点。但是，其缺点也很明显，上级权力过于集中，容易导致独断专行，造成只顾整体而忽视局部的问题，因此也缺乏灵活性；不能因时、因地制宜；束缚地方政府的积极性与主动性。

（2）分权制是指中央与地方合理划分行政决策权，地方行政组织在管辖范围内有自主决定权，中央对地方在其权限内决定的事项不予干涉。分权制下地方组织有更大的权力，地方组织对其管辖地区、范围内的事务拥有较大的权力，无须听命于中央，中央组织或总机构也不加干预。美国是实施分权制的国家之一。分权制的优点是便于因地制宜，能调动和发挥下级组织的积极性和主动性，使行政组织更富有弹性，能发挥组织的整体效能。但是如果过度分权，会导致各自为政，影响基本政策的统一性，诱发地方主义、本位主义，造成中央政府与上级组织的指挥失灵，从而危及国家权力的完整与统一。

（3）均权制指中央与地方的权力保持平衡，既不偏于集权，也不偏于分权的一种理想的组织体制。孙中山先生曾极力倡导实行这种行政体制。他认为在均权制下，权力的划分应以不损害地方组织、分支机构的积极性，不妨碍中央组织的宏观控制为原则。采用均权体制，前述集权制与分权制的缺点，将可逐渐消除。但在现实中，中央与地方“均权”的“度”如何把握很难确定，所以这种行政体制至今还只能是一种理想体制。

集权制与分权制各有利弊，具体实行哪种体制，完全取决于本国的国情。一般来说，在决定中央与地方权力分配关系时，国家的结构形式及国家的经济体制是起关键作用的因素。我国的国家结构形式上是实行单一制，而且我国实行不同于西方国家的特殊的政党制度，所以我国实行的是民主集中制的行政组织体制。这种体制的特点是：中央政府统率地方各级政府，中央与地方之间实行垂直领导，地方是中央的下属机关。但是我国的法律还规定，地方及下级政府在必须接受上级政府领导的同时，还必须接受同级政权机关其他权力的领导，其中主要是要接受同级党委和同级人民代表大会的领导。另外，我国在实行单一制的同时，还实行民族区域自治和特别行政区制度，在民族自治地方和特别行政区，地方政府又有相当的自主权。这是我国特色的行政组织体制。

（三）大部门制

大部门制，即大部制，是指将职能相同或相近的部门整合为一个大部门，实行相同、相近的职能由一个部门管理的组织体制。大部门制的实质是以政府职能转变为中心的行政权力重组，是政府运行体系和运行机制的重新确立。大部门制兴起是市场经济与社会发展的要求，是民主政治发展的结果，也是行政管理体制改革、建设服务型政府与促进社会和谐的必然选择。

大部门制重构了政府部门的职能管理边界，从而有利于实现政府职能的规模效应。大部门制将政府部门中分散设置的专业机构通过合并、调整等方式进行职能整合，组建综合性的、涵盖相近职能的大部门。所以，大部门制并不否定政府部门的专业分工，也有部门的职能差异，只是对行政组织的横向分工边界进行了新的扩展。同时，实施大部门制，政府组成部门减少，并非是由于政府职能减少，而是由于职能实现了整合，所以实施大部门制可以降低行政成本，同时解决机构重叠、职责交叉、政出多门的问题。

大部门制更加符合建立决策、执行、监督三权相互平衡制约的行政管理体制的要求。大部门制拓宽了部门管辖的范围，使政府部门侧重于宏观管理，避免和减少对微观经济的干预活动。科学的行政管理体制应该是，决策权力和决策部门决定利益的分配，执行权力和执行部门高效率完成利益分配，监督权力和监督部门控制利益分配的公正和合法的体制。大部门制集大责任制、大职能制、大服务制于一体，将更有利于建立和完善这样的科学管理体制。

当然，大部门制也会增加组织之间协调的复杂性，以及组织内部因职能增加、组织规模增大，而出现的内设部门增加，内部管理成本提高的问题。也就是说，实行大部门制以理顺关系、优化结构，达到提高行政效率的目的，不可能一蹴而就地实现。大部门制还需要在探索和改革中逐步完善。

第三节 行政组织的编制管理

一、编制的概念

（一）编制的含义

编制就是行政组织编制，编制有广义和狭义之分。广义的编制是指行政组织的职能范围，包括责权关系、机构设置、规格级别、人员结构、数额及职位配置等。狭义的编制是指一个行政组织、一个单位的人员定额，以及各种人员的比例结构[①]。在我国，编制是指“机构编制管理机关核定的行政机构和事业单位的人员数额和领导职数”[②]。本书以我国的行政编制实践为基础，从狭义上探讨编制及编制管理。

---

① 傅明贤：《行政组织理论》，高等教育出版社，2000 年，第 247 页。

② 参见 2007 年国务院颁布实施的《地方各级人民政府机构设置和编制管理条例》第 28 条，http://www.gov.cn/zwgk/2007-03/05/content_542531.htm。

编制是国家形成后的产物，是政治在组织结构上的具体化。第一，它是依据赖以存在的社会形态及政治制度决定的。编制是政治与行政制度在组织上的实现，是国家意志表达与执行的载体。第二，作为上层建筑的一个重要组成部分，编制又是受经济基础制约的。即使是在同一性质的社会中，出于经济发展状况的不同，在编制上也会呈现出不同的面貌。而经济发展中的每一个较大的变化都会对编制的调整和改革提出相应的要求。第三，编制的属性除了在与政治、经济的相对位置中体现出来外，也有其相对独立的属性。无论在何种社会和政治制度里，编制皆具有法律意义，这不但表现在编制的形成具有更高一层的法律依据，而且编制本身也具有法的形式和效力。第四，任何编制从整体上看都是一个相互之间存在有机联系的系统。任何职能、机构、职位的设置都不可能是孤立的，都不得不置于整个系统中去设计。

（二）编制的分类

根据机构的性质、任务的不同及经费来源的区别，我国将编制划分为国家行政编制、国家事业编制和国家企业编制三大类。

现行的《中华人民共和国公务员法》（以下简称《公务员法》）实际将各级国家权力机关、国家行政机关、国家审判机关、国家检察机关、各党委机关工作人员皆列入国家行政编制。

凡直接从事为国家创造和改善生产条件，促进社会福利，满足人民文化、教育、卫生等需要，其生产的价值不能用货币表现，其经费由国家财政负担、属于全民所有制单位的编制的，都列为国家事业编制。我国的编制管理实践中，在各人民团体及核定了编制的社会团体中工作的人员，也列为事业编制。事业编制的全国性标准由国务院机构编制管理机关会同国务院财政部门和其他有关部门制定[①]。这主要是考虑到各地事业单位千差万别，不宜实行统一的管理模式。

凡直接从事工农业生产、交通运输和商品流通等活动的，其生产的价值可以用货币表现，并能实行独立经济核算的全民所有制单位为企业单位，列入国家企业编制。目前，我国对国家机关、事业单位编制实行统一管理，而对企业编制，由企业自行决定机构设置及其人员编制，不由国家统一管理[②]。

二、编制管理的概念

（一）编制管理的含义

编制管理是指按法律规定的制度和程序，对行政组织的机构设置、人员配备、人员定额和结构比例所进行的管理。在我国，编制管理指对政府机构的设置、职责配置、编制核定及对机构编制工作的监督管理[③]。

编制管理是根据国家社会经济发展状况、政治体制状况及行政管理科学化程度，通过综合分析及各种技术手段的测定，以确定国家各类法定组织合理的职能范围、责权关系、机构设置和人员配备，并运用行政手段实施调控与监督，以维护国家管理系统统一、精简、稳定、

① 参见 2007 年国务院颁布实施的《地方各级人民政府机构设置和编制管理条例》第 29 条，http://www.gov.cn/ zwgk/2007-03/05/content_542531.htm。

② 周世逑、苏玉堂：《中国行政管理学》，中共中央党校出版社，1996 年，第 120 页。

③ 参见 2007 年国务院颁布实施的《地方各级人民政府机构设置和编制管理条例》第 2 条，http://www.gov.cn/zwgk/2007-03/05/content_542531. htm。

发展和高效的过程。编制管理是国家行政工作中具有基础意义的一个环节。

（二）编制管理的内容

编制管理主要有职能管理、机构管理、人员管理三个方面的内容。

职能管理就是确定各行政组织机构的职能范围并协调不同部门间的职责分工的工作。设置行政机构应当以机构职责的科学配置为基础，综合设置，做到职责明确、分工合理、机构精简、权责一致，决策和执行相协调。

机构管理就是对机构设置与调整的管理，具体包括对机构的数量、性质、级别、名称、规模等方面内容的管理。

人员管理是对行政组织内的人员数额、结构、领导职数、公务员数额等方面内容进行的管理。人员管理是编制管理中最大量、最经常的管理工作。

（三）编制管理的意义

行政组织编制管理是建立精干高效的行政组织体系的重要前提。一定的机构和人员编制，是进行行政管理活动的基本条件，而精干合理的机构，业务精良的工作人员，科学的编制管理，可使整个行政组织体系高效率、协调地运转。

行政组织编制管理是防止官僚主义、密切政府与群众关系的重要手段。官僚主义产生的原因很复杂，其表现形式较多，实践证明机构臃肿、层次繁多，必然运转不灵和反应迟钝，影响领导与群众之间的及时沟通，使领导之脱离群众或者瞎指挥。人浮于事、职责不清，也必然造成互相推诿、拖拉扯皮、办事缓慢等官僚主义作风，而科学的编制管理依靠法律手段，严格按照编制设置机构和工作人员，这样就可以有效地改变上述状况，改变机关作风，密切政府与群众的关系。

行政组织编制管理有助于节省国家财政开支。行政机构的经费来自国家财政拨款，机构和人员的增加，势必增加国家的财政支出，并相对减少用于经济建设和社会管理的资金。

三、编制管理的原则和方法

（一）编制管理的原则

编制管理工作，应当按照经济社会全面协调可持续发展的要求，适应全面履行职能的需要，遵循精简、统一、效能的原则。

精简、统一、效能是编制管理的基本原则，精简是指机构和人员要少而精，根本改变机构重叠、人浮于事的状况。统一是指保证政令畅通、令行禁止，全国行政工作协调一致。效能是指行政效率与行政能力的提高。

编制管理还要遵循编制设计的基本原则，这些原则包括职能决定原则、职位设置原则、协调平衡原则、动态调整原则和法制管理原则。

（1）职能决定原则就是指职能决定编制，即机构设置和人员配备都是以职责和功能为依据。对行政机构的职能进行科学分类、逐步分解，使之成为协调的职能体系。

（2）职位设置原则是指以职位分类为基础，设计职位的种类和职数。在设计编制时，要保证每一个职位的人员工作任务饱满，同时，还要保证每一个职位的责任与权力相称。

（3）协调平衡原则是指编制既要保持行政部门之间、行政层级之间、部门内部各单位之间的协调平衡，也要保持行政组织外部与国家财力的平衡。

（4）动态调整原则是指编制管理要兼顾稳定性和变动性，即不仅每隔几年要根据国家政治、经济、社会等各方面的因素变化，对编制进行全面的调整，而且还需要随时对编制进行局部的、个别的微调。

（5）法制管理原则是指编制管理必须法制化，即帮助的确定、执行、监督、控制都需要以法律为依据，以保证编制管理的规范性和权威性。

（二）法制方法

法律方法是指运用法律规范，对机构设置和人员编制等进行调控的方法。

近些年我国加强了有关编制管理的立法、执行和监督。继 1997 年颁布《国务院行政机构设置和编制管理条例》后，2007 年国务院又先后颁布了《地方各级人民政府机构设置和编制管理条例》《机构编制监督检查工作暂行规定》等法规。

这些文件规定，政府机构的设置以职能的科学配置为基础，做到职能明确、分工合理、机构精简，有利于提高行政效能。根据经济和社会发展的需要，适时调整行政机构；但是，在一届政府任期内，政府组成部门应当保持相对稳定。

政府机构的设立、撤销或者合并，由机构编制管理机关事先组织有关部门和专家进行评估和论证。政府组成部门的设立、撤销或者合并由机构编制管理机关提出方案，经政府常务会议讨论通过后，由行政首长提请人民代表大会决定；在人民代表大会闭会期间，提请人民代表大会常务委员会决定。政府直属机构、办事机构和政府组成部门管理的行政机构的设立、撤销或者合并由机构编制管理机关提出方案，报本级政府决定。

设立政府组成部门、政府直属机构、政府办事机构和政府组成部门管理的政府行政机构的方案，应当包括下列事项：第一，设立机构的必要性和可行性；第二，机构的类型、名称和职能；第三，内设机构的名称和职能；第四，与业务相近的行政机构职能的划分；第五，机构的编制。撤销或者合并这些机构的方案，应当包括下列事项：第一，撤销或者合并的理由；第二，撤销或者合并机构后职能的消失、转移情况；第三，撤销或者合并机构后编制的调整和人员的分流。

地方各级人民政府行政机构的设立、撤销、合并或者变更规格、名称，由本级人民政府提出方案，经上一级人民政府机构编制管理机关审核后，报上一级人民政府批准；其中，县级以上地方各级人民政府行政机构的设立、撤销或者合并，还应当依法报本级人民代表大会常务委员会备案。

各级监察机关依法履行行政监察职责，检查执行机构编制管理规定中存在的问题，查处机构编制违法违纪行为。机构编制监督检查工作遵循实事求是、依法办事、注重实效的原则。坚持监督检查与加强管理相结合，预防、教育与惩处相结合。

（三）经济方法

经济方法是指按照物质利益原则，运用经济手段，对编制进行调控的方法。它包括经费预算管理、编制与工资基金结合管理、编制包干、经济奖罚等。

（1）国家机关、事业单位所需经费，主要来源于国家预算拨款。运用经费预算手段管理编制，是把经费预算与编制管理相结合，通过财力控制编制增长的一种编制管理方式。在我国，一般依据行政事业单位的不同类型，确定全额预算管理、差额预算管理、企业化管理等不同的经费预算管理形式。目前我国的编制管理与经费管理在体制上是互相分离的，编制部门管编制，财政部门管经费。编制部门定编时，没有经费预算的约束，我们应当逐步改变现行编制管理与经费管理互相分离的体制，建立编制管理与经费管理互相联系、互相制约的新体制。

（2）编制与工资基金结合管理就是以编制为基础，以工资基金为监督手段，运用经济方法控制编制的一种管理方式。实际运用这种方法时，用编单位只能依据批准的人员编制支付工资，用编单位如超编进人，超编人员就没有经费来源，单位就无法支付其工资。

（3）编制包干就是将按编制部门核定的人员编制所需经费拨付给用编单位包产使用。在包干期内，如无特殊情况，其人员编制和相应的预算经费或工资总额，不增加也不减少。用编单位通过改进工作，减少了用人，因少用人结余的经费，除按一定比例返交财政外，剩余部分由用编单位自己支配，其中一部分作为本单位集体福利和机动基金，一部分奖给在职人员。同样，用编单位如超编，所需经费由单位在现有包干经费内自行解决。实行编制包干，需要不断完善外部条件，主要是要做到合理定编，健全考核监督机制。

（4）经济奖罚就是利用经费的调节功能，对空编单位进行奖励、对超编单位进行罚款，从而达到控制编制的一种管理办法。经济奖罚一般有两种形式：①编制与经费挂钩法，就是依据经费拨款定额标准计算空、超编制的奖罚数额。对空编单位，将空编经费按一定比例分别上缴财政、留作单位集体福利、奖励在编个人。对超编单位，不仅超编人员经费不补，而且按超编人数扣罚经费。②单位编制执行情况与单位负责人的工资挂钩法，就是由编制部门核定用编单位人员编制，如单位超编进人，则按超编人员经费的一定比例，扣罚单位负责人的工资；如单位空编，则按空编人员经费的一定比例奖励单位。经济奖罚办法的性质与编制包干类似，可将二者结合起来进行研究、探索，逐步规范一种管理办法。

（四）行政方法

行政方法是指编制管理部门依靠行政组织的权力，按照组织系统对编制进行直接管理的方法，这是编制管理中传统的基本管理方法。它包括制订编制方案、核定编制总额、具体审批编制、进行编制监督等。

（1）制订编制方案的内容一般包括：编制改革调整的理由、指导思想、原则，编制改革调整的具体意见及实施的方法步骤等。编制方案一经批准，就具有法定的权威，必须贯彻执行。所以制订编制改革调整的总体方案是一项事关大局的重要工作，必须经过认真调查研究，广泛听取意见，进行周密、充分的论证，有的还要经过试点，取得经验，逐步实施。

（2）核定编制总额即编制总额管理，是国家运用行政手段对编制从宏观上进行控制、调节的基本方法，也是中央编制管理部门的一项重要任务，它具体包括人员编制总额核定和机构设置限额管理两个方面。

（3）具体审批编制是编制管理最直接、最常用的方法之一。职能的配置、调整，机构的设立、撤销，人员编制数额、类别，经费来源的确立、调整，都要按照规定报各级编制管理部门审批。

（4）进行编制监督是编制部门的一项重要职能，也是编制管理的重要手段。编制监督是指编制部门在审批编制后的一定时期内，对核定编制的执行情况进行定期或不定期的复查，通过复查，调整与实际需要不相符合的编制，处理违犯核定编制的问题。

➢ 本章小结

行政组织是根据宪法和法律组建的国家行政权力的执行机关。比较社会一般组织，行政组织有政治性、权威性、法制性、系统性、社会性的特点。构成行政组织的基本要素是职能目标、机构设置、人员构成、权责体系、运行程序、法制规范和物质资源。按照行政层级权限的不同，可以将行政组织分为中央行政机关和地方行政机关；按照行政组织的工作性质，可以将行政组织分为领导机关、职能机关、辅助机关、咨询机关等几种类型；按照行政机关之间的隶属关系，可以将行政组织分为直属机关、派出机关等类型。

组织结构是组织内部各组成要素之间的相互联系方式。行政组织的基本结构一般可分为纵向结构和横向结构。纵向结构也称行政组织结构的层级化，横向结构也称行政组织的部门分工。管理层次构成组织的纵向结构，管理幅度构成组织的横向结构，纵横结合构成组织的整体结构。在既定条件下管理层次与管理幅度在组织结构中成反比。行政体制是行政组织的制度及运行方式，其实质是行政权力关系的制度化和程序化。目前，我国在行政组织内部采用的是行政首长负责制，在中央与地方关系方面实行的是民主集中制，同时，也在进行大部门制的改革。

编制是指一个行政组织、一个单位的人员定额，以及各种人员的比例结构。编制管理是指按法律规定的制度和程序，对行政组织的机构设置、人员配备、人员定额和结构比例所进行的管理。编制管理主要有职能管理、机构管理、人员管理三个方面的内容。编制管理工作，应当按照经济社会全面协调可持续发展的要求，适应全面履行职能的需要，遵循精简、统一、效能的原则。还要遵循编制设计的基本原则，这些原则包括职能决定原则、职位设置原则、协调平衡原则、动态调整原则和法制管理原则。法制方法、经济方法和行政方法是编制管理最主要的方法。

➢ 关键术语

管理层次；管理幅度；行政体制；行政首长负责制；集权制；大部门制

➢ 思考题

1．何谓行政组织？行政组织有何特点？
2．如何认识我国行政机关与其他国家机关的关系？
3．谈谈认识行政组织与环境的辩证关系。
4．谈谈行政组织的基本结构及在其组织设置中的具体运用。
5．如何理解管理层次和管理幅度的相互关系？
6．联系实际，谈谈编制管理与行政组织建设的关系。
7．联系实际，说明集权制、分权制与均权制的行政组织体制。
8．结合我国政府机构改革的历程，谈谈对我国行政组织体系的认识。

➢ 案例

"只减不增"要算清账[①]

国务院总理李克强2013年7月17日上午在会见采访第十二届全国人大一次会议的中外记者时谈到，1～2月中央财政的收入增幅只有1.6%，可以推想，未来财政再保持高速增长的收入态势不大可能了，需要削减政府的开支，并提出本届政府内，财政供养的人员只减不增。而解答好"只减不增"这道算术题，一定要算清吃空饷这笔糊涂账。

"吃空饷"是不折不扣的犯罪行为。一方面，一些地方的工资不能按月足额发放；另一方面，国家财政资金上却爬满吃空饷的"吸血鬼"，不断吞噬着国家巨额财政资金。截至2014年9月，我国各地方，共清理清退"吃空饷"16.2万人，涉及财政资金84亿元。其中河北省清理清退55 793人，位居第一位。仅上海和西藏未发现"吃空饷"的情况。2014年12月12日，国务院常务会议决定集中治理机关事业单位"吃空饷"问题，堵上蚕食财政资金的黑洞。2014年12月19日，国务院召开全国机关事业单位"吃空饷"问题集中治理工作电视电话会议。随后，各地陆续启动了机关事业单位"吃空饷"问题集中治理工作，并获得显著成效。

为贯彻落实《国务院办公厅转发人力资源社会保障部等部门关于开展机关事业单位"吃空饷"问题集中治理工作意见的通知》《中央编办关于进一步加强核减"吃空饷"单位编制工作的意见》文件的要求，福建省漳州市主动适应机构编制总量控制的"新常态"，加大减编控编力度，盘活用好机构编制资源，创新管理体制和运行机制，为经济社会科学发展提供了保障。

1．引入"互联网+"的概念，搭建实名制信息平台

将机构编制批文、干部职工花名册、人员变动花名册和个人基本信息纳入机构编制实名制信息系统，包括个人基本信息的电子照片、身份证号、毕业院校、进入形式等内容均做到应录尽录，实行精细化管理，并对应机构编制实名制信息系统建立了机构编制实名制管理档案，下发机构编制管理册，印制机构编制管理证。

2．出入灵活，建立人员情况登记常态化机制

建立人员情况登记常态化机制，"随出随录、随增随入、随减随出"，电子台账与数据库的同步调阅，并对涉及调整机构编制、补充工作人员、配备领导干部、核拨人员经费的，在组织、机构编制、人社和财政部门之间相互抄送备案，不断完善实名制数据，确保机关单位实名信息管理的准确性。

3．严格审核实名制数据

定期对《机构编制管理册》、《机构编制管理证》和机构编制业务台账及机构编制实名制数据库进行比对、核查，确保"册、证、账、库"四统一。

请思考：

1．行政组织编制管理的主要内容有哪些？

2．结合案例，谈谈推进机构编制改革有什么意义？

① 刘珊：《李克强：本届政府内财政供养的人员只减不增》，http://www.scopsr.gov.cn/rdzt/gzczgy/yw/201307/t20130725_232308.html，2013年7月25日。

➢ 拓展阅读

登哈特 L B. 2011. 公共组织理论. 第五版，扶松茂，丁力译. 北京：中国人民大学出版社
教军章，韩兆坤，高红. 2015. 行政组织学通论. 北京：高等教育出版社
倪星. 2011. 行政组织学. 北京：北京师范大学出版社
肖金明，李卫华. 2010. 行政管理体制法治化研究. 济南：山东大学出版社
周振超. 2009. 当代中国政府“条块关系”研究. 天津：天津人民出版社

政府间关系

政府间关系是国家行政体系的重要组成部分，它以国家结构形式为基础，解决的是国家整体与部分之间、中央政府与地方政府之间的关系问题。一般而言，政府间关系的确定与调整，受制于既定的政治、经济、社会、历史传统等基础性因素的影响。这些因素变化，政府间关系也必须随之调整和变革。在我国，随着改革开放的深入，我国政府间关系也发生了很大的变化，传统的层级控制模式有所松动，政府间纵向分权和以区域间社会经济合作组织为代表的横向合作呈现出强化的趋势，但我国在政府间关系方面的改革依然与经济体制、社会管理体制改革的进程有不协调之处，加强政府间关系研究，有着重要的理论和现实意义。

第一节　政府间关系概述

一、政府间关系的基本概念

（一）中央政府

中央政府即国家政府，是指在全国范围内总揽国家政务和负责国家各部门管理的机关。在汉语里，“中央”的本意是“中心”，在政治领域则意指“最高权力”。在现实中，“中央政府”一般是与“地方政府”对应的概念。不过不同的国家结构，总揽全国性政务的机关的地位和作用不同，联邦制国家的国家政府与各联邦成员政府之间不是隶属关系，有的联邦制国家就没有中央政府，只有总揽全国性政务的“国家政府”。比如美国，国家政府即联邦政府，就不是具有“最高”地位的“中央政府”。所以，有时称“中央政府”为“国家政府”更为准确。本教材受篇幅的限制，在本章使用“中央政府”的概念时，主要基于单一制国家结构展开研究。

各国政权组织形式不同，称谓也不同。全国范围内总揽国家政务的机关，如内阁、政务院、国务院、部长会议、联邦执行委员会等；负责国家各部门管理的机关则为各个部、省［个别国家（如日本）称省］等。各国中央政府类型也不同。中央或国家政府的主要类型有内阁制、总统制、委员会制、部长会议制等，我国的中央政府是国务院制。

在单一制国家，中央政府处于最高、最核心的地位，其权力是由宪法授予的。但不论是在单一制的国家，还是在联邦制的国家，国家与社会发展的主要权力，如军事权、外交权、度量衡管理权、邮政权、货币发行权等，均掌握在中央政府手中。所以，从总体上讲，虽然在结构形式上中央政府与地方政府会有较大的相似之处，但二者的地位和任务不同，在具体的功能上有很大的区别。

各国中央政府为了实现对全社会的有效调控和管理，都设立了负责具体的国家事务的各部门管理的机关。尽管中央政府的权力在不同政府体制下有所不同，但一般而言，各国中央政府仍有许多共同之处：第一，中央政府是国家主权的代表，它有权代表本国政府同外国签订条约、协定或加入某一国际组织，承担义务和享受权利；第二，中央政府有掌握国家国防事务的权力；第三，中央政府掌握财政权；第四，中央政府具有最高决策权。

（二）地方政府

英国的《布莱克维尔政治学百科全书》对地方政府的定义是："权力或管辖范围被限定在国家的一部分地区内的一种政治机构，经过长期的历史发展，在一国政治机构中处于隶属地位，具有地方参与权、税收权和诸多责任。"①这个定义一般被认为是权威的。

对地方政府有广义与狭义两种理解。广义的地方政府，即地方政权，指整个地方政权体系，包括地方国家立法机关、地方国家行政机关、地方国家司法机关。狭义的地方政府，则仅指地方国家行政机关。在西方国家，大都是从广义上使用这一概念，在我国则较多的是从狭义上使用这一概念，即地方人民政府。

在单一制国家，地方政府是与中央政府相对应的概念。地方政府是指中央政府为治理国家设置在中央政府之下，行使部分国家权力，管理国家和地方事务的各级地域性政府。比如，我国各省（自治区、直辖市），以及省级政府以下的县、乡等各级政府都是地方政府。

不过，国家结构不同，地方政府所指也会不同。在联邦制国家，由于管理全国性事务的政府与联邦成员政府之间不是上下隶属关系，所以地方政府是指联邦成员下设的区域性政府。比如美国管理全国性事务的政府称为联邦政府，各联邦成员政府称为州政府，各州下设的市、县政府才是地方政府。

地方政府具有包括一定规模的人口和面积的地域空间。也就是说，人口的多少和面积的大小是建构地方政府的基本依据，同时，地方政府的设置还与经济区域、自然地理、民族构成、历史传统等因素有关。另外，地方政府的地域空间的范围应是明确的，不仅在地图上能够明确地标出来，而且在实地也应有相应的标志、分界线。由于地方政府的类型不同，地域空间的构成特点也不同，如民族构成、经济特点、居民性质（即是城镇居民，还是农民、牧民等）或其他特定要求。而且如果某一地方政府被撤销，那么以该建制地方政府命名的地域空间也就随之撤销。在当今世界上，除极少数疆域特别小、居民特别少的袖珍式国家外，其他绝大多数国家离开地方政府体制结构的系统功能，国家的政治统治就会被架空。

与中央政府相比，地方政府的特点是：职能具有双重性；管理具有社会性；权力具有非主权性。

职能的双重性。地方政府的职能既具有执行性又具有领导性。执行性职能是指地方政府要执行中央政府的政令，推行中央政府的政策。领导性职能是指地方政府要对其所管辖的行政区域内的行政事务进行管理和领导，以促进地方事务的健康发展。这双重职能表明：地方政府既是中央政府政令的执行机关，也是地方特殊利益的代表机关，是地方行政事务的领导机关和管理机关。同时，地方政府拥有权限同其职责是相称的，即或在高度自治的情况下，也不可承担与整个国家相关，或必须以国家作为主体来处理的事务，如国防、外交这类事务就绝不可能属于地方政府。此外，由于地方政府是为分担职责而设，且其治理权限又受地域限制，因而中央政府通常都不会把涉及国家整体和与政治稳定直接相关的事务交给地方政府

① 米勒 D、波格丹诺 W：《布莱克维尔政治学百科全书》，邓正来译，中国政法大学出版社，1992 年，第 421 页。

承担。这表明地方政府的治理职责是有限的。

管理的社会性。地方政府管理的主要是本辖区内的社会事务，具有很强的社会性，即主要是管理社会、服务社会、协调社会。基于国家是实施阶级政治统治的机器这一根本特性，同时也基于中央政府设置地方政府的目的，中央政府分配给地方政府的管理职责，主要不是政治性的，不是那些与国家政治统治与稳定直接相关的职责，而大量的是与维护社会秩序和促进社会发展相关的职责。即便是这一方面的职责，也有些涉及国家的统一，或需要由国家实施统一管理，不宜由地方政府承担，有些是地方政府无力承担的。这一特点，随着地方政府层级的降低而加强。即最高层级地方政府有可能承担一些政治性的职责和具有统一管理要求的社会性职责；而承担地域直接治理职责的基层地方政府则很少，甚至不承担政治性和需要统一管理的职责。简单地讲，地方政府的主要职责在于完成对地方社会事务的公共管理，这种特性随地方政府层级的降低而更为增强。

权力的非主权性。所谓主权，就是对权力的行使拥有最高、最终的决定权。在对内对外关系上，地方政府的权力无论有多大，都不享有真正的主权。在这个意义上说，地方政府不是一个全权的政府，这也就同时意味着地方政府的权力是有限的。地方政府的权力主要受两个方面的限制：一是受管辖范围的限制，即地方政府只能在其所辖的行政区域内行使权力，而不能超越其所管辖的行政区域。二是受法律和中央政府权力的限制。在绝大多数国家，地方政府的权力都由法律做了专门的或原则性的规定，地方政府只能在法律规定的范围内行使权力，否则，就是违法的。虽然在现代国家里，地方政府由当地居民选举产生，直接从居民手中获得了治理本地域的权力,这实质上只是意味着国家授予当地居民以治理本地域的权力，居民则通过选举把这一权力转授予他们所选择的地方政府。中央政府有权依法设置地方政府，同时就意味着它有权依法撤销所设置的地方政府。这表明地方政府在其是否生存上并不拥有最高、最终的决定权。同样对于中央政府授予权限的范围，以及权限范围的变动，地方政府也不拥有决定权。这是地方政府最根本的特性。同时，中央政府的权力也制约着地方政府的权力，中央政府有权监督地方政府的工作，有权纠正地方政府不适当的决议或命令。

（三）行政区划

行政区划是国家行政机关分级管理的区域划分制度，是国家为实行国家行政管理对其领土进行分级划分形成的领土结构。国家根据行政区划设立地方国家机关，通过地方国家机关实现国家的组织与管理，行使国家的地方权力。

行政区划是一个包含行政建制、行政单位和行政区域三者，以及三者之间相互关系的综合概念。在我国，地方行政建制、地方行政单位和地方行政区域的单位名称是同一的，如省、县、乡等，从而导致人们常常忽略三者之间的差异与区别。因此，研究行政区划一定要弄清三者内涵的差异及其相互关系。

地方行政建制是国家结构单元，它是由一定地域居民组成的政治实体。国家出于政治统治的根本需要和管理上的具体考虑，按地域划分居民，设置地方行政建制。由于设置时具体考虑的差异，产生了不同类型的建制。例如，省、市、县、乡就是不同的国家结构单元，好比计量单位的吨、千克、克。例如，我国第一层级的国家结构单元，就是由省、自治区、直辖市、特别行政区四种地位平等而类型不同的地方行政建制所组成的。

地方行政单位是国家按地方行政建制设置的治理该国家结构单元的一级政府，是该单元各地方国家机构组成的整体。地方行政单位之间存在着相互隶属的上下层级关系，这种关系构成了地方政府之间的层级，如省、自治区、直辖市同时也是行政单位的称谓。换言之，我们从地方行政单位的意义上说省、市、县、乡时，它们之间就不再仅仅是特定的单元名称，或特定的地域，而存在着相互隶属的上下层级关系了。

地方行政区域是地方行政单位管辖的范围,包括一定的地域和居住在这一地域上的居民。也就是说，我们在说到省、市、县、乡这些行政建制时，还可以是指特定的地域，及地域上的居民。

地方行政建制在这三者中最为稳定，它或者设置，或者撤销，不存在其他变化。地方行政单位在建制不变的情况下，可以出现两个方面的变化：一是具体组成的地方国家机关的改革，二是其行政隶属关系的改变。行政区域则是最易改变的，在同一地方行政单位管辖下，边界调整或下属行政单位的改变，都可以导致行政区域的改变。

二、政府间关系的类型

（一）政府间关系的内涵

“政府”的含义有广义与狭义之分，广义的“政府”是指依法行使国家权力的一切机关，包括立法机关、行政机关和司法机关。与此相对应，政府间的关系也就主要体现为立法关系、行政关系和司法关系。狭义的“政府”是指执行法律、负责组织国家政府的行政机关，包括中央政府与地方政府。本章所指政府为狭义政府。基于不同的政府含义，政府间关系的内涵主要体现为中央政府与地方政府以及地方政府之间的行政关系。

本书认为，政府间关系既包括纵向的中央政府与地方政府、各级地方政府之间的纵向关系，也包括同级地方政府之间的横向关系，以及不存在行政隶属关系的非同级地方政府之间的斜向关系。政府间关系是中央政府与地方各级政府、地方政府与地方政府之间纵横交错的网络关系。

根据政府间关系主体的不同，可以将政府间关系分为政府间的纵向关系及政府间的横向关系这两种类型。

（二）中央与地方的关系

国内政府间关系的主轴是政府间的纵向关系，即中央政府与地方政府之间的关系，有时可以简称为“中央与地方关系”。在任何一个国家，中央与地方关系都将直接决定整个国内政府间关系的基本格局。因为中央与地方关系决定着地方政府在整个国家机构体系中的地位、权力范围和活动方式，从而也就决定了地方政府体系内部各级政府之间的关系，决定了地方政府之间的关系。

从法律和制度的形式上看，中央与地方关系主要体现为权力关系与职能关系。这两重关系一般均由各国的宪法予以明确规定。在地方分权制的单一制国家，中央与地方的权力关系与职能关系比较一致，也就是说中央与地方各自承担的职能与各自拥有的权力是统一的，这是因为在地方分权制国家，各地方政府所承担的职责是以各自所拥有的权力而定的，而且是经法律规范的。而在中央集权制单一制国家，地方政府的权力是由中央政府让予的，所以，不管如何，中央政府都有最终决定权。在这类国家里，宪法也明确规定了中央与地方的职权范围，但一般而言，这种职权范围的规定所确定的只是中央与地方的职能和权力关系，并没有确定中央与地方各自的职责和权力边界。由于中央与地方的实际权力关系是由中央政府决定的，所以在中央集权制国家，中央与地方之间的职能关系与权力关系实际是很难获得统一的。

中央与地方之间的权力关系、职能关系的差异，导致了中央与地方关系模式的多样性。虽然中央与地方关系有多种多样的模式，但是它们的实质是共同的。一般来说，在任何国家，中央政府是国家利益的代表者，而地方政府则是地方利益的代表者。因此，中央与地方关系实质上就是国家利益与地方利益的关系，无论中央与地方关系的形式如何，其实质都是如此。从阶级观点看，国家利益是一个国家的统治阶级的根本利益或共同利益，而地方利益则是一个地方的特殊利益。从国家结构的角度看，国家利益是一个国家的整体利益，而地方利益则是一个国家的局部利益。因此，无论从哪个角度讲，中央与地方关系都是一个矛盾体。它一方面是国家的根本利益与特殊利益的矛盾，而另一方面又是国家的整体利益与地方的局部利益的矛盾。这个矛盾体是客观存在的，因而，如何协调好矛盾体内部的双方关系，就成了各国社会、政治和经济发展的关键。实际上，在统一的多民族国家，中央与地方的关系也是民族关系的一种表现和反映，所以在这些国家，处理好中央与地方关系，还直接关系国家的统一与民族的团结。

（三）地方政府间的关系

地方政府间的关系包括三种类型，第一种是地方政府间的纵向隶属关系，第二种是同级地方政府之间的平行关系，第三种是级别不同，又不存在隶属关系的地方政府之间的斜向关系。

地方政府的纵向关系主要表现为领导与被领导、管辖与被管辖、监督与被监督的关系。也就是说，地方政府间的纵向关系主要具有政治和行政的意义。各级地方政府间形成的纵向关系的模式和格局，在很大程度上受制于中央与地方的关系。如果在中央与地方关系上实行地方分权制，那么，地方各级政府间主要存在法律上的指导关系，权力上的领导与制约关系比较弱。因为这类国家各级地方政府的权力不是上级政府让予的，而是由法律规定的。然而，在中央集权制的国家，由于最高一级地方政府的权力是中央政府让与的，地方各级政府的权力也都源自上一级政府的让与，因而，下级地方政府与上级地方政府之间就是一种领导与被领导、制约与被制约的关系。

地方政府间的横向关系，既体现为地方政府间平行的横向关系，即同级地方政府间的关系，又体现为地方政府间斜交的横向关系，即不同层级、不同地区的地方政府间的关系。

由于政府间的横向和斜向关系不是指导与被指导的关系，更不是领导与被领导的关系，因此它们之间的关系比较自由，更多地体现为交流与合作、竞争的关系，而这种关系显然具有强大的经济功能与价值。第二次世界大战以后，以地方政府为组织者和协调者的，各种形式的区域经济开发和区域经济合作形式在世界各国纷纷出现，这样的地方政府间的横向关系的发展，极大地促进了本国经济、社会的发展。对于具有自治权的地方政府来说，这种区域经济开发与合作活动的开展是自主安排、自主进行的。但在中央集权制国家，这项工作主要由中央政府促成，当然地方政府在其中也起到了重要的推动作用，因为不管怎样，这直接关系地方的切身利益。

地方政府横向关系的发展将会直接影响纵向关系的发展。因为随着横向关系的发展，地方政府的经济利益会越来越明确，新经济利益的要求也会越来越突出，这就必然使地方政府产生改善纵向关系的政治要求和行政冲动，其目标自然是扩大地方自主权，提高地方政府的地位。这种趋势在单一制的中央集权国家中表现得尤为明显。地方政府在利益的驱动下，展开了各种形式的区域合作与竞争，地方政府之间合作的原始驱动力是经济及社会纽带将它们紧密联系起来，使地方政府之间在许多方面成为利益共同体，从而常常需要面临共同的问题，必须彼此依赖对方的资源和协作才能够实现各自的目标，并使各地方政府共同受益。在这种背景下，地方政府间的区域合作经济组织，如我国长江三角洲城市经济协调会、珠江三角洲区域合作行政首长联席会议、环渤海地区经济联合市长联席会等不断产生并取得了较快发展。

三、政府间关系的影响因素

政府间关系的影响因素主要包括政治因素、经济因素、自然因素和社会与历史文化传统等。

（一）政治因素

影响政府间关系的政治因素主要是政治制度和行政制度。

政治制度是规定国家政权组织形式和国家结构形式的制度。政治制度的实质是由宪法和法律规定了国家的权力关系，其中就包括了中央与地方的关系，包括了地方各级政府的关系。行政制度是规定行政组织在行使行政权力时各个层级、各个部门的权力关系，规定行政权力运行方式的制度。因此，行政制度是政府间关系的基本规范，所有政府间关系都不能脱离或违反行政制度。

（二）经济因素

影响政府间关系的经济因素主要是经济体制和经济发展。

经济体制是国家组织经济活动时所实行的经济制度、经济方式和经济方法的总和。经济体制不同，政府间关系就会不同，如计划经济体制与市场经济体制下的政府间关系就完全不同。经济发展包括经济的正向发展和负向发展，经济发展的状况也会直接影响政府间关系。一般而言，处于经济正向发展时期的政府间关系容易协调，而经济处于负向发展时期，政府间关系则不易协调。

（三）自然因素

自然因素主要是指自然地理条件。自然地理条件是构成国家的基本要素之一。一般来说，国家的自然地理条件比较单一，各行政区域的地理关系比较密切，政府间关系就会比较紧密。反之，国家的自然地理条件比较复杂，各行政区域的地理联系比较松散，政府间关系就比较倾向于松散。

（四）社会与历史文化传统

社会与历史文化传统具体包括社会阶层分布、历史文化传统和人口与民族分布三个因素。

社会阶层分布因素。由于各国的发展都会存在地区差异性，所以各国国内的社会阶层结构也不是均衡的。这种社会阶层的非均衡性，反映为处理政府间纵向关系的公民期待值的地区差异性，影响着政府间纵向关系模式的现实选择。一般而言，经济较发达行政区域的公民会对争取地方自主权表现出更大的主动性和积极性，因而，社会阶层结构及其地域分布会影响中央与地方关系。

历史文化传统。历史文化传统是国家政体和国家结构形式选择的重要影响因素，当然也就直接影响政府间关系。历史文化传统对政府间关系影响的最大特点是长期性、潜在性和稳定性。

人口与民族分布。人口与民族分布也是国家构成的基本要素，它们不仅是确定国家结构形式的重要依据，也是国家确定行政区划的重要依据。尤其是在多民族的国家，民族问题甚至会直接成为确定中央与地方关系的依据。

第二节　中央政府与地方政府的关系

一、中央政府与地方政府关系的基本形式

（一）单一制国家中央政府与地方政府的关系形式

在实行单一制模式的国家中，全国只有一个立法机关和一个中央政府，只有一部统一的宪法，全国公民只有一种统一国籍，在国家内部按照地域划分行政区域，各个行政区域的地方政府均接受一个中央政府的统一领导，在对外关系中，中央政府是唯一能够代表这个国家的合法政府，是国际交往中的主体。因此，在这样的国家中，以中央政府为核心而形成的政府间关系，相对来说也比较简单，世界上绝大多数国家采用的都是单一制国家结构形式。

在单一制国家中，中央政府享有充分的权力，中央政府在很大的程度上决定着国家行政区域的划分和地方政府的设置，因而，它可以改变一个地方政府的行政区域范围或者改变地方政府的结构。与此同时，地方政府的存在及其权力都取决于中央政府。单一制形式下，中央政府集中了所有的权力与权威，并在全国范围内贯彻其意志；地方政府的权力或者自治权源于中央政府或者受控于中央政府。实行单一制的国家中政府间的关系明显地具有两个方面的基本特征：一是中央政府掌握全部的权力并维持国家的统一；二是地方政府是中央政府的下属机构或者代理机构,它们依照中央政府的意志或者中央政府的行政便利需要来设置城市。中国、英国、法国、意大利、日本等国家采取的都是这种单一制形式。上述两个特点主要是从一般意义上讲的。在具体的实践中，由于各国的历史、社会和文化的不同以及社会制度的差异，这种模式的政府间关系又会表现为不同的具体形式，实践中出现的具体形式主要有两种：一是中央主导型政府关系；二是地方主导型政府关系。

单一制与联邦制比较的优势主要体现在以下几个方面：第一，权力集中于中央，重大的问题由中央决策，所以，中央政府具有强大的效能和权威；第二，权力集中于中央，使全国形成整齐划一的制度，有利于整个社会的组织和管理；第三，能够更有效、更及时地适应环境的变化；第四，由于权力集中于中央，所以国家内外政策的界限明确，灵敏的决策使国家的内外政策充满活力；第五，没有重复的政治机构和地区差别，行政效率更高；第六，单一制国家比较适合于较小的国家，或在地理文化上差异不大的国家；第七，由于法律统一和行政区划统一，所以单一制模式中没有重复审判和司法冲突问题；第八，有利于在公民中培养对国家的认同意识和对国家与法律的忠诚感。

单一制的不足之处主要体现在：第一，权力过分集中于中央，可能影响地方政府的积极

性和创造性；第二，中央政府比较容易走上专权之路；第三，中央政府无力顾及地方事务，地方政府又没有充分的权力处理地方事务，因此可能降低行政效率。

（二）联邦制国家中央政府与地方政府的关系形式

在联邦制国家中，联邦内除了设有联邦的最高立法机关和联邦政府外，联邦成员都有自己的立法机关和中央政府，有自己的宪法和相关法律，联邦政府行使国家的立法、外交、军事和财政等主要国家权力，联邦的各个组成成员在其管辖的区域内行使职权，领导地方各级政府，各个组成成员的公民同是联邦公民。

联邦制国家的基本特征：一是存在两套政府，一套是联邦中央政府，另一套是联邦成员政府；二是中央政府与各个成员政府之间的权力是由宪法明确划分的；三是各个联邦成员政府及各联邦成员政府下属的地方政府，可以在联邦宪法所规定的权力范围内，制定适合本联邦成员的宪法与法律，并自主决定和管理本成员内部事务。今天的美国、俄罗斯、德国等国实行联邦制。由于各国国情不同，在联邦制国家的政治实践中，又存在均衡型和非均衡型两种中央与地方关系的形式。

与单一制比较，联邦制的优点主要有：第一，有利于实现国家统一和区域自治的结合；第二，有利于扩大国家实力，保障国家安全；第三，有利于发挥地方积极性，促进国家经济发展；第四，有利于提高行政效率；第五，有利于防止专制倾向；第六，地方性事务能够得到适当的照顾。

联邦制的缺点主要有：第一，行政权力的分散，容易导致行政权力弱化；第二，容易导致立法和行政的多样化；第三，容易出现国内的“地方主义”和“霸权主义”。从总体上讲，联邦制适合大国，或者面积及人口数不大，但成分和结构复杂的国家。

二、中央政府对地方政府的主要控制和管理方式

中央政府对地方政府的控制是普遍存在的，其目的在于确保国家的统一和维护中央政府的法定权威。中央政府对地方政府的控制和管理方式主要有立法控制、行政控制和财政控制。

（一）立法控制

立法控制包括两个方面：第一，中央政府通过规范地方政府权限行使的各种法律，要求地方政府遵循。一旦地方政府的行为违反了国家制定的法律，中央政府以法律为依据，采取必要的手段，迫使地方政府纠正错误。第二，中央政府监督地方政府的立法。当地方政府立法不当，超越权限或违背有关规定，或与宪法、法律相抵触时，中央政府（包括相应的行政机关）有权要求地方政府进行修改，暂停实施或予以废除。立法控制或者以明确权限、授予权限的形式，出现于地方政府行为之前，或者以裁定违法、超越应有的权限的形式，出现于地方政府行为之后，一般不直接干预地方政府的具体行为。

（二）行政控制

行政控制是在地方政府活动过程中，由中央行政机关进行的经常性控制活动。行政控制的形式有：第一，中央政府设立主管地方政府事务的专门机构，加强对地方政府的控制；第

二，通过制定各种行政性的条例、规章来规范地方政府行为，实施行政监督，不到必要时不采取直接干预；第三，通过干预地方人事来影响地方政府，以加强中央的行政控制。

（三）财政控制

财政控制是指中央政府通过财政手段对地方政府施加的控制。中央政府对地方政府的财政控制方式主要有以下三种：第一，划定税收范围。划定税收范围包括两个方面，即划定属于地方征收的税种、确定地方征收税种的税率（通常是规定其幅度或最高限额）。第二，补助。由于地方税收大都难以满足地方开支所需，中央政府给予地方的补助成为地方政府财政收入的主要来源。第三，控制地方财务行为。中央补助一般都附有一定的条件或要求，凡未能按规定要求实施时，中央政府则以少拨、缓拨、停拨以迫使地方按中央意愿行事。中央政府通过规定借款条件、限额及用途限制，达到控制地方政府行为的目的。另外，对地方预算的审查、批准以及对地方财政开支合法性的审查，并以此规范地方政府的行为，是中央控制地方财政行为的最常见方式。

纵观财政控制手段，确定地方税收的征税率是中央实施控制的基础和前提；在中央政府掌握国家大部分财源的基础上，通过规定条件向地方政府拨付各种补助款项，是实施控制、影响地方政府活动最主要的方式；对地方财政活动进行监督和审计，则是保证控制目的得以实现的有效措施。

三、中国的中央政府与地方政府的关系

（一）中央政府与一般地方政府关系的建立与调整

1. 改革开放前中央政府与地方政府的关系

改革开放前中央与地方关系的特点是中央高度集权，这样的政府间关系是与当时的计划经济体制相适应的。在当时中央高度集权的体制下，人、财、物和产、供、销一律由中央各部门统管，形成“条条专政”，从而限制了地方自主发展。在经过了1958年的中央权力下放地方，1959～1960年的中央权力上收；1970年的中央权力再次下放地方，1974～1975年的中央权力再次上收，这两次大的中央与地方权力的收放调整后，中央集权的基本关系并没有改变。

2. 改革开放以来中央政府与地方政府的关系

改革开放以后，随着经济和政治体制改革的深入和发展，尤其是社会主义市场经济体制的建立，中央将权力逐步向地方下放，从而极大地调动了地方的积极性，促进了国家的发展。中央与地方关系的调整具体表现在如下几个方面：第一，1982年新宪法和地方人大与政府组织法，以列举的方式，规定了中央与省级政府之间、地方各级政府之间的职权范围。第二，将过去的全国人大一级立法体制，改革为全国人大、省级人大两级立法体制。第三，改革财政体制。中央政府先后在1980年和1985年推出“划分收支，分级包干”的财政管理体制和“划分税种，核定收支，分级包干”的财政管理体制。第四，扩大了城市经济管理权限，除少数大型骨干企业外，其他原来由中央部属和省属的企业原则上都下放给所在城市管理。另外，通过市地合并、市管县，扩大城市的行政管理范围。还对某些中心城市实行计划单列，扩大中心城市的经济管理权。这些改革措施打破了高度集权的中央与地方关系的旧格局，基本走出了改革开放前那种中央权力收放轮回的困境，这种改革的总体思路和基本趋势反映了

市场经济、民主政治和现代化建设的客观要求。

改革开放以来已经取得的积极成果和经验，可以归纳为：第一，地方政府职权扩大，地方利益得到确认，地方政府角色明朗化；第二，中央政府与地方政府关系已经由行政性分权向经济性分权变动；第三，探索用制度和法律规范中央与地方关系；第四，中央与地方改革通过经济体制改革来推动，并渗透于经济体制改革中。

（二）中央政府与一般地方政府关系的特点

总体看，现在我国中央与地方政府间关系的特点是：中央集权，中央与地方以政治隶属关系为主，地方政府间横向联系不足。

中央集权。我国是单一制国家，且有长达两千多年的中央集权历史，所以，中央集权是我国的基本特点。中央集权的具体形式是，中央掌握着绝对的政治权力和大部分的经济权力，中央掌握了大部分的税收权，并因此控制着地方预算的资金使用范围和方向。中央通过实行行政领导或业务指导将地方完全置于中央的控制之下，中央与地方形成控制与被控制的关系。中央控制着地方干部的任免、提拔和奖惩。

中央与地方以政治隶属关系为主。我国是中央集权的国家，地方政府的权力是中央授予的，所以，中央与地方关系首先就是政治关系。加之我国特殊的政党制度，以及宪法规定的民主集中制的国家机构原则，也都使政治隶属关系更为巩固。

地方政府间横向联系不足。长期的计划经济体制，以及中央集权的中央与地方关系特点，造成了地方政府间横向联系动力不足。社会主义市场经济体制建立以来，市场的发育、地方经济权力的增强，产生了地方政府间开展横向联系的必要与可能。

（三）中央政府与特殊地方政府的关系

我国是特殊的单一制国家，即宪法中除了设置一般的地方政府之外，还规定了民族区域自治和特别行政区制度，这样就形成了特殊的中央与地方的关系。

民族区域自治就是中央在少数民族聚居的地区设立自治机关，赋予少数民族一定的自治权。民族自治地方享有其他地方政府所没有的自治权，不过，在民族自治政府与中央政府之间，中央政府仍然处主导地位。

特别行政区制度就是我们通常所谓的“一国两制”制度。它是指在一个主权国家的政治框架下，在极少数地区以特别行政区名义，实行不同于一般行政区域的政治、经济和法律制度。我国在香港、澳门实行的特别行政区制度表明，它并不是通常意义上的国家结构形式选择，而主要是为实现祖国统一而实行的一种政治安排，所以，中央政府与特别行政区政府的关系，也就不能简单地理解为中央与地方政府的关系。因为，特别行政区除了与中央政府保持着主权方面的从属关系以外，在经济、社会和法律等其他几乎所有事务上都享有高度的自治权。当然，也正因为特别行政区在主权上隶属于中央政府，所以，中央政府仍然可以保持对特别行政区足够的影响力和决定权。

民族区域自治制度和特别行政区制度的实行，并没有改变我国中央集权的单一制形式，而是对单一制国家结构的丰富和发展。

第三节　地方政府间的关系

一、地方政府间的横向关系

（一）地方政府间横向关系的形式

地方政府间横向关系的形式，目前主要有交流与合作、竞争与摩擦及支援三种形式。

（1）交流与合作。地方政府间横向关系主要具有经济意义。各个行政区域的自然资源、人力资源、资金和技术都不会相同，这就为地方政府间建立横向关系提供了可能。而地方政府间开展横向交流与合作的动因主要来自中央和地方两个方面：一方面，中央出于战略考虑，会推动相关地方政府间的交流与合作，如我国上海经济区的建立、淮河流域污染的治理、“三北”防护林建设等；另一方面，地方也会基于共同问题的解决和经济社会等发展问题而展开积极的交流与合作，包括组建联合体、协作区、经济圈，建立城市圈，采取联合行动，参观访问或者考察学习，互设办事或联络机构等。以经济协作为基础的地方政府间的横向合作，不仅有利于本地和本区域的经济和社会发展，而且有利于缩小地区之间发展的差距，从而推动整个国家经济和社会的发展。

（2）竞争与摩擦。地方政府基于地方利益，加上资源有限和促进本地发展的冲动，使地方政府间的竞争与摩擦不可避免。地方政府间的竞争与摩擦的具体表现有对中央政府所掌握资源进行争夺、对各种经济发展资源进行争夺、地区封锁和市场垄断、产业结构趋同及其引起的摩擦等。地方政府间的竞争与摩擦结果有利有弊。积极的方面主要包括：可能促进人才的培养和引进，促进外资的引入和先进管理与技术的引进，加快思想解放和制度创新，提高政府的工作效率和服务水平，改善基础设施和城市面貌，等等。消极的方面主要包括：竞争导致的短期行为往往忽视可持续发展，地区封锁会阻碍国内统一大市场的形成，对外资的恶性竞争会导致国有资产流失，产业结构趋同会造成资源浪费和生产能力闲置，会影响中央政府的宏观经济调控和对各种政府间关系的协调，等等。

（3）支援。地方政府之间的支援是一种具有中国特色的政府间横向关系，这种关系的建立主要是中央政府主导的。中央政府为了促进落后或困难地区的发展，组织相对发达地区与落后或困难地区进行对口帮助和扶持，如对西部落后地区的对口帮扶、对遭受特大灾害地区的对口支援。支援涉及经济、教育、人才培养、资源开发等各个建设领域。

（二）地方政府间横向关系的特点

地方政府间的横向关系具有主体多元、地位平等、互动性强、政策性强、形式多样和内容丰富的特点。

主体多元。地方政府在行政级别上有省、市（地）、县、乡（镇）四级。我国幅员辽阔，省级政府就有三十多个，县级政府多达几千个，而乡镇一级政府更是数以万计。

地位平等。地方政府间的横向关系不论是平行的，还是斜交的，它们之间不存在指导与被指导的关系，更不存在领导与被领导的关系。因此，在横向关系发生时各个地方政府的地位是平等的。

互动性强。地方政府间横向关系的发生多是双方或多方意愿的结果，是基于自身利益和共同利益考虑的，任何一方都不能强迫另一方，否则横向关系不会发生。

政策性强。地方政府间的横向关系一般没有制度和法律上的明确规定，主要受到中央政府和地方政府本身政策的影响，如中央政府实行区域经济协调发展政策或大经济区发展政策，就会使各区域内的地方政府间横向关系更加密切、合作增多，而不同的地方政府实行相同的产业政策也会使相关政府间的竞争加剧。政策性强的负面特点是，政策调整可能会造成政府间横向关系的不稳定性，加大中央政府宏观调控的难度。

形式多样。地方政府间的横向关系有正式的、非正式的；直接的、间接的；平行的、斜交的；等等。随着国际交流的增多和各地方政府的积极探索，一些新的形式还会不断出现。

内容丰富。现阶段我国地方政府间的横向关系主要围绕经济发展展开，涉及政策、资源、能源、资金、工程、人才、市场等方面。同时，其他方面的内容也在增多，如环保、文化教育、疾病防治、交通建设、公共服务、打击犯罪等。政府间关系的内容发展的趋势是逐渐从生产领域向生活领域扩展，从对外争夺资源的经济竞争向制度创新和服务提升的政府能力较量转变。

二、地方政府间的纵向关系

（一）地方政府间纵向关系的形式

地方政府间的纵向隶属关系从形式上看，我国现行有两级制、三级制、四级制、五级制四种类型。

两级制是指直辖市—区两级政府。

三级制是指直辖市—县、自治县—乡、民族乡、镇三级政府。

四级制是指省、自治区、直辖市—设区的市、自治州（盟）—县、自治县、旗、县级市—乡、民族乡、镇四级政府。

五级制是指省、直辖市—副省级市—设区的市—县、县级市—乡、民族乡、镇。或者，省、自治区、直辖市—自治州—行政公署—县、县级市—乡、民族乡、镇五级政府。

（二）地方政府间纵向关系的特点

我国政府间纵向关系最主要的特点是层级节制和职责同构。

我国地方政府是以层级制为基础的。在每一个行政层级中又设置若干职能部门，如人事、财政、教育等部门的设置，这些职能部门之间是平行关系。但不同行政层级的相同职能部门之间就是行政隶属关系。

职责同构，即中央政府与地方政府，上级政府与下级政府的职责基本上是对等的、一致的。由于职责上的同构，所以在机构设置上也是上下对口，左右对齐。在“职责同构”下，每一级政府都管理或参与管理所有种类的国家事务。中央政府对地方政府拥有全面的、绝对的控制权，在所有事务上实行垂直的、“一竿子插到底”式的管理。在机构设置和行政职责上，每一级政府都是大致相同。

这样的纵向关系特点有集中统一，便于管理的优势，但也存在职能部门横向联系薄弱，行政成本高的弊端。

三、中国地方政府间关系的创新模式

（一）政府间的区域合作

随着我国社会主义市场经济的不断完善和发展，我国区域间的经济联系越来越紧密，区域合作的领域和范围也在不断地扩大，形成了像长江三角洲（以下简称“长三角”）、珠江三角洲（以下简称“珠三角”）等重要的区域政府合作机制。政府区域合作的主要目的在于，通过区域行政力量，扫除区域壁垒，促进区域内部要素的流动，实现资源的有效配置。

区域政府合作的主要目的在于，通过区域行政力量，扫除区域壁垒，促进区域内部要素的流动，实现资源的有效配置，最终形成一个统一的政府间组织也就是区域政府合作组织。这种区域政府合作机制与传统体制下的地区合作与发展不同，它必须建立在共同利益的基础之上。在市场经济深入发展和各地方政府利益独立化的制度背景之下，区域内各地方政府之间的合作行为是一种利益驱动下的战略选择，区域政府合作框架必须是基于各地的共同利益之上，并且使区域内的地方政府意识到只有选择合作策略才能增进和分享共同的利益。“长三角”和“珠三角”的形成与发展生动体现了这个目的的实现。

“长三角”无论在经济总量上还是在发展速度上都已经成为我国经济巨轮的领航者，甚至被认为是未来世界经济增长的发动机。“长三角”区域政府合作已从经济领域拓展到社会、文化各个领域；从企业层面发展到政府、企事业单位、社会部门及个人等各个层面；从单向往来提升到双向、多向的互动合作，初步形成政府搭台、企业唱戏、市场运作的良性发展局面，并确立了高层领导的会晤机制，就一些政府间的合作进行磋商。目前，“长三角”各城市已基本完成各自的市场体系建设，并且在交通连接、旅游联动、生态环境治理协调、信息资源共享、人力资源流动等领域的合作也正在逐步深入。“长三角”各城市在区域政府合作背景下进行经济增长模式转变、经济结构调整和深化区域经济协作，将为“长三角”未来的长期快速健康发展奠定一个新的、更为坚实的基础。随着我国融入全球化程度的加深、市场化改革和社会主义民主政治建设的进一步推进，地方政府面临着越来越大的挑战。地方政府应基于互利共赢的理念，积极开展区域政府合作。“长三角”地区的各城市间，虽然分属不同的行政区域，但由于地域相近、人缘相亲、文化相通、经济相融，存在着广泛的共同利益。各城市通过紧密合作，整合区域优势，互利共赢，加快经济互动发展，特别是政府间合作的内容呈现不断增加的趋势。

“珠三角”是新中国成立以来规模最大、范围最广、在不同体制框架下的新区域组合。“珠三角”的形成和发展，是“市场运作，政府推动”的结果。在这一过程中，政府的作用举足轻重。中央政府、“9+2”各省区政府为“珠三角”创造了良好的发展环境，紧紧围绕构建统一的市场体系、破除各种体制性障碍这一中心议题，在政策规划、基础设施、产业发展、资源开发等领域建立了合作平台，推动着“9+2”合作朝务实、纵深方向发展。“珠三角”合作的主要制度安排有论坛和合作洽谈会、高层联席会议制度、日常办公制度、部门衔接落实制度。而这一区域政府合作的主要方式则有学习考察、对口支援、干部交流、信息共享和项目合作等。通过区域间各地方政府的共同努力，“珠三角”的合作正在向规范化、制度化的方向发展，其合作无疑为“珠三角”的经济合作创造了良好的发展环境和制度平台。

政府间区域合作机制的基本要点是：第一，构建一个统一协调的市场竞争规则；第二，建立跨行政区的组织协调机构；第三，不断强化区域内交通、港口、通信等基础设施的统筹与管理，实现基础设施建设的一体化；第四，培育区域经济特色，充分发挥产业竞争力。

（二）政府间的竞合关系

竞合就是竞争合作。政府间出现单纯的竞争或合作关系都有其局限性。竞争原本是一种“零和游戏”，表现为在分配利益时，一方所得必然是对方所失。因此，地方政府进行竞争时，结果必定是一方得利，另一方失利。合作则是一种“正和游戏”，即各方合作的结果是能够创造出额外的价值。但保持合作关系的基础是，分配前次合作成果时要体现不同参与者各自的利益。

竞争和合作这两种关系对地方政府来说都有积极的意义。在现代社会，政府要实现自身的利益和目标，不能只依赖自己的资源，因为任何一个政府的资源都是有限的，如果加强政府间的合作，则可以带来“1+1>2”的效益，从而也使单个政府的局部优势发展壮大为全面的竞争优势，实现资源的最优综合利用。国内多个发达地区的成功经验都表明，政府间越合作越有利于竞争，而越竞争也越能促进合作，而这种竞争合作的最终结果必定是促进共同发展。

➢ 本章小结

政府间关系是指中央政府与地方各级政府之间纵横交错的网络关系，它既包括纵向的中央政府与地方政府、各级地方政府之间的关系，也包括同级地方政府之间的横向关系，以及不存在行政隶属关系的非同级地方政府之间的斜向关系。要理解政府间关系的深刻内涵就必须准确理解中央政府和地方政府各自的含义与特征。政府间关系受制于政治因素、经济因素、自然因素及社会与历史文化传统。

根据政府间关系主体的不同，可以将政府间关系分为中央政府与地方政府的关系和地方政府间的关系这两种类型。

中央政府与地方政府关系因国家结构形式不同，主要有单一制和联邦制两种基本形式。无论中央与地方关系的形式如何，其实质都是中央政府是国家利益的代表者，而地方政府则是地方利益的代表者，因此，中央与地方关系的实质，就是国家利益与地方利益的关系。中央政府一般通过立法、行政和财政三条主要途径控制和管理地方政府。我国是单一制国家，但除了一般的中央与地方的关系形式外，还存在民族区域自治和特别行政区两种特殊的中央与地方关系形式。

地方政府间关系非常复杂。一般来说，地方政府间关系可以分为纵向关系和横向关系。我国地方政府间的横向关系主要有交流与合作、竞争与摩擦及支援三种形式。我国地方政府间的纵向关系现行有两级制、三级制、四级制、五级制四种类型。区域合作和竞合关系是我国地方政府间关系的创新模式。

➢ 关键术语

政府间关系；中央政府与地方政府关系；地方政府间关系；政府间纵向关系；政府间横向关系；政府区域合作；政府间竞合关系

➢ 思考题

1．政府间关系的内涵是什么?
2．影响中央政府与地方政府间关系的主要因素有哪些?
3．中央与地方关系的基本形式有哪些?
4．地方政府间横向关系的形式有哪些?
5．我国中央与地方关系的特点是什么?
6．我国地方政府间关系的创新模式有哪些?

➢ 案例

长江中游四城市推人社工作一体化　医保、就业无壁垒①

武汉、长沙、合肥、南昌的市民将实现医保一地参保，四地共认。2015 年 4 月 29 日，长江中游城市群四省会城市人社工作一体化发展第二届会商会在长沙召开，会议就四市人力资源合作、城镇职工基本医疗保险异地就医即时结算等内容达成共识，并署合作协议。

1．医保异地就医将实现即时结算

根据四市联合签署的《长沙中游城市群四省会城市城镇职工基本医疗保险异地就医即时结算合作协议》，四市将在不改变现有政策及管理各项规定的前提下，将本市城镇职工基本医疗保险定点医疗机构延伸到其他三个城市，本市城镇职工基本医疗保险参保人员可直接持卡到异地定点医疗机构就医，并按照参保地有关规定即时结算医疗费用。

“这一改过去异地就医‘报备登记、自行垫付资金、出院后回到参保地报销’的传统模式，将彻底解决参保人员报销时间长、垫付资金多、监管难度大等问题，极大地方便参保人员。”长沙市人力资源和社会保障局副局长谭明江说。

2．人力资源网络实现互联

第二届长江中游城市群四省会城市联合专场招聘活动也在长沙人才市场举行。本次签署的协议明确，每年将定期举办联合巡回招聘会和联合网络招聘会，人才信息共享并统一发布，将这种合作方式常态化。而且，四市将逐步建立一体化的就业创业服务体系，举办创业联盟城市活动，形成四市创业带动就业工作的联动机制。

另外，四市还将深化在人事外包、人才派遣领域的合作，逐步建立资源共享的猎头数据库。推动人才资证互认，加强培训合作，逐步实行专业技术职务任职资格和职业资格等级四市互认。

四个城市还将联合编制《长江中游城市群人力资源和社会保障事业发展“十三五”规划》，建立局长联席会议、常设机构和对口部门三级联动合作机制，编印合作专刊，并将在人力资源社会保障重点改革领域问题上同频共声。

---

① 赵宇桓:《长江中游四城市推人社工作一体化　医保、就业无壁垒》，http://www.gov.cn/xinwen/ 2015-05/01/content_2856030.htm，2015 年 5 月 1 日。

请思考：

1．政府之间产生的竞争与合作关系的原因是什么？

2．结合案例，分析我国地方政府之间关系的发展趋势及挑战。

➢ 拓展阅读

阿格拉诺夫 L，麦圭尔 M. 2007. 协作性公共管理：地方政府新战略. 鄞益奋，李玲玲译. 北京：中国人民大学出版社

冯兴元. 2010. 地方政府竞争. 南京：译林出版社

徐勇，高秉雄. 2013. 地方政府学. 第二版. 北京：高等教育出版社

俞可平. 2015. 中国地方政府创新案例研究报告（2013—2014）. 北京：北京大学出版社

朱光磊. 2013. 中国政府发展研究报告（第3辑）——地方政府发展与府际关系. 北京：中国人民大学出版社

政府人力资源管理

政府人力资源是行政管理的主体。随着人力资源成为第一资源，政府人力资源管理的研究进入了新的阶段。我们要在人力资源管理理论、方法和技术不断丰富的大背景下认识政府人力资源的含义，政府人力资源管理的特点、基本流程、基本方法，以及政府人力资源管理的发展演变过程。研究政府人力资源管理是行政管理学的一个重要课题，具有重要的理论和实践意义。

第一节　政府人力资源管理概述

一、人力资源的概念

（一）人力资源的含义

1954 年美国管理学家彼得·德鲁克（Peter F. Drucker）在《管理的实践》一书中第一次提出“人力资源”（human resources）的概念，他提出：“和其他所有资源相比较，唯一的区别就是它是人。”[①]随着人们认识到经济快速发展的深层次原因在于人力的作用，人力资源的概念逐渐被人们接受。不过，自从“人力资源”概念提出以来，学者们对人力资源的界定至今未形成一致意见。归结起来，可以分为人口说、能力说和综合说三种观点。

综合各种学术观点，我们认为，人力资源就是指一定范围内具有劳动能力的人员的总和。人力资源包括现实人力资源和潜在人力资源。

（二）与人力资源相关的几个概念

进一步理解人力资源需要比较与之相关的几个概念，如人口资源、劳动力资源和人才资源：①人口资源是指一定区域范围内的人口总和。②劳动力资源是指一定区域范围内具有劳动能力的人口总和，强调现实劳动力人口。③人才资源是指一定区域范围内的人力资源中具有较高能力和素质的人口的总和。

人口资源是劳动力资源、人力资源和人才资源的基础；劳动力资源强调从事劳动的人口的数量；人才资源强调人口的质量；人力资源是量和质的统一。从逻辑关系来看，人口资源、人力资源、劳动力资源和人才资源这四个概念是从前至后依次包含的关系。

---

① Drucker P F. The Practice of Management. New York：Harper&Brothers，1954：264-265.

（三）人力资源的特点

与自然资源、资本资源和信息资源等其他资源相比较，人力资源具有生物性、能动性、时效性和社会性的特点。

（1）生物性。这是人力资源首要的基本的特征。人力资源随着人的生命的产生而成为潜在的人力资源，随着人的生命的结束而消失。并且，要保证人力资源发挥作用就必须投入一定的费用确保人的生命机体得以延续，在此基础上才可能对人力资源进行开发和管理，以发挥人力资源的更大效用。

（2）能动性。人具有思想、情感、欲望和意识，能够发挥主观能动性，有目的地认识世界和改造世界。自然资源、资本资源和信息资源等其他资源的开发和利用是靠人力资源的能动作用来完成的。而且，人力资源本身的开发和管理也需要人力资源来推动，即自身的和他人的推动。

（3）时效性。人力资源效用的发挥有一定的时间和空间的限制。从时间上来看，个体从出生到死亡经历几个不同的生长阶段，并不是每个阶段都有能力从事劳动。从空间来看，人力资源的利用也会受到环境条件的限制。

（4）社会性。人力资源的社会性特征表现在：一方面，人力资源的形成、发展和变化与社会、经济状况密切相关，受一定生产方式的制约。另一方面，个体的劳动一般都处于一定的劳动群体之中，具有群体性。这种群体性构成了人力资源社会性的基础。

二、政府人力资源的含义与类型

（一）政府人力资源的含义

政府是国家政权机构的重要组成部分。政府有广义和狭义之分，广义的政府是指包括立法机关、司法机关和行政机关等在内的所有国家机关；狭义的政府仅指行政机关。这里，我们是指广义的政府。

政府人力资源就是指在政府部门工作的具有劳动能力的各类人员的总和。

（二）政府人力资源的类型

政府人力资源包括公务员和工勤人员。

公务员是政府人力资源最重要的组成部分，各国公务员的范围并不一样，有的是狭义的政府机关公务员的范围，有的则是广义政府公务员的范围，还有的是介于二者之间的。我国《公务员法》规定，采用广义政府公务员的范围，即“依法履行公职、纳入国家行政编制、由国家财政负担工资福利的工作人员”。

根据不同的标准可以将公务员进行不同的分类：第一，根据管理对象的身份不同可以分为领导职务公务员和非领导职务公务员。所谓领导职务人员，指担任政府内各种行政领导职务的公职人员，如厅长、处长。所谓非领导职务人员，指没有担任行政领导职务的政府各类公职人员，包括有行政级别，但是没有行政职务的人员，如巡视员、调研员。第二，根据管理对象的工作性质不同可以把公务员分为综合管理类人员、专业技术类人员、行政执法类人员等。不同工作性质对人力资源的知识和能力素质要求是不一样的。政府人力资源管理部门应当根据工作性质的不同，在录用、使用、考核等环节上采用不同的管理方法和手段。

政府部门中的工勤人员是政府人力资源中不行使行政权力、没有公职身份的辅助人员。工勤人员包括清洁工、维修工和门卫人员等临时雇用者或者因工作外包在政府部门工作的其他组织的工作人员。

三、政府人力资源管理的含义、特点与分类

（一）政府人力资源管理的含义

与政府人力资源的概念相一致，政府人力资源管理也有广义和狭义之分。广义的政府人力资源管理是指政府对全社会的人力资源的管理。狭义的政府人力资源管理是指对政府部门的人力资源的管理。

在这里，我们使用狭义的政府人力资源管理的概念，即政府人力资源管理就是对政府人力资源进行管理的活动。

（二）政府人力资源管理的特点

与企业人力资源管理比较，政府人力资源管理的特点主要有如下几点：

（1）管理主体具有权威性。这是政府人力资源管理区别于其他组织人力资源管理最基本、最突出的特点。政府是行使国家行政权的行政组织。对政府人力资源实施管理的政府人力资源管理部门也是国家行政机关。而私人组织的人力资源管理部门的权威性却无法与之相比。

（2）管理体系具有复杂性。总体来看，政府部门是一个横向部门分化、纵向层级节制的庞大的组织机构体系。这样一个体系又是按照完整统一的组织原则建立起来的，在具体的中央和地方人事管理权限的划分上，就形成了严密复杂的体系。因而政府人力资源管理就是一项庞大复杂的系统工程。

（3）管理对象具有多样性。政府人力资源不仅人数庞大，而且类别也很多。就工作性质和特点而言，政府人力资源可以分为综合管理类、专业技术类、行政执法类等；就管理领域而言，政府人力资源可以分为经济管理类、教育管理类、文化管理类、卫生管理类和体育管理类等。工作性质和管理领域不同的政府人力资源所应当具备的知识、技能和能力是有区别的，这就在开发和管理上增加了难度。

（4）管理手段具有政治性。政府人力资源的录用、晋升和选拔，特别是政治官员的选举和政府首脑人物的确定都带有不同程度的政治色彩。当然，不同的政治体制和政府人力资源管理制度具有不同程度的政治性。西方国家政府的运作受到国会或民意代表的监督，政府官员的进退明显受到政治因素的影响。在我国，党管干部是一条核心原则，因而政府人力资源管理同样带有强烈的政治色彩。

（5）管理目的具有公益性。政府通过对其人力资源的管理，拓展政府人力资源的知识、技能和能力，挖掘政府人力资源的潜力，使其更有效地管理社会公共事务和提供公共服务，增进公共利益。而私人组织人力资源管理的最终目的是组织的利润最大化。

（6）管理运行具有法治性。法治性特点体现在：一方面，政府人力资源管理机构的设立是依据法律法规的规定进行的；另一方面，政府人力资源管理过程也是依照法律法规的规定进行的，如录用、晋升、奖励、惩罚、福利、保险、辞职和辞退等。法治性特点体现在政府人力资源管理过程的始终。

（7）管理效益具有抽象性。有效的政府人力资源管理能够提高政府人力资源的整体素

质，改善政府绩效，美化政府形象，增进公共福利等，这些都难以量化衡量。

（三）政府人力资源管理的分类

品位管理和职位管理是政府人力资源管理最常用的分类方法。

1. 品位管理

品位管理也称品位分类管理或等级管理，这是以公务员的职务或等级高低为依据的人员分类管理方法。

品位管理的特征主要表现在：分类管理体系以“人”为中心，强调人的品德、学历、资历、经验和能力；分类和分等相互交织，即先确定等级，然后再分类别；强调政府公务员的综合管理能力；官位和等级职位可以分离，官等随人走，官等成为任职者固有的身份资格；盛行于等级观念较强的国家①。

品位分类管理的优势在于：第一，强调工作人员的个人条件，如学历、资历等，有利于吸收高学历的、经验丰富的人员进入政府部门。第二，适用于中高级领导职务的分类。领导工作往往需要多方面的知识，很难将其划归一定的职位，采用品位分类有利于领导选用。第三，有利于某些临时性工作的开展，有些临时性的指派工作，通过确定某一官等的人负责，能取得更好的效果。

但是这样管理也有弊端：第一，不注重对岗位的设置是否合理进行分析，容易出现因人设岗、职责不清、人浮于事的情况；第二，职位设置主观随意性比较强，没有严格的设置规范，不利于严格的科学管理；第三，会出现过分重视学历、资历等形式条件的现象，不利于学历低、资历强的人才发展；第四，会导致忽视对专业人才的选拔与培养，不利于业务类工作水平的提高。

2. 职位管理

职位管理也称职位分类管理，是以职位为中心的分类管理。职位分类是指在工作分析的基础上，将公务员职位按工作性质、责任轻重、难易程度和所需资格条件，分成若干不同的类别和等级。

职位管理的前提是工作分析，在此基础上再进行分类管理，这是职位分类的最大特点。

职位管理的优势主要在于：第一，因事设岗，按岗选人，有利于获得职位的最佳人选；第二，对在岗人员的考试、考核和晋升有客观的标准；第三，有利于建立公平合理的薪酬制度；第四，使预算管理变得精确而简明。

但是职位分类也有不足：第一，在适用范围上，职位分类比较适合专业性较强的工作和职位，而对于高级行政职位、临时性职位及通用性较强的职位，则不太适用；第二，职位分类严格规定了人员的升迁调转途径，妨碍了公职人员的全面发展和人才的充分流动；第三，职位分类的实施程序非常烦琐复杂，需要动用大量的人力、物力以及需要有专门知识的专家参与，这使职位分类与品位分类相比，显得费时费力且成本高昂。

3. 品位与职位结合的分类管理

品位与职位结合的分类管理，就是结合品位管理和职位管理的优势的分类管理。这也是我国现行的公务员职位管理。

我国有悠久的品位管理传统，结合职位管理的科学性与规范性，现行《公务员法》将公务员分为综合管理类、专业技术类和行政执法类三类。同时，又将公务员分为领导职务和非

---

① 孙柏瑛、祁光华：《公共部门人力资源管理》，中国人民大学出版社，2004年，第2页。

领导职务两个序列。所以，我国的公务员共分为27级行政级别，这27级又分别与12个等级不同的职务对应，每一个职务对应不同的几个行政级别。例如，办事员这个职务对应19～27级的行政级别，科员对应18～26级的行政级别等。行政职务越高，所对应的行政级别数量越少。国家正职只对应最高一级行政级别。

我国实行的这种品位与职位结合的管理分类，符合公务员任职的岗位设置实际，有利于在低级职位长期工作人员的稳定。因为，如果年度考核都能够合格，即便是长期在办事员岗位工作，也可以随年资的增加提升行政级别，从而增加职级的相应待遇。所以，这种品位与职位结合的分类管理是符合我国基本国情的。

第二节　政府人力资源管理的形成

一、西方国家政府人力资源管理的形成

西方国家政府人力资源的管理经历了传统的官吏管理制度、公务员制度和现代的人力资源管理三个阶段的演变。每一种管理形式的转变都有其深刻的行政环境变化的原因。

（一）传统官吏制度及其弊端

英国是最早确立资产阶级政权的现代国家，所以国家公务员制度也是从英国产生发展起来的。19世纪中叶，英国公务员制度产生以前，实行的是“恩赐官职制”和“政党分肥制”（the spoils system）。

“恩赐官职制”是资产阶级革命前实行的官吏管理制度。在封建专制和资产阶级君主立宪制初期，国王集立法与行政大权于一身，将官职赐予听命于他的下属。官吏的任用不是取决于官吏本人的知识和能力水平，而是取决于国王的智慧和判断力，甚至情感、好恶和亲属关系。这样的官吏管理制度造成政府鱼龙混杂，行政效率低下，贪污腐败滋生。

进入18世纪，随着资产阶级势力的逐渐强大，资产阶级两党政治和议会制度的建立，“恩赐”性质的官吏制度被“政党分肥制”取代。所谓政党分肥制，就是竞选获胜的执政党掌握了任用政府官员的权力，将官职作为选举的胜利品，合法、公开地分给本党成员或者它的支持者。政党分肥制带来了一系列的问题和恶劣影响①：第一，用人制度以个人意志或党派利益为转移，权钱交易泛滥，腐败严重。第二，因分肥而获官职的官员随着政党的下野而离职，导致政府行政活动缺乏连续性和稳定性，产生周期性的政治震荡。第三，优秀的人才难以进入政府部门，官吏队伍人才匮乏，效率低下。

（二）公务员制度的建立

西方国家公务员制度也称为文官（civil servant）制度，是在废弃传统官吏制度的过程中建立起来的，是适应资本主义政治、经济、社会发展的产物，有着深刻的政治、经济和文化背景。

政治背景。政党分肥制造成官员频繁更换，破坏了政府工作的连续性，影响了社会的安

---

① 孙柏瑛、祁光华：《公共部门人力资源管理》，中国人民大学出版社，2004年，第33页。

定和政局的稳定，也阻碍了经济的发展，引起了公众的普遍不满。因此，建立稳定的官吏制度，提高官吏的素质和能力，成为西方国家的普遍要求。

经济背景。19 世纪中叶，西方各国工业革命陆续完成、经济迅速发展，政府公共事务愈加复杂，这就向国家公职人员提出了更高要求。

文化背景。资产阶级倡导自由、平等和参与的思想为官吏制度改革提供了主要思想理论依据。这些思想反映在公务员制度实行公开竞争考试等一系列措施之中[①]。

在各种社会力量的推动下，英国从 1694 年开始公布法律，限制政府公职人员参与党派竞争。到 1833 年，英国财政部等各个部门相继设立了主持日常工作，不参加政党活动，不随政党进退而进退的常务次官，又称事务官。事务官的设立稳定了政府官员队伍，具有重大意义。英国建立文官制度之后，对政府管理工作立即起到了显著的促进作用，所以很快为欧美其他国家所效仿，至 19 世纪后期西方国家公务员制度普遍建立。

自公务员制度确立后的一百多年来，在西方各国的实践中，公务员制度得到了不断的完善。现代意义的公务员制度，就是对政府中行使国家行政权力、执行国家公务的人员，特别是事务类公务人员的选拔、任用、培训、晋升、奖惩、流动、退休和薪酬福利等进行科学管理的一系列制度和规范的总称[②]。

公务员制度的原则和特点是：第一，政务官和事务官分途而治。政务官是通过竞选获胜的政党组阁而被任命的政府官员，与政党共进退。事务官实行常任制，按照国家公务员制度管理。第二，实行功绩制。以职位所需的知识、能力、品德为标准，通过公开考试竞争，择优录用政府公务员；以工作能力，特别是工作实绩为标准，通过考核给予政府公务员以晋升、奖励和报酬。第三，政治中立。事务类政府公务员在行政事务中坚持客观、公正、公平的原则，不受政党、政治团体或利益集团的影响，忠实地执行各项政策，不得参与政治纷争和派系斗争。

（三）政府人力资源管理的出现

公务员制度在新公共管理运动中为政府人力资源管理的理念和方法所逐步取代，有重要的时代和社会背景。

20 世纪 80 年代，从英国发起的改革政府运动中，进行了政府企业化改革。人力资源管理理念和方法就是企业管理中的先进管理理念和方法。人力资源管理就是以人为核心，为员工创造提高能力的机会，发挥能力的条件，将员工个人的发展与组织的发展结合起来的管理。在这种观念的影响下，政府部门开始重新认识公务员的作用与地位。

政府人力资源管理与传统的人事管理有明显的不同：第一，政府人力资源管理以用人为中心、视人为资源的管理理念，取代了传统的以事为中心、视人为成本的人事管理理念；第二，政府人力资源管理用视人的管理为改变政府形象、实现组织目标的关键职能之一的观点，取代了过去把人事管理看做组织的辅助或附属管理的观点；第三，对人的管理方面不再仅仅强调命令和控制，而是强调发挥主观能动性，主张实行民主参与式管理；第四，对公务员的管理不仅是“进”“管”“出”三个方面，而且要注重公务员能力的培养；第五，不仅要为公务员执法创造条件，还要为公务员个人的职业发展和价值实现创造条件；第六，不仅只强调为社会公众服务，还要将公务员个人发展和为社会公众服务结合起来考虑。第七，坚持人本

---

① 唐志红、韩文丽、沈登学：《公共部门人力资源开发与管理——理论与实践》，西南交通大学出版社，2007 年，第 55-56 页。
② 赵秋成：《公共部门人力资源管理》，东北财经大学出版社，2006 年，第 50 页。

管理、科学管理，在方法和技术上，采用人力资源预测、规划、开发、素质测评与甄选、绩效管理、标杆管理和目标管理等更有效的方法和技术。

可见政府人力资源管理的出现，不仅是在名称上取代了传统的“人事管理”，而且在管理的观念、方法和技术方面都有了全新的内容。

二、中国政府人力资源管理的形成

我国政府人力资源管理的前身，是新中国成立以后逐步建立起来的干部人事制度。我国从“统分统包”的干部人事制度，到试行国家公务员制度，到 2006 年正式建立国家公务员制度，走过了一段曲折的历程。

（一）“统分统包”的干部人事制度

从新中国成立之初到 1984 年，我国实行的是与高度集中的计划经济体制相适应的干部人事制度，这个制度最基本的特征就是“统分统包”，即一切国家工作人员统称为干部，一切干部都由党和国家统一管理，干部的一切也都由党和国家负责。这样的干部人事制度是在继承革命战争年代的干部制度，以及借鉴苏联的人事制度的基础上发展起来的。

“统分统包”的干部人事制度基本适合新中国成立之初的国情，按计划调动和配置全国的人才资源，可以保证全国各地区人才资源的大体平衡。随着社会主义建设事业的全面展开，“统分统包”的干部人事制度的弊端逐渐暴露出来。这些弊端主要表现在：第一，干部管理分类不科学。对干部的分类过于笼统，忽视党、政府（广义）、企业、事业单位人事管理的不同规律。第二，人事管理权过于集中，各用人单位不能根据人才的需要使用人才，干部也不能根据自身特点选择适合的职业和岗位。第三，没有形成合理的任用、激励和进出机制。国家干部是终身制，只要不违法犯错就一直拥有“铁饭碗”。“能上不能下”的做法使干部失去了积极性、主动性和创造性。第四，“人治”的人事管理体制造成干部任用上的不正之风，干部素质良莠不齐，机构膨胀人员日益增多，行政效率极其低下。第五，干部专业素质不足，不能适应经济建设快速发展的需要。

（二）探索建立国家公务员制度

1984 ~ 1993 年是我国探索建立国家公务员制度的阶段。1980 年，邓小平就党和国家领导制度改革发表长篇谈话，启动了我国的人事制度改革。

1984 年中共中央组织部和劳动人事部应中央要求开始起草《国家机关工作人员法》。1986 年，两部门正式建议实行国家公务员制度。

1988 年全国人民代表大会正式做出建立国家公务员制度的决定，并提出尽快制定国家公务员暂行条例。

1988 年在审计署、海关总署等六个部门进行公务员制度的试点。1990 年又在哈尔滨和深圳进行试点。在试点和多次在全国范围内征求意见的基础上，国务院于 1993 年 10 月 1 日正式实施《国家公务员暂行条例》，这表明国家公务员制度初步建立。

（三）公务员制度的全面试行和正式建立

1993 年 10 月至 2005 年，是国家公务员制度全面试行阶段。1993 年以后，为配合《国家公务员暂行条例》的实施，我国人事部陆续出台了十几个配套的规定和实施细则；并按“整体推进、重点突破、上下结合、稳步实施”的思路，结合机构改革，积极稳妥地在全国范围内试行，使《国家公务员暂行条例》逐步完善并被普遍接受。

2006年至今是公务员制度正式建立阶段。2005年4月全国人大常务委员会通过了《公务员法》，并于2006年1月1日正式实施，这标志着我国公务员制度的建立。《公务员法》共有18章、107条。与《国家公务员暂行条例》比较，在公务员管理的制度和机制层面《公务员法》都有所发展、创新和完善，具体表现在以下几个方面：

（1）调整了公务员的范围，实现了党政机关干部的统一管理。参照国际上的一些通行做法，《公务员法》明确规定：“公务员是指依法履行公职、纳入国家行政编制，由国家财政负担工资福利的工作人员。”这样的界定不仅有利于保持各类机关干部的整体一致性，有利于统一管理和党政机关之间干部的交流，而且为今后深入进行党政机构改革预留了空间，较好地实现了公务员管理体制与现行干部管理体制的衔接。

（2）建立了公务员分类制度，拓展了公务员的职业发展渠道。《公务员法》将公务员划分为综合管理、专业技术、行政执法三类，构建了公务员分类管理的体系框架。同时，《公务员法》明确了职务与职级的对应原则，目的是构建公务员“职务晋升”与“职级晋升”的“双梯制”。在职务晋升外，将级别晋升作为公务员另外一条职业发展阶梯和重要平台，这就进一步完善了公务员激励保障机制，有助于弱化“官本位”，有利于促进中国政府改革从管制型到服务型的职能转变，更好地塑造公务员的“公共精神”。

（3）进一步明确并规范了职位“聘任制”，丰富了公务员的任用形式。《公务员法》专门设置了“职位聘任”一章，把职位聘任制作为公务员任用的补充形式，对一些专业性强和辅助性的职位实行聘任制，体现了不拘一格用人才的原则，适应了机关对较高层次专业技术人才的客观需要，同时也可降低机关用人成本，为机关吸引优秀人才，特别是为专业人才开辟了一条合法渠道，拓宽了选人、用人渠道，有利于增强公务员队伍的开放性、改善公务员队伍结构、增强公务员制度的生机和活力。

（4）设立了领导职务“任期制”，健全了职务退出的正常机制。长期以来，在干部任用问题上存在着“不到年龄不退出领导岗位，不犯错误不下台”的传统观念，《公务员法》明确规定“领导成员职务实行任期制”，把领导职务变为工作职务，打破了原来党政机关领导只能上不能下的管理格局，这对长期以来形成的领导职务“终身制”在法律的形态上予以了否认，将对“铁交椅”产生根本性的治理，也就从制度上突破了领导干部退出机制的瓶颈。

（5）将“公开选拔”与“竞争上岗”法定为职务晋升的方式之一，突破了传统委任制的任用模式。《公务员法》确认“公选、竞岗”作为晋升方式的法律地位，一是实现了坚持党管干部原则与走群众路线的有机统一；二是实现了坚持德才兼备用人标准与科学全面客观评价方法的有机统一，这是对公务员职务晋升制度的最大突破之处。

（6）首次以法律形式将“引咎辞职”“责令辞职”引入公务员管理，强化了对公务员的监督约束。这样也有利于加强对领导干部的监督，有助于培育领导干部良好的从政道德，对于防止公务员“不作为”和“乱作为”，推进社会主义民主政治建设都具有积极意义。

（7）首次明确上级违法、犯错下级可说“不”，凸显了公务员执行公务的自主裁量权。这样有利于增强公务员的责任感、自律感，克服长官意志，防止公权滥用，提高公务员独立思考和依法行政的自觉、自律、自警能力。

（8）首次把“廉”的要求法定为公务员的考核内容，统一规范了公务员的评价标准。也就是说，公务员遵纪守法、依法行政、廉洁自律等内容。不廉洁不仅是违反党纪、政纪问题，而且是违法行为。这对于从源头防治吏治腐败，保持公务员队伍的公仆本色，充分发挥考核促“廉”的功能作用，都具有积极促进意义。

（9）调整了工资构成，明确了调资原则，实现了公务员工资透明化。《公务员法》规定公务员工资只包括级别工资和基本工资两部分，同时对公务员工资水平做了严格规定。这样就可以在保障公务员工资的稳定性，科学设定公务员增资幅度和水平的同时，有效防止和消除政策权力带来的不合理收入，民众也更容易接受。

（10）明确了公务员的权益保障，体现了“以人为本”的理念。《公务员法》中，公务员除宪法规定的八项基本权利外，还拥有陈述和申辩、申诉、控告的权利等，并做了明确和细化，突出了对个体权益的保护和尊重。其中有关人事争议仲裁制度的建立及其原则规定，对于促进人事争议仲裁的准确、公正，以及保障聘任制公务员与所在机关双方的合法权益具有重要意义。

（11）明确了与有关法律的对位原则。明确规定除适用公务员法的有关规定外，仍可适用《法官法》《检察官法》《人民警察法》等特别法中的有关法律规定。

第三节　政府人力资源管理的流程和方法

一、政府人力资源管理的基本流程

政府人力资源管理是一个完整统一的过程，一般来讲包括人员录用，职业规划，考核，培训，奖惩，职务升降和职务任免，辞职、辞退和退休等基本流程。

（一）人员录用

政府人力资源录用是指政府人力资源管理部门选取人员填充空缺职位的活动或过程。其形式主要有如下几种：

按照录用人员的来源范围划分为内部录用和外部录用。内部录用是指在政府系统内选拔、录用人员以填补职位空缺。外部录用是指在政府系统外选拔、录用人员以填补职位空缺。外部录用是改善政府人力资源质量的主要形式。目前，政府人力资源录用主要采用外部录用的形式。

按照录用的性质划分为任用、提升和轮岗等。任用是指新录用人员进入政府系统。提升是指从政府系统内部选拔符合条件的人员，将其从一个低级岗位提升到高一级岗位。提升的形式录用人员往往是根据人员培养计划进行的，有利于激励政府公务员的工作积极性，稳定公务员队伍。轮岗是指在同一部门内的同一级别岗位上轮换工作，适用于一般工作人员。

按照录用方式的不同可以分为考选、选拔、调任、安置等。考选是指发布招考公告公布空缺职位信息，通过考试来选拔、录用人员。考选主要是录用一般工作人员，而目前录用中下层领导职务人员也通过这种方式来进行。选拔是指通过对拟录用人员的某些方面进行对比和考察来确定是否录用，是一种比较主观的人员录用方式。调任是指在政府系统内部跨岗位、跨部门或者跨地区录用人员，也指从政府系统外调用中高级领导职务人员担任政府领导职务。安置是一种比较特殊的录用方式，是指根据有关政策将分流人员或转业军人等录用到政府部门。

（二）职业规划

职业规划，又称职业生涯规划，是指组织或者个人把个人发展与组织发展相结合，对决定个人职业生涯的个人因素、组织因素和社会因素等进行分析，制定个人事业发展的战略设想与计划安排[①]。职业生涯规划包括组织职业生涯规划和个人职业生涯规划。组织职业生涯规划是指组织帮助员工制定成功的职业发展路径。个人职业生涯规划是指员工个人根据自身主客观状况的分析，确定发展目标，制订发展计划并采取行动的过程。职业生涯规划是一种新的现代人力资源管理手段和工具，正处在发展与完善之中。而在政府部门对政府人力资源进行职业生涯规划更是一个全新的课题。所谓政府人力资源职业生涯规划是指政府人力资源管理部门和政府公务员共同确定政府公务员个人的发展目标，制订发展计划并采取行动的过程。

（三）考核

考核又称为测评，是指政府人力资源管理部门根据有关法律法规，按照一定的权限和程序，对政府公务员的德、能、勤、绩、廉等方面进行定期和不定期的考察和评价的活动。考核是政府人力资源管理的一个重要的内容和环节，其结果为奖惩、任用、培训、职务升降等提供重要依据。

（四）培训

政府人力资源培训是指政府人力资源管理部门根据国家经济和社会发展的需要，根据政府及其职能部门的工作需要和政府公务员自身发展的需要，由有关的培训机构对工作人员进行培养、教育和训练的活动。在政府人力资源管理中，培训具有十分重要的意义。培训能够提高政府人力资源的综合素质，改善服务质量，改善政府形象。培训有不同的种类，具体分类如下：

按照培训机构的不同可以将培训分为本部门培训、专门机构培训和其他组织培训。本部门培训是指在政府部门内部开设培训班进行培训，如请专家或学者来讲课等。专门机构培训是指在政府部门外设立专门的培训机构进行培训，如我国的国家和各地方的行政学院、各类管理干部学院等。其他组织培训主要是指在高等院校等组织进行培训。

按照培训性质的不同可以将培训划分为初任培训和任职培训等。初任培训是指对新录用的人员在正式上岗之前进行的培训，主要是学习上岗所必须具备的基本业务知识和基本技能，一般采用实习或集中学习两种形式。任职培训是指对即将晋升高一级职务的人员进行的培训，主要是学习新职务所应具备的理论知识，提高工作水平和能力。

按照培训内容的不同可以将培训划分为素质培训和专业培训。素质培训是指提高人员各种素质，如思想道德素质和政治素质的培训。专业培训是指学习新知识和新技能以从事专项工作的培训。

政府人力资源培训机构包括培训管理机构和培训教育机构。培训管理机构是对政府人力资源培训工作进行管理和组织的机构。各国政府人力资源培训管理机构的设置各有特色。有些国家的培训管理机构设在政府系统内，如日本的人事院。而有些国家的培训管理机构设在政府系统外，直接在政府首脑下或在隶属于政府首脑的委员会中设立。例如，美国的人事管

---

① 梁文懋、杨龙兴：《我国公务员职业生涯规划支持体系建设刍议》，《江西社会科学》，2006年第8期，第129页。

理总局就是负责培训管理的联邦公务员最高管理机构，这一机构直接对总统负责[①]。我国政府人力资源培训管理机构是人力资源和社会保障部和地方各级政府人事部门。人力资源和社会保障部负责全国政府人力资源培训的综合管理工作；地方各级政府人事部门负责本地区政府人力资源培训的综合管理工作。

（五）奖惩

奖励和惩戒是政府人力资源管理的重要环节。目前，各国政府人力资源管理过程中，奖励的种类主要有：精神奖励，如口头表扬、书面嘉奖、记功、授予荣誉称号和授予奖章等多种形式；物质奖励，如发放奖金和物品等形式；晋升奖励，即晋升级别；其他奖励，如放假、出国深造和旅游等形式。

惩罚的种类很多，各国不尽相同。总的来看可以分为精神惩罚和实质惩罚。精神惩罚是指因轻微的行为过失对政府公务员的名誉予以贬损，如警告、记过、记大过等。实质惩罚是指对有严重错误的政府公务员进行物质处罚和职务处罚，如罚款、减薪、减少或取消津贴、降级、撤职、开除等[②]。在我国，对政府公务员的行政处分主要有六种，即警告、记过、记大过、降级、撤职、开除。

在实行奖惩中，应该注意将物质奖励与精神奖励相结合；奖励与惩罚相结合；教育与惩罚相结合；公平合理，赏罚有据；奖励及时，注重时效。

（六）职务升降和职务任免

职务升降是指政府人力资源管理机构根据有关法律法规，按照一定的程序提高或降低政府公务员的职位与级别。职务升降工作必须贯彻年轻化、知识化、专业化的方针，必须坚持德才兼备，群众公认，注重实绩和公开、平等、竞争、择优的原则。

职务任免是任职和免职的统称，是指任免机关依据有关法律法规，在任免权限范围内，按照一定的标准和条件，通过法定程序，任命或免去政府公务员担任某一职务。职务任免是一种职务管理行为，政府人力资源管理的许多环节都通过职务任免来实现，如录用、晋升、降职、辞职、退休等。因此，职务任免必须严格按照有关规定和程序进行，确定任免机关、条件、程序和步骤。

（七）辞职、辞退和退休

辞职、辞退和退休是政府人力资源管理的出口环节，是政府人力资源新陈代谢，淘汰更新机制的体现，是保证政府部门人员精干、高效的主要措施，是政府人力资源管理的重要一环。

辞职是指政府公务员根据本人意愿，经政府人力资源管理部门批准，辞去所担任的领导职务或者与单位解除职务关系的行为。辞职应充分体现本人意愿，是人才自由流动的体现。

辞退是指政府人力资源管理部门主动与政府公务员解除工作关系的行为。辞退是政府部门单方面的行为，是一项法定权利。但是，辞退必须依据法律事实，并遵循法定程序，而且被辞退的公务员享有法定待遇。

退休是指政府公务员达到国家规定的退休年龄或者完全丧失工作能力，按照法定程序离

---

① 滕玉成、俞宪忠：《公共部门人力资源管理》，中国人民大学出版社，2003 年，第 248 页。

② 从建阁：《公共部门人力资源开发与管理》，中国财政经济出版社，2002 年，第 296 页。

开工作岗位的行为。政府公务员退休后应当享受国家规定的退休金和其他待遇，国家要为其生活和健康提供必要的服务和帮助，鼓励发挥个人专长，参与社会发展。

二、政府人力资源管理的主要方法

政府人力资源管理的主要方法是指在人员的录用、培训、考核中运用的有利于提高管理效率和质量的手段或技术。

（一）人员录用过程中运用的方法

人员录用过程中经常运用的方法有布告法、档案法、考察法、考录法和推荐法。

（1）布告法是指将空缺职位信息以布告的形式公布在政府部门的墙报、布告栏和计算机内部网等内部媒介上，让员工毛遂自荐，以此来录用合适人员的方法。布告法给每个员工提供公开、公平、公正的录用机会，录用到合适人员的可能性较高。但是，布告法的效率较低，速度慢。这种方法一般只在内部录用时使用。

（2）档案法是指通过查阅档案了解政府公务员在教育、培训、经历、知识水平、能力状况等方面的情况，以此来录用合适人选的方法。用档案法录用人员选择的范围较广，效率高。但是，如果档案所记载的信息不够全面，就不能全面了解拟录用人员，并且带有主观随意性。这种方法在内部录用时采用较多。

（3）考察法是指通过查阅档案、访问和实地观察等方式，了解拟录用人员的情况以决定是否录用的方法。考察法可以全面了解拟录用人员的情况，但是耗费时间长，不能迅速弥补职位空缺。这种方法主要运用于录用中高级领导干部。

（4）考录法是指通过考试测验拟录用人员的知识、能力、技能以及性格特点和品德修养的方法。所采用的测验手段主要有笔试、面试和心理测试等。考录法能够较为准确地了解拟录用人员的情况，而且选择面大，体现了公开、公平、公正的录用原则，适合规模不等的人员录用。由于包含诸如信息发布、试卷命题、面试设计、报名、考试、面试甚至多次面试等环节，考录法耗费的时间长，成本高，并且易受人际关系的影响。随着考录制度的完善，考录法广泛运用在内部和外部人员录用中。

（5）推荐法是指由政府公务员根据组织的需要推荐合适人选，供用人单位和政府人力资源管理部门选择和考核的方法。一般来讲，推荐人应该对被推荐人有一定程度的了解，才可以录用到合适的人员。但是这种方法也会受人际关系的干扰。这种方法在内部和外部人员录用中都可以采用①。

上述方法各有特点，实际使用时应根据需要灵活选择。

（二）人员培训中运用的方法

人员培训的方法有许多种，其中最主要的有讲授法、研讨法、案例分析法和角色扮演法等。

（1）讲授法又可以称为讲演法、讲述法。这是指培训者通过语言表述将知识和技能传授给受训者的一种方法。作为一种运用最广泛的培训方法，讲授法可以在大规模的培训活动中

---

① 滕玉成、俞宪忠：《公共部门人力资源管理》，中国人民大学出版社，2003 年，第 140 页。

运用，有利于受训者系统地接受新知识，理解难度大的内容，培训者还可以灵活掌握和控制学习的进度。其不足之处在于受训者被动接受知识和技能，不能随时与培训者进行交流，也不能和其他受训者就相关问题进行讨论。

（2）研讨法是指培训者和受训者围绕给定的主题展开讨论，分析存在的问题、产生的原因并提出解决方案。研讨的形式包括演讲、小组讨论、沙龙、集体讨论、委员会式和系列研讨式等[①]。这种方法有助于受训者主动提出问题，表达个人的感受，激发学习兴趣；促使受训者积极思考，有利于能力的开发。而且，受训者在讨论中能够取长补短、互相学习，有利于知识和经验的交流。不过，研讨法也有不足之处。例如，研讨需要占用大量的培训时间，不利于系统传授知识和技能，并且确定一系列适合的讨论主题也比较困难。

（3）案例分析法是指培训者提供典型的情景或事件供受训者进行思考分析，提出解决方案或者指出案例中存在问题加以修正。目前，案例分析法已成为培训中不可或缺的方法。其主要优势在于可以使受训者身临其境，提高分析问题和解决实际问题的能力，并且积累宝贵的经验；可以针对专门技能进行培训；通过分析案例，受训者可以学习另一些有关管理方面的知识与原则；容易养成积极参与和向他人学习的习惯。案例分析法的缺陷主要在于案例本身，许多案例过于概念化并且带有倾向性。因此，案例分析法要注意案例的设计。

（4）角色扮演法是指设计一种与受训者职业相关的逼真的情景，让受训者扮演其中某个关键或主要角色，以感受所扮演角色的心态和行为，以更有效地完成实际工作的培训方法。这种培训方法具有的优点：一是参与性强，有助于引起受训者共鸣；二是易于受训者深刻地理解角色意识，给受训者提供换位思考的机会。这种方法的不足主要是能够参与的人数较少，花费时间多，其他受训者只能当观众间接感觉。所以这种方法不适用于解决普遍存在的问题。

以上培训方法只是比较典型的方法，其他还有视听法、游戏法、人格拓展训练法等。这些方法各有所长，亦有所短。在培训中应根据实际情况来选择最适合的方法，将几种方法混合使用效果更好。

（三）人员考核中运用的方法

在政府人力资源管理过程中，考核的方法越来越多，主要有描述法、民意测验法、关键事件法、配对比较法和指标量表法等。

（1）描述法是最原始的考核方法之一，主要是对被考核者的优点、缺点、工作成绩、潜在的能力等方面进行描述，形成对被考核者的总体评价。其局限性在于主观性较强，会因为描述者（考核者）的描述能力和描述内容的不同而产生较大的差异。

（2）民意测验法是指组织中的所有工作人员，甚至组织外的人员都参与对考核者进行评价的方法。这种方法具有一定的客观性，但是要确保评价者对被考核者的情况比较了解，并且要保持严肃认真和负责的态度。

（3）关键事件法关注的是被考核者的成功或失败的事件（行为），评价者将这些事件（行为）记录下来，以对被考核者的工作情况进行评价。这一方法通常是作为其他考核方法的补充。在认定人员的特殊良好行为和劣等行为时是很有效的，用在改善无效行为的决定方面也比较方便。不过，在对人员进行比较或据此做出职务升降、增减薪资等方面要十分慎重。

（4）配对比较法是将被考核人员两两比较，最后确定优劣等次的考核方法。该方法主要运用于小范围的考核。

---

① 孙柏瑛、祁光华：《公共部门人力资源管理》，中国人民大学出版社，1999年，第221页。

（5）指标量表法是指将考核的内容分解为多层指标，并给各评估指标确定等级分值，评估结果由评估对象得到的分值来体现。这一方法的难点在于等级分值的确定和考评指标的选择。

以上考核方法适合于不同的情况。同时，每一种方法都有一定的局限性。对政府人力资源进行考核往往要将几种方法综合使用，这样才能收到较好的效果。

➢ 本章小结

人力资源就是指一定范围内具有劳动能力的人员的总和。人力资源具有生物性、能动性、时效性和社会性的特点。政府人力资源就是指在政府部门工作的具有劳动能力的各类人员的总和。政府人力资源管理就是对政府人力资源进行管理的活动。政府人力资源管理的特点主要是：管理主体具有权威性；管理体系具有复杂性；管理对象具有多样性；管理手段具有政治性；管理目的具有公益性；管理运行具有法治性；管理效益具有抽象性。政府人力资源管理中，最常用的分类方法是品位管理和职位管理，我国实行品位与职位结合的分类管理方法。

西方国家政府人力资源的管理经历了传统的官吏管理制度、公务员制度和现代的人力资源管理三个阶段的演变。每一种管理形式的转变都有其深刻的行政环境变化的原因。20世纪后期的新公共管理运动中，政府人力资源管理将以人为中心、视人为资源的管理理念，取代了传统的以事为中心、视人为成本的人事管理理念，不仅在名称上取代了传统的"人事管理"，而且在管理的观念、方法和技术方面都有了全新的内容。

我国政府人力资源管理的前身，是新中国成立以后逐步建立起来的以"统分统包"为特征的干部人事制度。改革开放以后，通过1984～1993年对建立国家公务员制度的探索，1993年全面试行《国家公务员暂行条例》，表明国家公务员制度初步建立。《公务员法》2006年1月1日正式实施，标志着我国建立了公务员制度。

政府人力资源管理是一个完整统一的过程，一般来讲包括人员录用，职业规划，考核，培训，奖惩，职务升降和职务任免，辞职、辞退和退休等基本流程。政府人力资源管理的方法主要是指，在人员的录用、培训、考核中运用的有利于提高管理效率和质量的手段或技术。

➢ 关键术语

人力资源；政府人力资源；政府人力资源管理；人事管理制度；文官制度；国家公务员制度

➢ 思考题

1. 什么是人力资源？人力资源与人口资源、劳动力资源和人才资源的关系分别是什么？
2. 什么是政府人力资源？其有什么特点？
3. 政府人力资源管理和企业人力资源管理的区别与联系是什么？
4. 西方文官制度的特点是什么？
5. 政府人力资源管理与传统的人事管理有什么不同？
6. 我国《公务员法》颁布实施有什么意义？

7．政府人力资源管理的基本流程是什么？

➢ 案例

《贵州省公务员平时考核办法（试行）》出台[①]

2015 年 9 月 2 日，《贵州省公务员平时考核办法（试行）》在贵州省公务员平时考核工作会上发布。该办法的出台实施，填补了贵州省公务员平时考核制度的空白，将用于指导全省加强公务员日常管理和监督，客观准确评价公务员平时表现和工作成绩，为年度考核提供依据。

根据该办法，考核实行自评与领导评鉴相结合，定性与定量相结合，以量化考核为主。平时考核以公务员的职位职责和所承担的工作任务为依据，及时记录公务员在德、能、勤、绩、廉方面的日常表现，突出考核工作实绩。各级机关将依据公务员平时考核内容，结合工作重点和实际情况，合理设置考核指标的标准和权重。考核指标由共性指标和个性指标构成，共性指标主要包括政治品质、职业道德、遵纪守法、廉洁自律、出勤情况等方面；个性指标主要包括完成工作数量、质量、效率以及所产生的效益和业务能力等方面。平时考核一按照确定考核指标、制订工作计划、个人工作纪实、领导审核评鉴、反馈考核意见、公示考核结果、汇总考核情况的程序进行。

该办法明确，平时考核是年度考核的基础，年度考核优秀等次人员应在平时考核结果较好的公务员中产生。平时考核结果作为年度考核的重要依据，所占比重应不低于年度考核的重要依据，所占比重应不低于年度考核的 50%。平时考核可与绩效目标奖励挂钩，按照绩效目标奖励的有关规定，结合实际制定本机关的具体奖励办法，合理拉开差距。对未开展平时考核工作的单位，公务员主管部门将核减年度考核优秀等次比例。

目前，贵州省确定了省公安厅、贵阳市政务服务中心等 22 个部门（单位）为公务员平时考核工作联系点，并立即启动公务员平时考核试点工作。通过建立联系点制度，着力研究解决考核评价指标、考核程序方法、考核结果应用等问题，并充分利用信息化手段和技术，探索建立信息化考核系统，总结和推广先进经验。2016 年 1 月起公务员平时考核工作将在贵州省全面推开，逐步实现全省覆盖。

请思考：

1. 请结合贵州省的具体做法，谈谈实施公务员平时考核的意义。
2. 公务员考核实行平时考核和定期考核相结合是怎样创新公务员考核制度的？

➢ 拓展阅读

方振邦．2014．公共部门人力资源管理．北京：中国人民大学出版社

刘厚金．2010．中外公务员制度概论．北京：北京大学出版社

全国人大．2005-08-05．中华人民共和国公务员法释义．http://www.npc.gov.cn/npc/flsyywd/ xingzheng/node_2189.htm.

① 《贵州省实行公务员平时考核办法》，《贵州日报》，2015 年 9 月 5 日。

舒放，王克良. 2014. 国家公务员制度. 第三版. 北京：中国人民大学出版社
孙柏瑛，祁光华. 2009. 公共部门人力资源开发与管理. 第2版. 北京：中国人民大学出版社
张再生，李祥生. 2012. 公共部门人力资源管理的理论与实践前沿问题探讨. 中国行政管理，9：79-82

公共财政

公共财政是行政管理学里一个极为特殊和重要的领域。说它特殊，是因为它是经济学的范畴，但又充斥着“政治”因素，也是行政管理学的重要范畴。形成这种特殊地位的原因很简单——任何行政组织的管理活动都离不开资金的支持，而行政管理的核心内容也与经济资源的配置有关。所以，公共财政能力决定着政府行政管理能力，建立与完善公共财政体制是当前公共部门，尤其是政府改革的重要内容。本章将在分析公共财政含义的基础上，着重介绍公共财政的几个重要主题，如公共预算、公共财政支出、公共财政收入，最后探讨我国公共财政体制改革问题。

第一节　公共财政概述

一、公共财政的含义

（一）公共财政的概念

财政一词来源于“public finance”的意译，“public finance”的本义是指政府提供公共产品或公共服务的分配活动，以及为满足社会公共需求的政府收支模式或财政运行模式。若用直译方法“public finance”又可译为“公共财政”，从这个翻译角度上讲，财政与公共财政没有实质的区别，只是翻译方式的不同，但由于英语中的“finance”有“财务”“财政”“金融”“资金”等多种意思，为了将以政府为主体的“财政”与“finance”的其他词义区分开来，根据财政为公众共同利益服务的本质特征，使用“public finance”更为准确。

由于市场经济要求的是公共财政，只有公共财政才能适应于、服务于并有利于市场经济的存在和发展，所以我们认为，公共财政就是政府为市场提供公共服务的分配活动或经济活动。公共财政以市场的基础性作用为基点，以市场失灵为前提，以弥补市场失灵、满足社会公共需要为目的，是建立在市场经济基础之上，并与市场经济体制的要求相适应的一种财政类型。

在理解公共财政这一概念时，我们需要把握如下几点。

（1）公共财政的分配主体是政府。政府是国家权力的组成部分，是社会经济的管理者，所以履行对财政收支进行的决策、管理、监督等职责时，具有强制性。

（2）公共财政的目的是弥补市场失灵，满足公共需求。公共财政以市场的基础作用为基点，但却是以市场失灵为前提，所以又具有补偿性。

（3）公共财政的分配对象主要是通过税收取得的国民收入，公共财政的支出主要是各项公共需要，因此具有明显的公共性。

（二）公共财政的基本特征

公共财政类型与其他的财政类型比较，具有公共性、公平性、公益性和法治性的特点。

（1）公共性是指公共财政以满足社会公共需求为职责范围，凡不属于或不能纳入社会公共需求领域的事项，公共财政原则上不介入。在市场经济条件下，市场在资源配置中发挥基础性的作用，而市场无法解决或解决不好的公共问题，公共财政原则上就必须介入。

（2）公平性是指政府必须实行一视同仁的财政政策，为社会成员和市场主体提供平等的财政条件。也就是说，不管社会经济主体的性别、种族、职业、出身、信仰、文化程度乃至国籍，也不论其经济性质如何，只要合法经营，依法纳税，政府在财政政策上都不应区别对待，不能针对不同的社会集团、阶层、个人及不同的经济成分，制定不同的财税法律与制度。

（3）公益性是指公共财政的收入和支出都应以满足社会需求和追求社会公共利益为宗旨，不能以营利为目标。若公共财政追逐利润目标，它就有可能凭借其特殊的政治权力凌驾于其他经济主体之上，就有可能运用自己的特权在具体经济活动中影响公平竞争，干扰经济的正常运行，破坏正常的市场经济秩序，财政资金也会因用于谋取项目利润而使公共需求领域投入不足。

（4）法治性是指政府的财政活动和行为都必须置于法律的根本约束之下，同时，只有通过法律的强制手段，才能确保政府的财政活动符合公众的根本利益，从而使财政体现出是社会公众的财政。

二、公共财政的职能

（一）公共财政的基本职能

公共财政具有资源配置、收入分配、调控经济和监督管理等职能。

资源配置职能，是指将一部分社会资源集中起来，形成财政收入，然后通过财政支出活动，由政府提供公共物品或服务，引导社会资金流向，弥补市场缺陷，从而优化全社会的资源配置。在社会主义市场经济中，市场这只“无形的手”在资源配置中发挥基础性作用，政府这只“有形的手”主要在市场“失灵”的领域发挥作用。作为政府履行职能的重要手段之一，财政不仅是一部分社会资源的直接分配者，也是全社会资源配置的调节者。这一特殊地位，决定了财政的资源配置职能既包括对用于满足社会公共需要资源的直接分配，又包括对全社会资源的间接调节。

收入分配职能，是指政府财政收支活动对各个社会成员收入在社会财富中所占份额施加影响，以公平收入分配。在政府对收入分配不加干预的情况下，一般会根据个人财产多少和对生产所做贡献大小等因素，将社会财富在社会各成员之间进行初次分配。这种市场化分配有利于提高效率，但容易造成社会成员间收入差距过大，从而需要政府对市场初次分配结果实施再分配调节，促进形成合理有序的收入分配格局，维护社会公平与正义。财政的收入分配职能主要通过税收调节、转移性支出（如社会保障支出、救济支出、补贴）等手段来实现。

调控经济职能，是指通过实施特定的财政政策，促进较高的就业水平、物价稳定和经济增长等目标的实现。政府根据宏观经济运行的不同状况，相机抉择采取相应的财政政策措施。当总需求小于总供给时，采用扩张性财政政策，增加财政支出和减少政府税收，扩大总需求，防止经济衰退；当总需求大于总供给时，采用紧缩性财政政策，减少财政支出和增加政府税收，抑制总需求，防止通货膨胀；在总供给和总需求基本平衡，但结构性矛盾比较突出时，实行趋于中性的财政政策。

监督管理职能。在财政的资源配置、收入分配和调控经济各项职能中，都隐含了监督管理职能。在市场经济条件下，由于利益主体的多元化、经济决策的分散性、市场竞争的自发性和排他性，都需要财政的监督和管理，以规范财经秩序、促进社会主义市场经济健康发展。我国是以公有制为基础的社会主义国家，必须保证政令统一，维护国家和人民的根本利益，这就更需要强化财政的监督管理职能。

（二）公共财政的内容

从公共财政的内容来看，其涉及的面很广泛，有公共预算、公共财政支出、公共财政收入、公共财政体制等。

（1）公共预算是指经过法定程序审核批准的具有法律效力的政府年度财政收支计划。公共预算是公共财政的核心部分，也是公共行政权力的制衡机制，它具体规定计划年度内国家财政收支指标及其平衡状况，反映政府活动的范围、方向和政策，是政府有计划地集中与分配资金，调节社会经济生活的主要财政手段与财政机制。

（2）公共财政支出是以国家为主体，以财政的事权为依据所进行的一种财政资金分配活动，集中反映了国家的职能活动范围及其所造成的耗费。公共财政支出按其性质可分为两大类，即购买性支出和转移性支出。

（3）公共财政收入是政府为履行公共职能，满足公共支出的需要，依据一定的权力原则，通过国家财政筹措的所有货币资金的总和。它是公共财政分配过程中的一个重要环节，主要由税收、公共收费、公债收入三大部分组成。

（4）公共财政体制是指国家如何组织、管理财政分配活动的基本制度。它是与市场经济发展相适应的一种财政体制和运行机制。公共财政体制有广义和狭义之分，广义的公共财政体制不仅涉及国家各级政府之间的财力分配关系，还涉及国家与企业、事业单位之间的财政分配关系。其中关于国家各级政府之间的财政关系的处理是它的核心。狭义的公共财政体制即公共预算管理体制，仅指财政体制的核心部分，即国家各级政府间财政关系的处理。

三、西方国家公共财政的产生与发展

公共财政运作是市场经济发展阶段时的产物，公共财政发展的过程其实也就是市场经济发展的过程。

（一）自由市场经济时期的公共财政理论

自由经济时期，政府充当“守夜人”的角色，所以公共财政主要是为了保证这个有限规模的政府能够正常运转，财政的公共性也仅局限于提供公共安全、法律秩序和国防等政治服务的狭窄范围内[①]。

---

① 许正中：《公共财政》，中共中央党校出版社，2003 年，第 15-16 页。

自由经济时期，各国政府执行自由放任的经济政策，反对国家干预。1776 年亚当·斯密（Adam Smith）发表了《国富论》(*The Wealth of Nations*)，他在书中以劳动价值论为基础，从支出、收入和公债三个方面讨论了财政，创立了财政学体系。19 世纪 80 年代，奥地利学者萨克斯（Sax）和意大利学者潘塔莱奥尼（Panteleoni）在边际效用价值论的基础上研究财政问题，成为西方公共财政理论的根本性革命。他们指出公共服务也是有价值的“公共产品”，政府提供公共产品是创造价值的活动，公共产品的供应可以与个人纳税建立起等价交换关系。按照这种效用价值观点，私人经济的效率原则也适用于公共经济，公共产品的生产和提供是社会经济的组成部分，是弥补市场缺陷的必然活动。

但是，在整个自由市场经济时期，整个社会经济活动都是在市场的自发作用下进行的，效率、公平和稳定等经济问题也大都是由市场机制解决的。

（二）垄断市场经济时期的公共财政

20 世纪初，世界资本主义进入垄断阶段。这个时期市场失灵的缺陷日益凸显，客观上要求政府力量介入市场。20 世纪 30 年代空前严重的经济危机爆发，宣告了自由放任的古典经济理论的破产，导致了政府对收入和财富的大规模再分配活动和对经济的大规模干预，公共财政的作用范围急剧扩张。凯恩斯主义（Keynesianism）经济学的诞生，使国家干预主义取代了自由主义经济政策，并使其成为经济学的主流。但这时国家对经济的干预和调节不是要取代市场的作用，而是为了在弥补市场缺陷的基础上，更充分地利用市场的功能和作用。

20 世纪 60 年代，随着宏观经济学和福利经济学的发展与成熟，财政学经历了一个从公共财政学到公共经济学的发展过程，研究范围得到了进一步的拓宽。与公共财政学相比，公共经济学不再是单纯地就财政论财政，而更加注重研究财政收支对经济的影响，在研究方法上也是全面采用了现代经济分析方法。不过，公共经济学仍然是围绕着财政而展开的，是对公共财政学的继承和发展。

（三）经济“滞胀”和公共财政

20 世纪 70 年代后期，西方经济进入“滞胀”时期，经济学家认为这是“政府失灵”的表现，在重新对公共财政理论进行探索和完善后，逐步形成了以弥补市场失灵和满足社会公共需要为基础的现代公共财政理论体系。

市场机制在很多领域的失灵使政府干预成为必然，但是 20 世纪 70 年代后期，西方国家经济停滞与通货膨胀并行，进入所谓“滞胀”时期，这说明政府干预本身也存在缺陷。以布坎南（James M. Buchanan）为代表的公共选择学派在完善了公共产品偏好显示及其最佳供应理论的同时，也研究了政府干预失灵的原因。他们认为，从财政职能的宏观效应上看，凯恩斯主义的实行造成了政府规模的迅速扩张，加之官僚政治倾向，使税收和支出的过度增长难以控制。此外，政府运行效率的低下，政府对公共产品分配权的垄断所导致的资源浪费也会加重财政负担。不过公共选择学派也不是完全否定政府干预，他们指出，问题是如何改进政府干预水平，以及促进政府干预与市场调节的协调配合。

从总体发展趋势而言，在市场经济不断发展和完善的过程中，市场经济国家普遍由传统自由放任到现代政府干预，且政府干预职能呈现不断增强的趋势，财政的职能也不断增强。现在国家市场经济的运行仍是建立在政府适当干预的基础之上的，政府职能对经济的渗透力也呈现不断增强的趋势。

第二节 公共预算

一、公共预算的含义

公共预算是指经过法定程序审核批准的具有法律效力的政府年度财政收支计划。

公共预算的编制主体只能是作为政权组织和社会经济管理者的政府，而且它必须由政府提交国家权力机关批准后方能生效与执行，所以公共预算也是国家的重要立法文件。公共预算具体规定预算年度内国家财政收支指标及其平衡状况，预算实际包括公共预算收入和公共预算支出。

公共预算本质上是分配稀有资源的活动，是政府调节社会经济生活的主要财政手段与财政机制。预算活动是国家活动的主要动脉，影响着政治权力与经济资源的分配。

二、公共预算的作用

在行政管理中，公共预算发挥着为政府筹资、理财和配置财务资源的重要作用，这些作用主要包括以下几点：

（1）筹措预算资源。公共预算是政府筹措财政资源的计划书，政府税收、公债等筹措资金方案，一般都会列入预算计划书中。

（2）从事资源配置。为达到现阶段施政目标，将预算资源在不同领域、行业、部门之间进行“合理、公正”的横向配置。同时，以资金转移支付形式提供不同层级间资金转移的纵向配置，以均衡全国各地方的财政。

（3）控制和监督预算资源的使用。公共预算的原始功能就是对公共支出的控制，而控制的目的是保证支出的合法性、确实性及与政府决策相吻合。同时，对公共支出的“控制”又是全过程的，即预算制度要求对于预算的使用状况给予定期检查，使其对预算资源的使用有效率。

（4）保证经济稳定发展。公共预算是政府调节经济的手段和工具，政府可以通过财政政策、货币政策、转移支付等工具性手段促进经济增长、控制通货膨胀、提高就业率，保证经济稳定发展。

三、编制公共预算的原则

编制公共预算的原则是指国家选择预算形式和体系应遵循的指导思想，也就是国家制订政府财政收支计划的方针。合法性、完整性、统一性、准确性、年度性、公开性是大多数国家在编制公共预算时都会遵循的基本原则。

（1）合法性原则。公共预算编制与调整必须遵守既有的法律法规的规定，预算编制完成后需经过权力机关审批后才能成为具有法律效力的文件。

（2）完整性原则。公共预算必须包含全部财政收支，完整地反映政府的全部预算活动。

（3）统一性原则。各级政府应编制统一的预算，按照统一科目、统一口径、统一程序加以测算和全额编制。

（4）准确性原则。每一收支项目的数字指标必须运用科学的方法，依据充分，资料确定，不得假定、估算，更不能任意编造。

（5）年度性原则。任何一个国家预算的编制和实现，都要有时间上的界定，即所谓预算年度。它是指预算收支的起讫的有效期限，通常为一年。

（6）公开性原则。公共预算反映政府的活动范围、方向和政策，与全体公民的切身利益息息相关，必须公之于众，让民众监督。

四、公共预算的模式

公共预算有多种分类方式，不同的分类方式可以形成不同的预算模式。

（一）总预算和单位预算

按收支管理范围分类，公共预算可分为总预算和单位预算。

总预算是各级政府的基本财政计划，它由各级政府的本级预算和下级政府总预算组成。

单位预算是政府预算的基本组成部分，是各级政府的直属机关就其本身及所属行政事业单位的年度经费收支所汇编的预算，是各级总预算构成的基本单位，在我国通常称为部门预算。

（二）单式预算和复式预算

按编制形式分类，公共预算可分为单式预算和复式预算。

单式预算是传统的预算编制形式，是将预算年度内政府所有财政收支编入一个统一的总预算内，不再区分各类预算收支的经济性质。它能从总体上反映政府的年度财政收支状况，便于了解公共财政收支的全貌，也便于立法机关的审议批准和社会公众监督。

复式预算是在单式预算的基础上发展演变而成的，是将预算年度内的全部收支，按照收入来源和支出性质的不同，分别编成两个或两个以上的预算形式。

目前，我国实行的是复式预算，包括一般公共预算、政府性基金预算、国有资本经营预算、社会保险基金预算等。

（三）基数预算和零基预算

按编制方法分类，公共预算可分为基数预算和零基预算。

基数预算也称为增量预算，是指以上一预算年度的收支为基数，综合考虑本预算年度内可能发生的财政收支变化，确定一个增减比例，用以测算有关收支指标并编制预算的方法，通常称为“基数+增长”预算编制方法。基数预算简便易行，但缺乏对实际收支需要的科学测算，主观随意性较大。

零基预算是指对所有的财政收支，完全不考虑以前的水平，重新以零为起点而编制的预算。零基预算强调一切从计划的起点开始，不受以前各期预算执行情况的干扰，尽可能找出更好的方法，使未来年度的预算一开始就建立在一个科学、合理的基础之上，避免不必要的浪费，但这种预算形式对工作人员的素质要求高，需要耗费大量的人力、物力和财力，编制难度较大。

目前，我国正在实行零基预算。

（四）绩效预算和项目预算

按投入项目能否直接反映其经济效果分类，公共预算可分为绩效预算和项目预算。

绩效预算是以项目的绩效为目的，根据成本–效益分析确定支出项目是否必要及其金额大小的预算形式。具体说就是有关部门先制订所要从事的事业计划和工程计划，再依据政府职责和施政计划选定执行实施方案，确定实施方案所需的支出费用所编制的预算。绩效预算是一种比较科学的预算方法。

项目预算是指只反映项目的用途和支出金额，而不考虑其支出经济效果的预算。

第三节 公共财政支出

一、公共财政支出的含义

公共财政支出是指以国家为主体，以财政的事权为依据所进行的一种财政资金分配活动。公共财政支出集中反映了国家的职能活动范围及其所造成的耗费。

从国家政权角度来看，公共财政支出是各级政府对社会提供公共产品的财政保证，反映了国家政策和政府活动的范围，同时又为后者所决定。

从财政运行角度来看，公共财政支出是财政分配的第二阶段，是把集中起来的财政资金进行再分配。

从宏观经济角度来看，公共财政支出是政府进行宏观经济调控的重要手段之一。公共财政支出可以影响社会总供求的均衡关系、就业和生产、物价水平和国民经济的增长状况。

从国民经济各部门的发展来看，财政支出对某些产业部门可以起到支撑和促进加速发展的作用，合理的财政支出结构是国民经济协调发展的调节器。

二、公共财政支出的内容

公共财政支出按其性质可分为两大类，即购买性支出和转移性支出。

1. 购买性支出

购买性支出是指政府遵循有偿原则，在市场上购买商品和劳务的支出，包括行政管理支出、国防支出、基础产业投资和农业投资等。

（1）行政管理支出是指政府为维持社会秩序和提供公共劳务而安排的支出。行政管理支出按用途内容可划分为行政支出、治安支出、国家安全支出、司法检察支出和外交支出；按最终用途性质则可分为人员经费与公用经费两部分。行政管理支出具有公共性、消费性、低收入弹性和连续性的特点。

（2）国防支出是指为满足全体社会成员安全需要的军费支出。国防支出按内容可划分为军队支出、后备役支出、国防科研事业费和防空经费等。国防支出虽然也具有公共性、消费性，但还具有需求的外生性和资本密集性。也就是说，国防支出的额度取决于国家安全环境这个外生变量。同时，国防属于资本密集型行业，即加强国防建设需要走精品之路。

（3）基础产业投资是指社会经济活动所依赖的基础设施与基础工业的投资。其中，基础设施包括各类交通设施、水利设施、通信设施及城市公用事业。基础工业主要指能源工业、基本原材料工业。基础产业与其他产业相比，具有基础性、自然垄断性、准公共性的特性。这些特性，尤其是其基础性使它成为国民经济和社会发展的先导部门，各国政府都在不同程度上采取不同方式对其进行干预，公共投资就是其中一种。

（4）农业投资是指对农、林、水利及气象服务业的基本建设和更新改造投资，以及在农业生产服务的科研、教育、科技推广等方面的资金投入。与国民经济的其他部门相比，农业的特殊性主要是由于农业生产是一个自然再生产和经济再生产交织的过程，所以农业是既有自然风险又有市场风险的弱质产业，需要国家给予扶助。

2. 转移性支出

转移性支出是指政府进行非市场性再分配，将钱款单方面转移给受领者的支出活动，它不直接体现为政府对社会资源和要素的需求和消耗。转移性支出形成的货币流，并不直接对市场提出购买要求，即不直接形成购买产品或劳务的活动。政府通过转移性支出，增加了支出受惠者的货币收入，在私人和企业间进行了收入再分配，从而成为政府实施社会公平政策的重要手段。特别是其中的济贫支出和社会保险支出等，能够自动地随着宏观经济运行状态而逆向变动，从而成为宏观经济运行的自动稳定器，是政府最重要的宏观经济政策运作手段之一。

转移性支出主要由社会保障支出和财政补贴支出等组成。

（1）社会保障支出是指国家和社会为帮助社会成员克服因非理性风险造成的物质生活困难，维持其基本生活条件，依法进行的国民收入再分配活动。社会保障支出作为国民收入再分配的一种形式，是通过社会保障制度实现的。社会保障一般包括社会救济、社会保险和社会福利三个层次。

（2）财政补贴支出是国家为了一定的政治经济目的，无偿地对经济组织和城乡居民所实施的财政补助支出。财政补贴属于国民收入的再分配，目的主要在于补偿外部经济，维持经济的正常运行。财政补贴按补贴对象可分为对企业的补贴和对个人的补贴；按补贴环节可分为生产环节补贴、流通环节补贴、消费环节补贴；按经济性质可分为生产补贴和生活补贴；按财政补贴的透明度可分为明补和暗补；按政策目的可分为价格补贴、职工生活补贴、企业亏损补贴、财政贴息、税收补贴等。国家实施财政补贴总是为了一定的政治经济目的，所以按政策目的分类是财政补贴最主要的分类方法①。

一般来说，在公共财政支出结构中，购买性支出比重越大，政府执行资源配置的功能就越强，而转移性支出的比重越大，政府执行收入再分配的功能就越强。

三、公共财政支出的规模与效益

（一）公共财政支出规模的衡量

公共财政支出规模是财政支出总量的货币表现，是国家实际运用的财政资源的数量状态，是衡量一个国家或地区财政活动规模的一个重要指标。

---

① 刘京焕、陈志勇、李景友：《财政学原理》，中国财政经济出版社，2005年，第132页。

财政支出规模的量度通常采用两大指标，即绝对指标和相对指标。绝对指标，即财政支出的绝对规模；相对指标，即财政支出占国民收入比重或国民生产总值的比重。为了便于对公共财政支出规模进行横向或纵向比较及动态分析，探求财政支出与国民经济其他变量之间的变动关系，国际上对公共财政支出规模进行分析时常采用相对指标，它们都反映了政府经济活动在整个国民经济中的相对重要性。

财政支出的根本目标是国家为实现其职能提供物质基础，因此，财政支出的规模与政府活动范围大小有密切的关系。政府的活动范围有不断扩大的趋势，表现为各国财政支出绝对额的增长，且财政支出的增长速度往往超过同期国民生产总值的增长速度，财政支出占国民生产总值或国民收入的比重也呈现出不断上升的趋势。

（二）公共财政支出效益的评价

效益就是在人们有目的的活动中“所费”与“所得”的关系。公共财政支出效益是指政府为满足社会公共需要而进行的资源配置活动与所取得的社会实际效益之间的比较关系，即财政资金的投入与产出的比率。提高公共财政支出效益，对生产性支出来说，就是公共部门要尽可能地降低社会成员的成本，取得盈利，即少投入、多产出；对非生产性支出来说，就是要“少花钱，多办事，把事办好”。提高公共财政支出效益是公共财政支出的核心问题。

由于公共财政支出的内容十分复杂，而且在支出性质上存在较大的差别，因此采用的评价方法也不相同。一般常用的评价方法有成本效益分析法、最低费用选择法和公共定价法。

（1）成本效益分析法就是在若干备选方案中，通过计算各个方案的成本-效益率，确定优先采用次序的方法。这种方法特别适用于对公共财政支出中有关投资性支出项目的分析。使用这个分析法需要正确归纳和计算成本与效益，还要考虑货币的时间价值[①]。

（2）最低费用选择法就是对备选方案进行经济分析时，只计算有形成本，并以成本最低为择优标准的方法。一般对于那些因不便归纳和计算，而不能运用成本效益分析法的财政支出项目，如军事、政治、文化、卫生等，就可以运用这种方法。最低费用选择法的操作步骤与成本效益分析法大致相同，由于免去了计算支出效益与无形成本的麻烦，所以用起来要相对容易许多。但要注意的是，许多公共财政支出项目都与政治因素及社会因素密切相关，如果仅仅以费用高低而不考虑其他因素来决定方案的取舍是不太妥当的。

（3）公共定价法是指政府通过为某些公共物品制定合理的价格或收费标准，来达到提高公共物品的使用效益的方法。需要运用公共定价的公共物品主要包括两类：一是自然垄断行业，如能源、通信、交通、煤、石油、原子能、钢铁等行业的产品与服务的价格；二是竞争性管制行业，如金融、农业、教育、保健等需要实行价格管制行业的价格。公共定价法与成本效益分析法和最低费用选择法的区别在于，它是通过政府定价保证财政支出效益，而不是对财政支出备选方案的选择。

在上述方法中，成本效益分析法在实践中为较多的发达国家所采用，其中有些国家还把成本效益分析法作为评价政府工程支出效果的基本方法，并以法律的形式确定下来。

---

① 武彦民：《财政学》，中国财政经济出版社，2004年，第102-103页。

第四节 公共财政收入

一、公共财政收入的定义

公共财政收入是政府为履行公共职能，满足公共支出的需要，依据一定的权力原则，通过国家财政筹措的所有货币资金活动的总和。

政府取得公共财政收入主要是凭借公共权力，包括政治管理权、公共资产所有或占有权、公共信用权等，其中政治管理权是核心。政府取得公共财政收入是为了履行公共职能。政府取得公共财政收入目的的公共性，反过来制约了公共财政收入活动自身。也就是说，由于公共财政收入的规模、构成、方式等，对社会利益分配关系、社会经济主体的行为选择、商品的供需结构及经济活动的总量等，都有重要的制约作用，所以，政府组织公共财政收入应当有确定的收入政策，以协调各方面的利益关系，界定公共需要的范围，促进资源的合理配置。

二、公共财政收入的内容

税收、公共收费和公债收入是公共财政最主要的收入内容。

（一）税收

税收是国家为实现其职能，以国家的政治管理权力为基础，依照法律预先规定的标准，强制、无偿地向经济组织和居民取得公共财政收入的一种手段，它是公共财政收入最主要的形式。

税收具有强制性、无偿性、固定性的特征，这是因为税收的征收形式、内容、额度等都是由国家法律规定的，由国家权力作为征收保障。

税收的要素包括纳税人（纳税主体）、课税对象（课税客体）和税率（应征税额与课税对象的比例）。一般来说，税率可分为比例税率、累进税率和定额税率三类。国家征税的目的是补偿其在提供公共物品中必要的人力、物力耗费，同时利用税收对国民经济活动的广泛影响引导资源配置与调节收入分配。

税收的作用主要有以下三个方面：第一，税收是公共产品供给的主要资金来源；第二，税收是最主要的财政调节手段，能促进资源的充分利用和经济结构的合理化，保持宏观经济的稳定和均衡发展；第三，税收是筹集国家经济建设资金的工具，尤其是在发展中国家，为了实现经济的快速发展，在民间资金积累不足和市场发育不健全的情况下，税收可以实现资金快速积累并转化为经济建设资金。

（二）公共收费

公共收费是政府通过提供特殊服务或规制某些经济行为而向相关主体收取的费用。公共收费是主要的非税收收入之一，也是各国通行的做法。

公共收费主要分为使用者费（user charges）和规费（fees）两种。使用者费是政府对特定服务或特许权收取的价格。水费、公立学校的学费、停车费、公共汽车车票费、公园门票费等都属于此类收费。规费是公共部门在履行社会经济管理职能过程中，提供特别行为或服务而收取的补偿费用，规费包括行政规费和司法规费。行政规费是行政机关收取的费用，如执照费、护照费、商品登记费等；司法规费是司法机关收取的费用，如诉讼费、执行费。

合理的公共收费不仅有助于补偿政府的资金耗费，而且有利于公共费用的合理负担，并促使公共资源的合理利用。公共收费与地方政府的活动有着密切的联系，因为公共收费是政府的一种准市场行为，而地方政府的服务供给与受益者的联系较直接，因此，可以较多地使用这一收入手段。

（三）公债收入

公债是国家以债务人身份在国内外发行债券或借款所发生的国家债务。

公债按发行地域，可分为内债与外债；按发行机构地位，可分为中央公债与地方公债；按偿还期限，可分为短期公债、中期公债和长期公债；按是否允许上市流通，可分为自由流通公债与非自由流通公债。

公债具有三大作用：一是增强政府宏观经济管理的能力。中央银行通过公债的卖出与买入能够直接调节货币流通总量，进而影响国民经济的各个方面。二是弥补赤字，维持政府收支平衡，包括长期平衡与短期平衡。三是为一定时期内特定公共投资项目筹集资金。

第五节 公共财政体制

一、公共财政体制概述

公共财政体制是指国家管理财政分配活动的组织机构及其相互关系的基本制度，包括政府间支出责任划分、收入划分和财政转移支付等基本要素。

公共财政体制有广义和狭义之分，广义的公共财政体制不仅涉及国家各级政府之间的财力分配关系，还涉及国家与企业、事业单位之间的财政分配关系。其中关于国家各级政府之间的财政关系的处理是它的核心。狭义的公共财政体制即公共预算管理体制，仅指财政体制的核心部分，即国家各级政府间财政关系的处理问题。本书中我们的研究对象是狭义的公共财政体制。

二、公共财政体制的类型

公共财政体制的实质是财权财力的集中与分散问题。在一般情况下，财权集中或分散的程度往往是由许多因素决定的，除了各级政府的事权或职责范围划分，还与一个国家的经济管理和经济运行模式有着紧密的联系。妥善处理好财权集中与分散关系是财政体制的核心问题。

（一）财政集权体制

财政集权体制是财政权力集中于中央的体制。它有显著的优点：第一，有利于配置全国性的公共产品。一般来说，对外溢性作用大且影响明显的公共产品来说，由中央政府负责提供是比较合适的；第二，便于解决收入再分配问题；第三，中央集权有利于经济的稳定；第四，中央政府有更高的征税效率。这是因为，一方面，中央政府在政治上具有较宽的管辖范围，从而有利于发现与税基有关的各种收入，致使税率的决定更适合各种税基；另一方面，由中央政府决定税率，可以减少因地方决定税率所带来的税率或税款的减免现象。

但是财政集权体制的缺点也是不可忽视的：第一，中央政府会成为各种矛盾冲突的中心。由于中央集权，其承担的来自社会各方面的财政压力也会相应增强，甚至会加剧中央与地方之间的裂痕。第二，集权可能导致决策过程的非理性化。由于集权者不可能全面掌握决策所需要的信息，往往会导致决策过程的随意性，滋生官僚主义。

一般而言，集权体制比较适用于落后和发展中国家，即有利于把有限的资源用于外部性较强的领域。也适用于政治不太稳定的国家，有利于中央对地方的控制，保持国家政权的稳定。

（二）财政分权体制

财政分权体制是中央与地方财权分权的体制。它的优点主要是：第一，有利于地方政府行使配置职能，提高地方政府公共物品的供给效率和责任感。第二，可以更好地满足地方居民的消费偏好。第三，财政分权可以促进地方政府的相互竞争，从而有助于提高政府工作效率。

财政分权也有缺点：第一，操作不当，会导致地方势力的兴起，形成“弱中央强地方”的局面。第二，各地财政能力不一，不利于解决收入再分配问题。

这种财政体制比较适用于市场经济发展相对充分的国家，也比较适用于民族文化差异比较大的国家，可以保证多民族的团结。

三、公共财政收支划分的原则

（一）公共财政收入划分的原则

公共财政收入的划分，即中央政府与地方政府税收责任的划分。中央政府与地方各级政府均有其各自的事权或职责范围划分，而要保证各级政府都能够充分实现职能，就需要保证各级政府都能够拥有履行事权的财政资源，即我们通常所说的财权。因此，各级政府需要在事权划分的基础上进行财权的划分。在划分中央与地方之间的公共财政收入权时，须遵循效率原则、适应原则、恰当原则和经济利益原则。

1. 效率原则

效率原则就是以征税效率高低为划分的标准。这是从征收方来说的。例如，所得税的征收对象为各类所得，但是所得税的纳税人和征税对象都具有流动性，如果由地方政府来征收所得税，由于税收管辖权的不同，势必给税收征管带来困难，造成税收征收上的低效率，并且纳税人也容易偷税漏税，如果由中央政府征税，税收的征管就更有效率。又如，财产税，由于其税源分散，核查困难，如果由中央政府进行征收，因为中央政府对地方情况不熟悉，需要耗费大量的人力、物力和财力进行核查，这显然不符合税收征管的效率原则，所以财产税一般由地方征收。

2. 适应原则

适应原则就是以税基广狭为划分标准。税基广的税种归中央政府征收，税基狭的税种由地方政府征收。印花税、个人所得税等税种税基广泛，应由中央政府征收；房产税的税基在于房屋所在区域，较为狭窄，应由地方政府征收。

3. 恰当原则

恰当原则就是以税负分配公平为划分标准。例如，所得税在西方国家是为了使全国居民公平负担租税而设立的，如果这种税由地方政府来征收，就难以达到上述目标，所以所得税应为中央税。

4. 经济利益原则

经济利益原则就是以税收的调控能力为划分标准。适于中央政府征收的应是那些税源广泛、对宏观经济调控能力较强、具有公平税负和再分配性质的税种，而其他的税种应该划分为地方税或共享税。例如，所得税，因为其具有较强的宏观调控能力，如果由地方征收，国家利用所得税调控经济的能力必将削弱。又如，营业税的宏观调控能力较弱，所以通常由地方政府进行征收。

（二）公共财政支出划分的原则

公共财政支出的划分，即中央政府与地方政府支出责任的划分。公共财政支出的划分，对于各级政府职能的实现，同公共财政收入的划分，具有同等重要的意义。公共财政支出的划分能在多大程度上满足各级政府职能的需要，与其事权相对称，不仅取决于各级财政所拥有财政资源的多少，而且还取决于它们在使用这些财政资源时的自主程度。在划分中央与地方之间的公共财政支出责任时，需遵循区域原则、受益原则和效率原则。

1. 区域原则

区域原则，即根据公共产品的区域性特征来划分公共财政支出责任。将没有区域性特征的全国性公共产品的供给权划归中央，将具有区域性特征的地区性公共产品的供给权划归地方，并在此基础上明确中央政府与地方政府各自的公共财政支出范围。

2. 受益原则

受益原则，即根据公共产品的受益范围来划分政府的公共财政支出责任。将那些在全国范围内受益的公共财政支出权划归中央，受益范围有区域特征的公共财政支出权划归地方；那些受益区域交叉的公共财政支出权，则由相关地区政府协商或中央政府出面协调，由受益地区共同承担。

3. 效率原则

效率原则，即根据公共产品的配置效率来划分政府的公共财政支出责任。也就是要将适宜中央政府提供的公共产品划为中央政府的事权，将适宜地方政府提供的公共产品划为地方政府的事权。在这里，效率原则主要有两方面的要求：一是公共财政支出的划分必须有利于经济效率的提高；二是公共财政支出的划分必须有利于提高政府社会管理的行政效率。

四、中国财政体制

我国目前实行财政分权体制，即分税制。在这种体制下，各级财政的支出范围按照中央与地方政府的事权划分，中央财政主要承担国家安全、外资和中央国家机关所需经费，还要承担调整国民经济结构、协调地区发展、宏观调控所需的支出，以及由中央直接管理的事业发展支出。地方财政主要承担本地区政权机关运转所需支出，以及本地区经济、社会事业发展所需支出。这一财政体制的形成经历了相当长的过程。

（一）“统收统支”财政体制：1950～1979 年

新中国成立初期，国内形势严峻，经济恢复和建设任务艰巨。中央政府为了在短时间内遏制住恶性通货膨胀、平衡财政收支，便采取了高度集中的“统收统支”的财政体制。具体做法是国家财政政策、法令、收支项目、范围、标准、办法等都由中央统一制定，地方组织的一切收入全部逐级上缴中央，地方所需支出由中央逐级拨款，年终地方结余资金全部交还中央，国家的财政管理和财力支配权全部集中在中央。“统收统支”财政体制是在特殊历史背景下实行的暂行体制。

改革开放以前，1953~1978 年的 20 多年时间内，我国一直实行中央统一领导下的分级管理体制，这种体制的主要特征是：第一，在中央统一政策、统一计划和统一制度的前提下，按国家行政区划划分预算级次，实行分级管理，原则上是一级政权、一级预算，但地方预算的收支支配权和管理权相对较小，并不构成一级独立的预算主体。第二，按中央政府和地方政府职责分工以及企事业和行政单位的隶属关系确定各级预算的支出范围。第三，主要税种的立法权、税率调整权和减免权集中于中央，并由中央确定地方的收入指标；全部收入分为固定收入和比例分成收入，由地方统一组织征收，分别入库。第四，地方预算的收支平衡，从总量上讲，基本上是以支定收，节余可以留用；从结构上讲，基本上是中央下达指标，地方无权调剂。第五，财政体制不是长期相对稳定。

总的来说，这一阶段财政体制的基本特征是集中与计划，并且是与计划经济体制相适应的。

（二）“分灶吃饭”财政体制：1980～1993 年

1979 年年底，国家进入改革开放的新时期。改革初期实行的下放权力措施也反映在财政体制方面。1980 年，首先实行“分灶吃饭”的财政改革。这项改革的目的是扩大地方财政收支规模，加强地方责任，调动地方的积极性。改革的主要做法是“划分收支、分级包干”：①划分收支就是按照企事业的隶属关系，明确划分中央预算和地方预算的收支范围。将国家预算收入划分为中央固定收入、地方固定收入、中央对地方的调剂收入、固定比例分成收入四种。预算支出的划分则基本上按照企业、事业的隶属关系来确定。②分级包干就是按照划分的收支范围，给地方财政确定一个收入和支出的包干基数实行包干。包干比例或上缴、补助数额一定几年不变。伴随着“利改税”的推进，企业上缴国家的利润改为以所得税、调节税的形式上缴，国家与企业之间的财政分配形式已经发生了很大变化，各级财政收入分割也有了新的基础。实行“分灶吃饭”的财政改革，打破了长期以来的财政中央集权的格局，进一步确立了地方政府作为公共财政管理重要主体的重要地位，也壮大了地方财政的规模，调动了地方的积极性。然而，这种财政体制又不可避免地导致中央财政收入的下降。

从 1985 年起，根据十二届三中全会《关于经济体制改革决定》的精神，国务院决定实行“划分税种，核定收支、分级包干”的财政体制改革。这次改革的缘起为为了解决由“分灶吃饭”引起的中央财力下降的负面影响，这项改革确定了中央与地方在公共收入上的分配比例，稳定了中央财政收入。

这个财政体制体现了市场经济下处理政府间财政关系的分税制方向，打破了传统体制按企业隶属关系划分收入的陈规，也是明确各级政府职责，转变政府职能，探索以规范方式处理中央与地方财政关系的有益尝试。但是这项改革仍然没有彻底摆脱包干制的影响，在实践中没有取得预期成效，甚至导致中央财政收入连续下降，中央财政赤字增加，运转困难。

（三）“分税制”财政体制：1994 年至今

1994 年我国推行“分税制”改革。分税制是为了解决前一阶段财政改革出现的各种问题，但其实质是按照建设社会主义市场经济的要求，对公共收入管理做出的历史性调整。分税制是根据中央政府与地方政府的事权确定其相应的财权，将国家的全部税种在中央与地方政府之间进行划分，以此确定中央财政和地方财政的收入范围，以此形成中央与地方的收入体系。所以这项改革对于我国公共财政体制的建立具有极其重要的推动作用。

分税制财政体制改革主要内容有以下四个方面。

1．中央与地方事权和支出的划分

中央财政主要承担国家安全、外交和中央国家机关运转所需经费，调整国民经济结构、协调地区发展、实施宏观调控所必需的支出，以及由中央直接管理的事业发展支出。地方财政主要承担本地区政权机关运转所需支出，以及本地区经济、事业发展所需支出。

2．中央与地方收入的划分

根据事权与财权相结合的原则，按税种划分中央与地方的收入。将维护国家权益、实施宏观调控所必需的税种划为中央税；将同经济发展直接相关的主要税种划为中央与地方共享税；将适合地方征管的税种划为地方税，并充实地方税税种，增加地方税收收入。

3．中央财政对地方税收返还

为了保持现有地方既得利益格局，逐步达到改革的目标，中央财政对地方税收返还数额以 1993 年为基期年核定。按照 1993 年地方实际收入以及税制改革和中央与地方收入划分情况，核定 1993 年中央从地方净上划的收入数额（即消费税+75%的增值税−中央下划收入）。1993 年中央净上划收入，全额返还地方，保证现有地方既得财力，并以此作为以后中央对地方税收返还基数。1994 年以后，税收返还额在 1993 年基数上逐年递增，递增率按全国增值税和消费税的平均增长率的 1∶0.3 系数确定，即上述两税全国平均每增长 1%，中央财政对地方的税收返还增长 0.3%。若 1994 年以后中央净上划收入达不到 1993 年基数，则相应扣减税收返还数额。

4．原体制中央补助、地方上解及有关结算事项的处理

为顺利推行分税制改革，1994 年实行分税制以后，原体制的分配格局暂时不变，过渡一段时间再逐步规范化。原体制中央对地方的补助继续按规定补助。原体制地方上解仍按不同体制类型执行。

分税制财政体制规范了中央与地方分配关系，调动了地方理财、增收的积极性，提高了中央财政宏观调控能力，实现了从传统财政体制向适应市场经济发展的财政体制转型。

五、中国公共财政体制发展趋势

当前，我国的公共财政体制已经基本建立，但是在各方面仍然存在一些问题：第一，各级政府的事权范围和各级预算主体的支出职责尚缺乏科学合理的界定；第二，财权与收入的划分不够科学合理；第三，公共财政管理的法律制度不完善；第四，预算管理与经济社会的发展有一定矛盾。

针对上述存在的问题，我们需要进一步做好以下几个方面的工作：

（1）进一步明确各级政府的事权范围和各级财政主体的支出职责。这就需要根据政府职能的转换对财政职责范围重新进行界定。同时，在明确财政职责范围的前提下，重新划分中央与地方的支出职责。在我国的财政支出中，投资支出的比重相对较大，而投资支出职责的划分是事权划分和支出职责划分的关键，主要是要明确各级政府的投资方向和重点。

（2）调整税收划分与税收管理权限。按照政府职能分工层次标准和公共产品受益范围标准，将涉及全国范围的宏观经济稳定、收入分配公平的税种及税基分布不均匀的税种划给中央政府；将涉及地方性的、便于地方管理的、受经济周期影响较小的税种划给地方政府，实行以分税分率制为特征的彻底的分税制，将税种划分为中央和地方税，尽可能地减少共享税。在税收立法权和管理权方面，应适当下放权限，以体现集权为主、分权为辅的指导思想，给地方以一定的本级税收立法权和管理权。

（3）建立科学合理的政府间转移支付制度。优化转移支付结构，完善一般性转移支付制度，从严控制专项转移支付，规范专项转移支付分配和使用，逐步取消竞争性领域专项转移支付，强化转移支付预算管理。

（4）提高地方财政的运行质量。地方政府要加强对财政资金使用的管理与监督，控制支出的方向，优化支出结构；还要完善上级财政部门对下级的财政监督机制，建立一整套财政支出效益的考核指标，逐步实现财政由供给型向效益型的转变；另外，要在完善税制和税外收费逐步清理的基础上，规范政府收入分配机制。

➢ 本章小结

公共财政就是政府为市场提供公共服务的分配活动或经济活动。公共财政类型与其他的财政类型比较具有公共性、公平性、公益性和法治性的特点。公共财政具有资源配置、收入分配、调控经济和监督管理四项基本职能。从公共财政的内容来看，其涉及面很广泛，有公共预算、公共财政支出、公共财政收入、公共财政体制等。

公共预算是由政府编制，经立法机关审批，反映预算年度内公共收支状况的计划。在行政管理中，公共预算发挥着为政府筹资、理财和配置财务资源的重要作用。合法性、完整性、统一性、准确性、年度性、公开性是大多数国家在编制公共预算时都会遵循的基本原则。

公共预算有多种分类方式，不同的分类方式可以形成不同的预算模式。按收支管理范围分类，公共预算可分为总预算和单位预算；按编制形式分类，公共预算可分为单式预算和复式预算；按编制方法分类，政府预算可分为增量预算和零基预算；按投入项目能否直接反映其经济效果分类，政府预算可分为绩效预算和项目预算。

公共财政支出是指以国家为主体，以财政的事权为依据所进行的一种财政资金分配活动。公共财政支出按其性质可分购买性支出和转移性支出两大类。

公共财政收入是政府为履行公共职能，满足公共支出的需要，依据一定的权力原则，通过国家财政筹措的所有货币资金活动的总和。财政收入主要由税收、公共收费、公债收入三大部分组成。

公共财政体制的实质是财权财力的集中与分散问题，所以妥善处理好财权集中与分散关系是财政体制的核心问题。我国财政体制改革的沿革，实质就是以财权财力的集中与分散问题为核心开展的。改革开放以前，我国一直实行中央统一领导下的分级管理体制。改革开放以来我们经过“分灶吃饭”“分税制”，最后建立了现代公共财政体制。

➢ 关键术语

公共财政；公共预算；公共财政支出；公共财政收入；公共财政体制，分税制

➢ 思考题

1. 什么是公共财政？
2. 公共财政的基本特征是什么？
3. 公共预算的作用有哪些？
4. 公共财政支出划分的原则有哪些？
5. 公共财政收入划分的原则有哪些？
6. 什么是分税制？为什么实行分税制？
7. 试论述我国公共财政体制的发展趋势。

➢ 案例

楼继伟：明晰事权才能界定支出责任①

“目前，中国中央地方政府事权和支出责任划分不明晰、不规范，制约了市场统一、司法公正和基本公共服务均等化。”财政部部长楼继伟在十八届三中全会决定辅导读本中指出。与世界上的经济大国相比，中国中央政府直接支出比重明显偏低，应由中央行使的事权过多下放由地方管理。这种格局不仅容易造成资金分配“跑部钱进”和“撒胡椒面”现象，而且容易造成中央部门通过资金安排不适当干预地方事权，影响地方的自主性和积极性，甚至影响市场的统一、公开。

楼继伟表示，合理划分中央地方事权和支出责任，包括以下四方面内容：

一是适度加强中央事权。将国防、外交、国家安全等关系全国政令统一、维护统一市场、促进区域协调、确保国家各领域安全的重大事务，集中到中央，减少委托事务，以加强国家的统一管理，提高全国的公共服务能力和水平。

二是明确中央与地方共同事权。将具有地域管理信息优势但对其他区域影响较大的公共产品和服务，如社会保障、跨区域重大项目建设维护等作为中央与地方共同事权，由中央和地方共同承担。

三是区域性公共服务为地方事权。将地域信息性强、外部性弱并主要与当地居民有关的事务放给地方，调动和发挥各级地方政府的积极性，更好地满足区域公共服务的需要。

四是调整中央和地方的支出责任。中央可以通过安排转移支付将部分事权的支出责任委托给地方承担。根据事权和支出责任，在法规明确规定前提下，中央对财力困难的地区进行一般性转移支付，省级政府也要相应承担起均衡区域内财力差距的责任，建立健全省以下转移支付制度。

---

① 张静：《楼继伟：明晰事权才能界定支出责任》，http://economy.caixin.com/2013-11-21/ 100607876.html，2013 年 11 月 21 日。

财政部部长楼继伟在第十二届全国人大常委会第十八次会议举行联组会议上表示，2015 年起草了关于推进中央与地方事权和支出责任划分改革的指导意见，提出了事权和支出责任划分改革的时间表和路线图，准备 2016 年率先启动国防、国家安全、外交、公共安全等领域的改革，2017 年和 2018 年扩大到其他相关领域，2019~2020 年基本上完成主要领域改革。对于梳理后需要上升为法律法规的内容，适时提升为法律。

请思考：

1．公共财政支出的主要方式和方向有哪些？支出责任划分的主要领域有哪些？

2．试分析事权划分与支出责任划分对中央与地方关系的影响。

➢ 拓展阅读

高培勇. 2015. 1994 年的财税改革：20 年进程评估与未来 10 年展望. 北京：中国财政经济出版社

贾康. 2015. 中国税改路线图：大趋势、国际经验与制度设计. 上海：立信会计出版社

楼继伟. 2014. 深化财税体制改革　建立现代财政制度. 求是,（20）：24-27

马骏. 2011. 治国与理财：公共预算与国家建设. 北京：生活・读书・新知三联书店

吴俊培. 2012. 中国地方政府预算改革研究. 北京：中国财政经济出版社

谢旭人. 2008. 中国财政改革三十年. 北京：中国财政经济出版社

第七章

行 政 法 治

依法行政是各国行政管理实践的基本原则。行政法治由行政立法、行政执法、行政救济三个基本环节组成，所以比依法行政的含义更广。就公务员履行职责而言，我们强调要依法行政，实际一般不会包括行政立法和行政救济。但是从研究行政管理的整体角度看，必须要研究行政法治，即要研究行政法治的内涵及原则，研究行政立法的基本原则和程序，研究行政执法的基本形式和要件；研究行政救济的主要形式。

第一节　行政法治概述

一、行政法治的内涵

法治（the rule of law）就是法律的统治。对于法治的含义，古希腊思想家亚里士多德有着精辟的论述，他说："法治应包括两重意义：已成立的法律获得普遍的服从，而大家所服从的法律又应该本身是制定的良好的法律。"[①]随着时代的发展，人们不断丰富着法治的内涵。在现代，治理一个国家、一个社会，关键是要立规矩、讲规矩、守规矩。法律是治国理政最大、最重要的规矩。"法治"不仅是一个内涵丰富的概念，也是一种价值取向明显的意识形态：第一，"法治"是一个表征治国方略或社会调控方式的概念。在这种意义上，法治与人治相对。第二，"法治"是一个表征活动的概念。在此意义上，法治的核心是依法办事。第三，"法治"是一个表征状态的概念。无论是作为治国方略，还是作为依法办事的原则，法治最终要表现为一种法律秩序。第四，"法治"是一个表征价值的概念。法治是有特定价值基础和价值目标的法律秩序。法治不是单纯的法律秩序，不是任何一种法律秩序都称得上法治状态。第五，"法治"是一个融汇多重意义的综合观念，是民主、自由、平等、人权、理性、文明、秩序、效益与合法性的完美结合[②]。

行政法治（administrative rule by law）是指行政机关的活动都要受到法律的控制。行政法治是法治在行政领域的具体化，行政法治是法治国家各方面基本制度中的重要组成部分。行政法治思想是法治思想的组成部分，它是根据法治的"普遍服从良法"的精神而形成的原则和原理，也就是指政府行为受到正义之法的约束。在国家制度中根据行政法治的原则和原理而形成的制度就是行政法治的制度。行政法治无论作为一种政治思想还是作为一种制度实践，

---

① 亚里士多德：《政治学》，吴寿彭译，商务印书馆，1997 年，第 199 页。

② 张文显：《二十世纪西方法哲学思潮研究》，法律出版社，1996 年，第 629-632 页。

它是法治的组成部分，也是法治的主要部分[①]。行政法治经常被等同于依法行政（administration by law），但二者之间还是存在着细微的差别，与依法行政仅仅要求行政机关对法律的服从不同，行政法治还有着更丰富的内涵：

第一，行政权的运作受法的控制。“法”是行政权力运行的依据，在“行政权力”与“法”的关系上，是“法”大于“权”，无“法律”即无行政。

第二，行政所依之法为良法（good law）。行政机关和行政人员在行政活动中所依之法必须是良法[②]。否则，行政活动将会侵害公民的合法权益。制定良好的行政法律规范是行政法治的基础。

第三，严格执法。执法是将行政法律规范在行政活动中贯彻落实的过程。它意味着行政活动严格按照法律规定而展开，行政权力的行使应以法律为依据。强调法律优先、法律优越或法律至上。

第四，重视价值的多元性，关注各种利益和价值的平衡。在任何社会中，价值、利益的多元化应是一种常态。法治作为民主、自由、平等、人权、理性、文明、秩序、效益与合法性的完美结合，必然要求重视价值的多元性，关注各种利益和价值的平衡，从而促进社会的和谐。

二、行政法治的基本环节

行政法治作为一种理想的秩序状态，它的实现需要以完善的制度体系作为依托。行政法治由行政立法（administrative legislation）、行政执法（administrative law enforcement）、行政救济（administrative remedy）三个基本的环节组成。

（1）行政立法，即制定行政法律、法规和规章。行政立法解决“有法可依”的问题。行政法治的核心是规范行政权力的行使，其中，行政立法权是规范的重点之一。在我国，行政立法在国家法律体系中扮演着重要角色。作为行政立法的产物，行政法规、行政规章在国家的行政管理活动中具有十分重要的地位，是行政执法的重要依据之一。在党的十八届四中全会上重点强调，要加强和改进政府立法制度建设，完善行政法规、规章制定程序，完善公众参与政府立法机制。如果没有完善的行政立法体系来保证行政立法的产物是良法，那么实现行政法治就必将成为空谈。

（2）行政执法，即将行政立法确立的法律、规范等适用于行政活动的实践。在解决有法可依的问题之后，还需要解决“法的执行”问题。行政执法解决法的实施问题，即将立法确立的准则、规范、基准、规则适用于人们的实际社会生活，适用于实际的社会关系调整，使法律文本的规定在人们的实际行为中得到遵守、执行，在各种相应社会关系的发生、进行、变更和消灭的过程中得到贯彻、实现[③]。没有规范的行政执法行为，那么良好的法治秩序状态也就无从实现。因而，行政执法就成为行政法治必不可少的一个环节。

（3）行政救济，即对行政执法行为所造成的侵害予以法律上的补救。“有权利（力）必有救济”“有侵害必有保护”。现代法治要求必须对执法行为所造成的侵害予以法律上的补救，即“法律救济”。没有完善的行政救济体系，不仅违法的行政执法行为所造成的侵害无法予以

① 孙笑侠：《法律对行政的控制——现代行政法的法理解释》，山东人民出版社，1999年，第222页。
② 良法，即符合法律的基本原则、价值的法，是正义的法，而非不正义的、邪恶的法。
③ 姜明安：《行政执法研究》，北京大学出版社，2004年，第15-16页。

消除，而且公民、法人或其他组织的合法权益也无法得到保护，良好的法律秩序也就无从实现。因而，完善的行政救济体系是实现行政法治所必不可少的又一基本环节。

三、行政法治的基本原则

行政法治的基本原则是指贯穿于行政法治的始终，反映行政法治的内涵，指导行政法治活动实践的基本准则[①]。它是普遍适用于行政权力关系的准则，指导行政权力、获得行使及其监督的全过程。行政法治的基本原则由行政法定（legally prescribed administration）、行政均衡（proportional administration）和行政正当（administrative justice）三项原则组成。

（一）行政法定原则

行政法定原则，即“法无明文规定不得任意行政”。也有学者将之称为“行政合法性原则”，但“合法性原则”的称谓过于笼统和宽泛，因而，本书采用“行政法定”的概念，具体包括职权法定（legally prescribed functions and powers）、法律优先（law priority）、法律保留（law reservation）等内容。

（1）职权法定是指任何行政职权的来源与作用都必须具有明确的法定依据，否则越权无效，还要受到法律追究，承担法律责任[②]。也就是说，行政职权法定是“公共权力法定”这一原则在行政领域的具体化。在现代法治社会中，行政权力和公民权利的运行规则有着显著的区别。对于公民而言，“法无明文禁止即许可”，只要法律没有明文禁止就意味着公民有权行使，即其活动无须法律的明文授权。但对行政机关而言，“法无明文规定不可为”，行政机关必须在法律规定的职权范围内活动，非经法律授权不得行使其职权。

（2）法律优先是指法律对于行政法规和行政规章具有优越地位。就实质而言，法律优先强调的是法律的位阶体系。所谓法律位阶，是指“一部法律在一个国家法律体系中的纵向地位”[③]。在现代法治国家的法律体系中，存在着多层次的法律规范，如在我国就存在着法律、行政法规、地方性法规、行政规章等多层次的法律规范。法律优先强调的是行政机关的立法行为所制定的法律规范不得与法律相抵触，否则无效；而且在法律尚未规定，其他法律规范做了规定时，一旦法律就此事项做出规定，法律优先，其他法律规范必须服从法律。这是立法权高于行政权，行政从属于法律的体现。

（3）法律保留是指凡属宪法、法律规定只能由法律规定的事项，则只能由法律规定，或者必须在法律有明确授权的情况下，才能由行政机关做出规定[④]。法律保留原则严格区分国家立法权与行政立法权，是法治在行政立法领域的必然要求，其根本目的在于保证国家立法的至上性，划定立法机关与行政机关在创制规范方面的权限秩序。法律保留保障了法律规范位阶的有序性，防止了行政立法权的自我膨胀，对于公民权益的保护具有重要意义。法律保留在我国的多部法律中均有体现，如《中华人民共和国行政处罚法》第 9 条第 2 款就明确规定了限制人身自由的行政处罚只能由法律设定。

---

① 杨寅：《公共行政学》，第三版，北京大学出版社，2013 年，第 255 页。
② 周佑勇：《行政法原论》，第 2 版，中国方正出版社，2005 年，第 67 页。
③ 张根大：《法律效力论》，法律出版社，1999 年，第 168 页。
④ 周佑勇：《行政法基本原则研究》，武汉大学出版社，2005 年，第 187-188 页。

（二）行政均衡原则

行政均衡原则，又称为“行政合理性原则”，就是要求行政机关在做出行政行为时应当权衡各种利益关系，从而实现实体内容的“均衡合理”，体现“实质正义”。行政均衡原则主要是针对行政机关的行政裁量行为而言的。为了应对现实情况的复杂性，法律赋予了行政机关在某些活动中可以选择的权力，即行政裁量权。但是，行政裁量权的行使不是任意的，而必须受到一定的限制。行政均衡原则包括三项子原则，即平等对待（fair play）、禁止过度（prohibiting excessiveness）和信赖保护（confidence protecting）。

（1）平等对待是作为宪法原则的“平等原则”在行政领域的具体化。平等对待原则是行政机关在针对多个行政相对人实施行政执法时所应遵循的原则，具体包括以下两种情形：一是同等情况同等对待，要求行政机关在同时面对行政相对人时应一视同仁，在先后面对多个行政相对人时应前后一致，不能反复无常；二是不同情况不同对待，不能不区分具体情况而搞一刀切。

（2）禁止过度原则，即要求行政机关在限制个人利益的手段与实现公共利益的目的之间进行权衡，以选择一种既为实现公共利益所绝对必要，也为相对人利益限制或损害最少的手段①。禁止过度原则要求行政主体在面对多种适合达成行政目的的手段可供选择时，应选择对相对人利益限制或损害最少的手段。此外，禁止过度原则还要求行政机关在行使权力前，必须将其对相对人所可能造成的损害与达成行政目的所可能获得的利益之间进行权衡，只有在后者重于前者时才能施行。

（3）信赖保护原则，是指当行政相对人对行政行为形成值得保护的信赖时，行政机关不得随意撤销或者废止该行为，否则必须合理补偿行政相对人信赖该行为有效存续而获得的利益②。例如，《中华人民共和国行政许可法》第 8 条规定，行政机关不得擅自改变已经生效的行政许可。当所依据的法律、法规、规章修改或者废止，或者准予行政许可所依据的客观情况发生重大变化时，为了公共利益的需要，行政机关可以依法变更或者撤回已经生效的行政许可。但由此给公民、法人或者其他组织造成财产损失的，行政机关应当依法给予补偿。

（三）行政正当原则

与行政均衡原则是从实体方面规范行政裁量不同，行政正当原则是从程序方面控制行政裁量。行政正当原则的基本含义在于行政权力的运行必须符合最低限度的程序公正标准，具体包括避免偏私（avoiding bias）、行政参与（administrative participation）和行政公开（administrative openness）三项内容。

（1）避免偏私原则，是指行政机关在行政程序过程中应在参与者各方间保持一种超然和不偏不倚的地位，不得受各种利益或偏私的影响。其实质是要求行政机关在行政活动中保持中立性，使当事人受到同等的对待。避免偏私原则，不仅要求行政机关在行政执法中实际上没有偏私的存在，而且在外观上也不能让人们有理由怀疑可能有偏私存在。与该原则相对应，要求完善一系列制度来保证公正的实现，如回避制度、禁止单方面接触制度、职能分离制度等。

（2）行政参与原则，是指受行政权力运行结果影响的利害关系人有权参与行政权力的运行过程，表达自己的意见，并对行政权力运行结果的形成发挥有效作用。参与原则是现代社

---

① 周佑勇：《行政法原论》，第 2 版，中国方正出版社，2005 年，第 74 页。
② 周佑勇：《行政法原论》，第 2 版，中国方正出版社，2005 年，第 75-76 页。

会中民主参与理论发达的产物。而行政参与，即公民直接参与行政权的运行过程，正是直接民主制的重要体现。

（3）行政公开原则，是指行政机关在行使行政权力的过程中，应当依法将行政权力运行的依据、过程和结果向行政相对人和社会公众公开，以使其知悉。行政公开是现代民主政治的题中应有之意，其目的在于满足公民的知情权，实现公民对行政的参与和监督，以达到强化民主政治、防止行政腐败之功效①。按照现代法治的基本要求，行政公开的内容应当是全方位的，不仅行政权力的运行过程应当公开，而且行政机关自身的情况也应当公开。

第二节 行政立法

一、行政立法概述

行政立法是行政机关根据法定权限并按法定程序制定和发布行政法规和行政规章的活动②。在现代社会，行政立法是随着政府职能的扩张而出现的。在近代一些西方国家，主张“三权分离”和信奉“议会主权”，立法权被认为专属于议会。但随着社会事务的日益复杂，政府的职能也随之扩张。而议会又难以应付一些高度专业化、技术含量较高的领域的立法事务，因而不得不授权或委托行政机关制定一些具体规则，行政立法也逐渐被接受。在我国，除行政法规和行政规章之外，行政机关还制定和颁布大量的法律规范性文件，这类规范性文件通常以“通知”“通告”等形式出现。这类规范性文件，不属于“行政立法”的范围，但有些同样具有规范行政相对人的作用。

我国的行政立法具有以下几个方面的特征：

第一，行政立法的主体是行政机关。在我国，行政立法的主体是行政机关，而非立法机关或司法机关。在我国，能够进行行政立法的机关只有国务院及其主管部门，以及省、自治区、直辖市和较大市的人民政府。

第二，行政立法必须依法进行。首先，行政立法的主体是法定的。其次，行政立法权限是法定的。对此，《宪法》和《中华人民共和国立法法》（以下简称《立法法》）做了明确的规定。最后，行政立法的程序也是法定的。行政立法的程序和一般的立法程序基本相同，《立法法》和相关的行政法规对行政立法的程序做了明确规定。

第三，行政立法是一种立法活动。行政立法的结果是制定出适用于不特定公民、法人或其他组织的普遍性规则，即行政法规和规章。因而，行政立法也被称为“准立法”活动，是一种从属性立法。

二、中国行政立法的基本原则

行政立法的基本原则，是指行政立法的主体在进行立法活动时应遵循的基本准则。根据我国《立法法》、《行政法规制定程序条例》（2002年）、《规章制定程序条例》（2002年）的规

---

① 周佑勇：《行政法原论》，第2版，中国方正出版社，2005年，第79页。

② 叶必丰：《行政法学》（修订版），武汉大学出版社，2003年，第64页。

定，我国的行政机关在行政立法活动中必须遵循合法性、民主性、统一性、科学性四项原则。

（1）合法性原则。这是行政法治理念在行政立法领域的延伸，要求行政立法必须由法定的行政机关依照法定的权限和程序进行。

（2）民主性原则。这是“一切权力属于人民”这一宪法原则在行政立法中的体现。这一原则要求立法应当体现人民的意志、保障人民通过多种途径参与立法活动。

（3）统一性原则。这是指处于从属性地位的行政立法规范作为整个法律体系中的一个组成部分，应当服从于法律体系的统一性和完整性。一方面行政立法的产物，即行政法规和行政规章必须服从上位法的规定；另一方面应注重不同的法律规范之间的协调性，避免彼此之间的冲突。

（4）科学性原则。行政立法的科学性是对行政立法技术的客观要求。它要求行政立法必须从实际出发，适应经济社会发展和全面深化改革的要求，科学合理地规定公民、法人和其他组织的权利与义务、国家机关的权力与责任。法律规范应当明确、具体，具有针对性和可执行性。

三、中国行政立法的程序

行政立法必须遵循法定的程序。根据我国《立法法》《行政法规制定程序条例》《规章制定程序条例》的相关规定，行政立法包括立项、起草、审查、审议、公布、修改和废止等主要环节。

（1）立项是行政立法的第一个环节。国务院部门认为需要制定行政法规的，应当向国务院报请立项。部门规章、地方政府规章的制定也需要向制定主体履行报请立项手续。立项申请应当说明行政立法的必要性、所要解决的主要问题、拟确立的主要制度等。行政立法机关的法制工作机构对立项申请进行汇总后拟订年度立法工作计划，报行政立法机关批准后执行。

（2）起草。行政法规、规章的起草既可以由行政立法机关所属部门起草，也可以由法制机构起草或组织起草。此外，行政立法可以邀请有关的专家、组织参加，也可以委托有关专家、组织起草。

（3）审查。除行政立法机关的法制机构起草的外，其他的起草单位应当将立法草案及说明、其他有关资料等送法制机构进行审查。法制机构应当将送审稿或者送审稿所涉及的主要问题发送给有关机关、组织和专家征求意见，并召开座谈会或论证会。最后，由法制机构向行政立法机关报送草案修改稿及审查报告，并对草案的主要问题做出说明。

（4）审议。经过审查的行政法规、规章草案应由行政立法机关的正式会议审议通过。行政法规的草案应当经过国务院全体会议或者国务院常务会议审议通过，部门规章应当由主管部门的常务会议通过，地方政府规章应由地方人民政府全体会议或者常务会议审议通过。与立法机关实行多数表决通过制不同，由于行政机关实行首长负责制，因而行政法规和规章的通过并不以投票通过为原则，只要经上述相应会议审议即可。

（5）公布。经审议通过的行政法规、规章，应由行政立法机关的行政首长签署命令予公发布，并应及时刊载在政府公报和在全国或地区范围内发行的报纸上。

（6）修改和废止。行政法规、规章在实施一定的时间后，由于社会环境的发展变化、上位法的修改或废止及进一步规范的要求等，需要作一定的修改甚至加以废止。行政法规、规章的修改和废止，也是一种行政立法活动，应当按照法定的程序进行。

第三节 行政执法

一、行政执法概述

行政执法是指行政机关依法采取的具体直接影响行政相对人权利义务的行为，或者对个人、组织的权利义务的行使和履行情况进行监督检查的行为[①]。行政执法具有以下几个方面的特征：

第一，行政执法的主体是行政机关。行政执法是行政机关行使职权的活动，只有享有行政执法权的行政机关才能以自己的名义独立地进行行政执法活动，并承担行政执法的法律后果。

第二，行政执法的依据是法律、法规、规章等。行政执法是执行“法”的活动，因而必须具有依据，行政执法的依据具体包括法律、法规、规章等。

第三，行政执法的内容是直接影响或间接涉及行政相对人的权利、义务。行政执法必然影响或涉及行政相对人的权利、义务。对于行政机关做出的一些既不直接影响行政相对人的权利义务，也不间接涉及行政相对人的权利义务的行为，不属于行政执法。

第四，行政执法的对象是特定的。对象特定是指行政机关在执法时对象已经明确，即行政执法的对象是明确的，是针对具体的人或事。这是行政执法与行政立法的区别之一，行政立法所针对的对象是不特定的。

二、行政执法的基本形式

形式相对于内容而言，是一定内容的存在方式，执法形式即执法的表现形式或执法的存在方式，无此便谈不上法律理念的实现[②]。行政执法权的行使必然以各种方式、方法表现出来，行政执法的形式是执法权力行使的客观外在形态。行政执法的形式是根据行政执法活动的典型特征而建立的，是对内容和程序上具有相同特征的行政执法活动的概括，是经过学理上的定型和模式化而形成的。

（一）中国行政执法形式的变化

我国经济、社会的快速发展对我国的行政法治提出了更高的要求。在我国行政法治观念革新、行政组织的职能转变及政府机构改革的背景下，行政执法的状况也发生了显著变化。

（1）行政执法权服务功能得到强化。人民主权决定了我国的行政机关在本质上应既是执法机关又是服务机关，是通过执法为人民提供服务的国家机关。行政指导、行政救助、行政奖励等执法形式的服务性则更为直接。

（2）行政执法的权力色彩弱化。行政执法的传统形式具有命令服从的特征，权力色彩较强，对行政执法主体的执法行为，行政相对人必须服从，否则，执法主体有权直接或者通过

---

① 应松年:《行政法与行政诉讼法学》，第二版，法律出版社，2009 年，第 162 页。

② 郎佩娟:《论我国执法制度的重理》,《北京行政学院学报》，2003 年第 6 期，第 51 页。

法院运用国家强制力进行履行，并对行政相对人予以制裁。这类具有强制性的行政执法形式，被称为“权力执法形式”。

（3）行政执法的权力多样化。社会的进步与发展要求权力形式多样。尊重行政相对人的人权，引导和鼓励行政相对人心悦诚服地履行其行政法上的义务，避免因强制性手段的适用引起行政执法主体与行政相对人之间不必要的冲突和纠纷，树立行政执法机关的良好形象，增强行政执法灵活性的现实需要等，促使行政主体采用权力色彩较弱的新的行政执法形式。

（4）行政执法形式的民主化。民主是同人们对社会参与和尊重个人等程序性活动的观察紧密联系的，因而，行政执法形式的民主化主要是通过公正、合理的行政程序来体现的，听证制度、公开制度、说明理由制度等行政程序制度能够有效地保证行政相对人参与行政执法活动，防止行政执法主体的专断。近年来，我国推行的权力清单制度使行政主体的执法权力和责任更加清晰明确，加快了行政执法的民主化进程。

（二）中国行政执法的基本形式

行政执法活动都外在地表现为行政执法的形式，行政执法的形式是多种多样的，我们将那些在内容和程序方面的特征比较明显、人们已经形成统一认识、在实践中应用比较普遍的执法形式称为行政执法的基本形式。在我国，行政执法主要有以下一些基本形式：

（1）行政处罚（administrative punishment）。行政处罚是指行政机关依法对违反行政法律规范但尚不构成犯罪的公民、法人或其他组织等社会成员给予的行政制裁措施。依照《中华人民共和国行政处罚法》的规定，行政处罚的主要种类有：警告；罚款；没收违法所得、没收非法财物；责令停产停业；暂扣或者吊销许可证、暂扣或者吊销执照；行政拘留等。

（2）行政许可（administrative license）。行政许可是指行政机关根据行政相对人的申请，依法赋予其从事某种事项或活动的资格或者权利的行为。广义的行政许可还包括登记、证明、认可、准许、核准、批准等。行政许可形式繁多，一般要求使用书面形式，其中多数是颁发证照，如许可证、执照、驾驶证、通行证等。

（3）行政强制（administrative coercion）。行政强制是指行政主体为实现一定的行政目的，依法对相对人的人身或财产予以强行处置的行为。行政强制分为两种类型：一种是行政强制措施，或称即时强制，是行政主体为制止违法行为或在紧急、危险情况下依法采取强制方式，对相对人的人身或者财产实施暂时性控制的措施；另一种是行政强制执行，是行政主体在必要时对不履行行政行为所确定义务的相对人，采取强制方式强制其履行义务或直接实现与履行义务有同一状态的行为。行政强制执行的方式包括执行罚、代执行、直接强制执行等。

（4）行政给付（administrative presentation）。行政给付是指行政机关对公民在年老、疾病、丧失劳动能力或其他需要物质帮助的情况下，依法赋予其一定的物质权益（如金钱或实物）或与物质有关的权益的具体行政行为。目前，我国的行政给付主要有抚恤金、离退休金、救济金、养老保险金等形式。

（5）行政奖励（administrative award）。行政奖励是行政机关依照法定条件和程序，对为国家和社会做出重大贡献的单位和个人，给予物质或精神鼓励的具体行为。行政奖励的形式主要包括发给奖金或奖品、通报表扬或通令嘉奖、记功、授予荣誉称号、晋级或晋职等。

（6）行政征用（administrative expropriation）。行政征用是行政机关为了公共利益的需要，依法强制获得公民、法人财物的使用权或者劳务，并给予其合理补偿的一种具体行为。征用的对象不仅包括财物，还可以是劳务。征用不应是无偿进行的，而应给予合理的补偿。

（7）行政命令（administrative order）。行政命令是行政机关依法要求特定行政相对人作为或者不作为的意思表示。行政命令与行政强制不同，它是通过指令行政相对人履行一定的作为或不作为的义务而实现行政目的，而不是由自己进行一定的作为或不作为。行政命令是为在特定时间内对特定事项或特定行政相对人所作的特定规范，不同于为不特定的行政相对人设定行为规则的抽象行政行为。行政命令有多种具体的表现形式，如责令违法的行政相对人改正即属于行政命令。

（8）行政合同（administrative contract）。行政合同，又称为行政契约，是行政机关为了行使行政职能、实现特定的行政管理目标，而与公民、法人或其他组织，经过协商一致所达成的协议。与传统的行政执法行为的强制性不同，行政合同的成立以行政机关与行政相对人的协商一致为前提。

（9）行政指导（administrative guide）。行政指导是行政机关为实现行政目的，采用示范、建议、劝告、鼓励、提倡等非强制性的措施，促使行政相对人自愿做出或不做出某种行为的行为。与传统的行政执法行为不同，行政指导是一种非强制性的行为。行政机关所采取的变相强制行政相对人接受某种建议的行为不是行政指导。

除上述的行政执法的基本形式外，行政执法的基本形式还有行政检查（administrative inspection）、行政裁决（administrative adjudication）、行政规划（administrative plan）等。

三、行政执法的合法要件

行政执法必须合法进行，这是行政法治对行政执法的基本要求。行政执法的合法必须具备一定的条件，这种条件也称为行政执法的合法要件。行政执法的合法必须具备主体、权限、内容、程序合法四个要件。

（1）主体合法。这就要求：首先，做出行政执法行为的主体必须是依法成立的享有行政职权的行政机关，或者是经过法律、法规授权的组织，能够以自己的名义进行行政执法并独立承担相应的法律后果；其次，实施行政执法的公职人员应具有合法的身份。简言之，代表行政机关进行行政执法的公职人员必须是合法取得公职人员身份的人员。只有行为主体合法的行政执法才是合法的行政执法。

（2）权限合法。这就要求行政机关必须在自己的权限范围内进行行政执法，而不得超越自己的事务管辖权、地域管辖权及级别管辖权进行行政执法。此外，被授权的组织必须在授权范围内、被委托的组织必须在委托范围内进行行政执法。否则，就构成“超越职权”，所进行的行政执法就是违法的行政执法。只有权限合法的行政执法行为才可能是合法的行政执法。

（3）内容合法。行政执法的内容即行政执法的意思表示。内容合法要求行政机关做出的行政执法必须符合法律规范的规定，应该做到：证据充足、认定事实清楚；适用法律、法规准确；行政执法的目的符合立法本意，没有滥用职权。内容合法是行政执法行为合法的基本要件。

（4）程序合法。程序合法不仅要求行政执法要符合行政程序的基本原则，而且要符合法定的程序制度，如告知制度、听证制度、回避制度、说明理由制度等。现代行政法治对行政执法的规范，从只注重实体开始转变到实体和程序并重。程序合法是行政执法合法的重要前提。

四、行政执法责任制

（一）行政执法责任制概述

行政执法责任制（responsibility system in administrative law enforcement），是以界定执法职责、行政执法评议考核、落实行政执法责任为主要环节的，对行政执法活动进行规范和监督的重要制度。行政执法责任制是一种行政系统的内部监督制度，主要是对行政机关的行政执法活动进行监督，以促使行政机关依法行政，但其同时也兼具执法制度或者工作制度的性质，具有对行政执法活动进行规范的性质。“行政执法责任制兼具行政监督法律制度、行政执法制度和行政工作管理制度的特色和优点，同时也是对监督行政管理制度，行政执法制度和行政工作制度进行了综合性的制度创新。”①

行政执法责任制对于促进我国依法行政、建设法治政府具有重要作用。

（1）强化行政执法监督，促进责任政府建设。建设责任政府、实现责任行政是现代行政的基本精神，也是行政执法责任制的内在根据和基本前提。行政执法责任制作为一种监督制度，作用在于强化对行政执法活动的监督，从而使行政执法机关权责统一，做到既要履行职责，又要承担相应的责任。执法责任制强调责任及承担责任后果，以此约束权力的运用，对于建设责任政府具有重要作用。

（2）完善行政执法体系。行政执法责任制要求明确各个政府部门之间的执法职责，并且要求执法主体及其工作人员必须具有执法资格，此外，通过执法评议考核、落实行政执法责任，有利于发现执法体系的弊端，从而为完善行政执法体系提供了契机。如在界定执法责任的过程中可能会发现法律、法规、规章等执法依据之间存在着相互冲突的情况，这就为完善行政执法依据提供了可能。

（3）维护公共利益、保护行政相对人的合法权益。行政执法责任制的目的在于制止、纠正行政执法中不合法、不合理的做法或失误，监督、促使行政机关及执法人员廉洁奉公、严格执法、正确行使权力。这有利于维护公共利益，同时对于保护相对人的合法权益不受违法的行政行为的侵害具有重要作用。

（二）中国行政执法责任制的基本环节

行政执法责任制作为我国的一种内部监督制度，主要由以下几个环节组成。

（1）依法界定执法职责。界定行政机关的执法职责分以下几个步骤进行：首先，梳理执法依据。其次，分解执法职权。最后，确定执法责任。

（2）建立健全行政执法评议考核机制。行政执法依据的各项规定的落实要通过评议考核进行检验，评议考核的结果又是下一步追究执法责任的基础。因此，建立健全行政执法责任制评议考核机制，对于推进行政执法责任扎实开展有着至关重要的作用。

（3）落实行政执法责任。对有违法或者不当行政执法行为的行政执法部门，可以根据造成后果的严重程度或者影响的恶劣程度等具体情况，给予限期整改、通报批评等处理；对有关行政执法人员，可以根据年度考核情况，或者根据过错形式、危害大小、情节轻重，给予批评教育、离岗培训、调离执法岗位、取消执法资格等处理。除依照本意见对有关行政执法部门和行政执法人员进行处理外，对实施违法或者不当的行政执法行为依法依纪应采取组织

① 郑传坤、青维富:《行政执法责任制理论与实践及对策研究》，中国法制出版社，2003年，第28页。

处理措施的，按照干部管理权限和规定程序办理；依法依纪应当追究政纪责任的，由任免机关、监察机关依法给予行政处分；涉嫌犯罪的，移送司法机关处理。追究行政执法责任，必须做到实事求是、客观公正。

第四节 行政救济

一、行政救济概述

行政救济是有关国家机关依法对有瑕疵的行政执法行为予以矫正以及对行政执法行为造成的不利后果予以消除而实施的一种法律救济机制。行政救济制度对于实现公民权益、监督行政机关依法行政具有重要意义，是构成行政法治所不可缺少的、也是最后的环节。行政救济具有如下特征：

第一，行政救济的主体是有关国家机关。行政救济的主体既包括行政机关，也包括其他国家机关，即国家权力机关和司法机关。非国家机关的组织或个人无权实施行政救济，而只能请求有关国家机关提供救济。

第二，行政救济的客体是有瑕疵的行政执法行为以及行政执法行为造成的不利后果。行政救济的客体是行政机关的执法行为，而不是其他国家机关，如司法机关或者立法机关的行为；此外，该客体既可以是有瑕疵的行政执法行为，如违法或不当的行政执法行为，也可以是行政执法行为造成的不利后果，对该不利后果的消除也属于行政救济的范围。

第三，行政救济的性质是一种法律补救机制。行政救济的实质是矫正违法的行政执法行为或消除其产生的不利法律后果，使受损害的权益恢复原状。因而，行政救济的性质是对相对人合法权益造成损害或损失予以赔偿或补偿，而不是对行政机关进行惩戒。

在我国，行政救济的种类繁多，有行政复议（administrative reconsidering）、行政诉讼（administration litigation）、行政赔偿（administrative compensation）、行政申诉（administrative appeal）、信访（visits）等多种救济途径。但目前，在我国最为有效、规范、运用较广的是前三种制度，即行政复议、行政诉讼和行政赔偿制度。

二、行政复议

（一）行政复议概述

行政复议是行政复议机关对公民、法人或者其他组织认为侵犯其合法权益的具体行政行为，基于申请而予以受理、审查后做出相应决定的行政活动。行政复议具有行政性、职权性、程序性、救济性和监督性的特点。

（1）行政性。被申请复议的行政行为是行政机关做出的，行政机关做出行政行为是基于行政职权和行政法律法规，复议只能由上级行政机关进行，是行政机关职能的一部分。其他权力机关，如国家司法机关也可以对行政行为进行审查，但这些都是非行政的。

（2）职权性。依法行政是现代法治国家行政机关的重要使命，而履行行政复议职责正是依法行政的一个重要方面。首先，复议机关必须是国家行政机关，具有独立的行政主体资格。

其次，作为复议机关必须享有法定复议权，即《中华人民共和国行政复议法》(以下简称《行政复议法》)所规定的相应的管辖权。不具有法定管辖权的行政机关不能受理相应的行政复议案件。

（3）程序性。《行政复议法》主要从程序上对行政复议的申请、受理、审理、决定及送达等做出规范化的要求。因为它涉及行政争议的解决，比一般的行政行为有更高的程序性要求。行政复议必须符合法定的实体要件和形式要件，违反或缺少其中任何一项程序，都有可能导致复议的中止或终止。因此，很多行政法学者提倡复议的司法化，用司法的程序来约束行政行为。

（4）救济性。行政复议具有救济性，是一种重要的行政救济机制。行政复议对行政活动的失误有补救作用。在现代社会，行政机关发挥着越来越重要的作用，与普通百姓的日常生活紧密联系在一起。行政机关也被赋予了极大的裁量权，很容易侵犯公民权利，而行使行政权的行政机关工作人员或者由于执法水平有限，或者由于个人偏见等，做出具体行政行为时难免会侵犯公民、法人或者其他组织的合法权益，引起行政纠纷。行政复议作为行政系统内部的解决争议机制，能及时地纠正违法或不当行政行为，解决争议，保护公民合法权益。

（5）监督性。复议的目的在于矫正错误，维护行政相对人的合法权益。在整个复议过程中，复议机关的监督性体现得非常明显。复议机关复查原具体行政行为的过程，实质上就是复议机关对做出原具体行政行为的行政机关实施监督的过程。

（二）中国行政复议应遵循的基本原则

根据我国《行政复议法》(1999年)的规定，行政复议应遵循合法，公正，公开，及时，便民，有错必纠，保障法律、法规实施及司法最终几项基本原则。

（1）合法原则指履行行政复议职责的行政机关，必须严格地按照宪法和法律所规定的职责权限，以事实为根据，以法律为准绳，对行政相对人申请复议的具体行政行为，按法定程序进行审查。

（2）公正原则指复议机关在行使复议权时应公正地对待双方当事人，不能有所偏袒。复议机关复议案件时必须按照行政复议规定的程序、标准、条件进行严格公正的复议，做出的复议决定也必须公允、合理。

（3）公开原则指复议机关在行政复议过程中，除涉及国家秘密、个人隐私和商业秘密外，整个过程应当向行政复议申请人和社会公开。

（4）及时原则指行政复议机关应当在法律规定的期限内，尽快完成复议案件的审查，并做出相应的决定。

（5）便民原则指行政复议机关在行政复议程序中应当尽可能为行政复议当事人，尤其是为申请人提供必要的便利，从而确保实现行政复议的合法、正当目的。

（6）有错必纠原则。该原则要求：第一，行政复议机关发现原行政机关行政行为错误、违法的，必须予以及时纠正。第二，有权机关发现行政复议机关及行政复议人员在行政复议中有违法、违纪行为的，也必须及时纠正。

（7）保障法律、法规实施原则是行政复议法新增加的一项原则。该原则要求行政复议活动不仅要纠正违法不当的具体行政行为，而且要保障和监督行政机关依法行使职权。

（8）司法最终原则也称救济原则，是指行政复议活动是行政机关内部层级监督与救济的重要方式之一，但不是最终的救济方式。行政复议制度可以解决行政争议，但除法律规定的行政最终裁决外并不是最终解决行政争议的途径。

（三）行政复议的范围

行政复议的目的是解决行政纠纷，对行政行为进行审查。但由于行政行为广泛而又复杂多样，并不是所有的行政行为都能进入复议程序。这就涉及行政复议的范围问题。根据《行政复议法》的规定，可以申请行政复议的范围包括具体行政行为和部分抽象行政行为。

（1）具体行政行为。具体行政行为是指行政机关就特定的人或事做出具体处理决定的行为。依照我国《行政复议法》的规定，公民、法人或者其他组织认为具体行政行为侵犯其合法权益的，可以提起行政复议。具体行政行为是指行政机关就特定的人或事做出具体处理决定的行为。在我国，行政机关做出的行政处分或者其他人或事处理决定的，属于内部行政行为的范畴，不能提起行政复议，只能依照有关法律、行政法规的规定提出申诉。此外，行政机关对民事纠纷做出的调解或者其他处理，由于不具有强制力，不属于具体行政行为的范畴，因而也不能提起行政复议，只能依法申请仲裁或者向人民法院提起民事诉讼。

（2）部分抽象行政行为。抽象行政行为是指行政机关对不特定的人或事制定的普遍性行为规范的行为，如制定行政法规、行政规章、其他的规范性文件等。与具体行政行为可以提起复议不同，并非对所有的抽象行政行为都可以提起复议，而只能针对国务院部门的规定、县级以上地方各级人民政府及其工作部门的规定，乡、镇人民政府的规定提起复议。对于行政法规、规章不能提起复议。此外，并非所有的人都可以针对抽象行政行为提起行政复议，公民、法人或其他组织只有在认为行政机关的具体行政行为所依据的上述规定不合法时，可以在对具体行政行为申请行政复议时，一并向行政复议机关提出对该规定的审查申请。

三、行政诉讼

（一）行政诉讼概述

行政诉讼是指公民、法人或其他组织认为行政机关或法律、法规授权的组织在行使行政职权过程中侵犯了自己的合法权益，向人民法院提起诉讼请求，由人民法院对被诉行政行为进行审查、解决行政争议的司法活动①。行政诉讼是专门处理和解决行政案件的法律制度，它与民事诉讼和刑事诉讼并列为三大抽象行政行为诉讼制度。行政诉讼对于维护公民、法人或其他组织的合法权益，纠正行政机关的违法行为具有十分重要的意义。行政诉讼与行政复议相比，二者主要存在着以下几点区别：

（1）裁决机关不同。行政诉讼是人民法院作为裁决机关，而行政复议则是行政机关作为裁决机关。

（2）审查范围不同。我国的行政诉讼原则上只审查被诉具体行政行为的合法性，而行政复议的审查范围则是对具体行政行为的合法性与合理性都进行审查。

（3）适用程序不同。行政诉讼作为司法活动，适用严格的司法程序，具有严格、全面的特点，而行政复议虽然适用准司法程序，但性质上依然是行政机关的行政行为，更多地体现了行政特有的迅速、简便的特点。

（4）法律效力不同。除有法律规定的少数几类复议决定外，行政复议决定不具有最终的

---

① 应松年、马庆钰：《公共行政学》，中国方正出版社，2004年，第263页。

法律效力，复议申请人对复议决定不服的，可依法提起行政诉讼。而行政诉讼的终审判决则具有最终的法律效力。

（二）中国行政诉讼制度的基本要点

我国现行的《行政诉讼法》是于 1990 年 10 月 1 日正式生效实施的。《行政诉讼法》的生效意味着我国朝行政法治迈出了一大步。随后，最高人民法院结合审判实践的经验，根据《行政诉讼法》的精神和原则，又公布了一系列的司法解释，2014 年 11 月 1 日，第十二届全国人大第十一次会议表决通过了关于修改《行政诉讼法》的决定，新的《行政诉讼法》于 2015 年 5 月 1 日开始实施，这是《行政诉讼法》实施 24 年来的首次修改，使我国的行政诉讼制度进一步得到完善。目前我国的行政诉讼制度具有以下基本要点。

（1）受案范围有限。行政诉讼的受案范围，也称法院的主管范围，指人民法院受理行政案件的范围，即法律规定的、法院受理审判一定范围内行政案件的权限。依照我国 2015 年 5 月 1 日起正式施行的《行政诉讼法》的规定，行政诉讼的受案范围是具体行政行为，对于抽象行政行为，则不能提起诉讼。此外，国防、外交等国家行为，以及行政主体对其工作人员的奖惩、任免等内部决定均不属于行政诉讼的受案范围。

（2）行政诉讼的原告是具体行政行为的行政相对人以及法律上的利害关系人。依据《行政诉讼法》的规定，公民、法人或其他组织认为行政机关和行政机关工作人员的具体行政行为侵犯其合法权益，有权依照本法向人民法院提起诉讼。

（3）行政诉讼的被告恒定，即只能是行政机关或法律、法规授权的享有行政权的组织。只有能够以自己的名义做出具体行政行为、能够独立承担法律责任的组织才能够成为行政诉讼的被告。因而，行政机关的内部机构、工作人员等不能成为行政诉讼的被告。

（4）被告对具体行政行为的合法性承担举证责任。与民事诉讼中的“谁主张、谁举证”不同，行政诉讼中，由被告对具体行政行为的合法性承担举证责任。具体包括以下三方面的内容：第一，被告对具体行政行为的合法性承担举证责任；第二，被告对做出具体行政行为的事实依据和法律依据举证；第三，被告在自己不能证明具体行政行为的合法性时承担败诉的诉讼后果。我国的《行政诉讼法》之所以规定由被告对具体行政行为的合法性承担举证责任，主要基于以下两方面的原因：第一，行政主体做出具体行政行为需要根据行政相对人的违法事实或其他的情况做出，且需要有法律依据。因此，规定由被告承担举证责任具有客观必要性。第二，行政主体做出具体行政行为是依据其职权单方面做出的，同时享有调查取证的权力，且对自己的行政活动有记载，因此，有条件承担举证责任。

（5）行政诉讼判决的种类较多。行政诉讼判决，又简称为行政判决，是指人民法院受理行政案件之后，经过开庭审理，在查明案件事实的基础上，根据不同的情况，正确适用法律，对案件的实体争议所做出的最后结论。在我国，法院在对行政案件进行审理后，可以依法做出以下几种判决：维持判决，即维持行政机关做出的具体行政行为的判决；撤销判决，即撤销行政机关所做出的具体行政行为的一部分或者全部的判决；履行义务判决，即责令被告履行其法定义务和职责的判决；变更判决，即当人民法院经过审理后认为行政处罚显失公正而做出变更原行政处罚的判决，目前，法院只能就行政处罚显失公正做出变更判决；驳回起诉判决，即当法院认为原告的诉讼请求不能被支持时，判决驳回原告的诉讼请求；确认判决，即人民法院做出确认被诉具体行政行为合法或者违法的判决。

四、行政赔偿

（一）行政赔偿概述

行政赔偿是指行政机关违法行使行政职权，侵犯相对人合法权益造成损害时由国家承担的一种赔偿责任。行政赔偿是我国重要的行政救济制度之一。行政赔偿具有以下特征：

（1）赔偿主体是国家。行政赔偿是一种国家赔偿责任，赔偿费用由国家财政负担。行政机关只是履行赔偿义务的主体，而不是行政赔偿的责任主体。

（2）补救性。法律责任按照性质可以分为惩戒性法律责任和补救性法律责任两种。与行政处罚、行政处分属于惩戒性法律责任不同，行政赔偿责任属于补救性法律责任，其目的在于给合法权益受到行政机关违法侵害的行政相对人予以补救。

（3）违法责任。行政赔偿是行政机关违法行使行政职权，侵犯相对人合法权益造成损害后国家所应当承担的责任。因而国家承担行政赔偿责任以行政机关违法行使职权为前提。这与行政补偿不同，行政补偿是行政机关实施的合法行为在造成相对人损失时由国家依法给予的一种补偿，它不以行政机关违法为前提。

（二）中国行政赔偿的范围

行政赔偿的范围是指能够产生行政赔偿的事项范围，即指行政机关的哪些侵权行为可能引起行政赔偿的问题。2013 年 1 月 1 日起施行的新修订的《中华人民共和国国家赔偿法》（以下简称《国家赔偿法》），对行政赔偿的范围从国家应予赔偿的范围和不予赔偿的范围两个方面做了规定。

1. 国家应予赔偿的范围

对于国家应予赔偿的范围包括侵犯人身权的行为和侵犯财产权的行为两类。

（1）侵犯人身权的行为。在侵犯人身权的行为中，《国家赔偿法》只列举了对人身自由权和生命健康权的侵害两类，而没有将对其他权利的侵害列举在内，简言之，就是将其他的人身权，如人格权、荣誉权等排除在外。

（2）侵犯财产权的行为。对于侵犯财产权的行为，《国家赔偿法》列举了四种，即行政处罚、行政强制措施、违法征收和征用财产，以及其他的一些造成财产损害的违法行为。

2. 国家不予赔偿的范围

下列情形不属于国家赔偿的范围：

（1）个人行为，即行政机关工作人员与行使职权无关的个人行为。由于行政机关的工作人员具有双重身份，既是公务员，又是普通的公民。当行政机关的工作人员以普通公民的身份而实施了违法行为造成其他社会成员受到损害时，国家不对其造成的损害承担赔偿责任。

（2）因公民、法人和其他组织自己的行为致使损害发生的，即损害的发生是当事人自己的过错所致，而并非行政机关的侵权行为造成的，也就是说，当事人的损害和行政机关的行为之间不存在因果关系。所以，在这种情况下，即使行政机关的行为可能有违法，但国家依然不需要承担赔偿责任。这一规定的实质就是受害人的过错可以免除或者部分免除国家的赔偿责任。

（3）法律规定的其他情形。这是一个概括式的规定，是一个“兜底条款”，为国家不承担赔偿责任的其他情形留下了立法空间，以适应社会发展、变化的需要。

（三）行政赔偿方式

行政赔偿的方式，即对行政侵权行为造成的损害采取何种形式予以赔偿。

1. 赔偿方式的种类

赔偿方式的种类主要有金钱赔偿、返还财产和恢复原状三种。

（1）金钱赔偿是指以货币方式支付赔偿金的赔偿方式。金钱赔偿是我国《国家赔偿法》规定的主要赔偿方式，无论是对于人身损害还是财产损害，均可以采用这种赔偿方式。对于财产损害而言，在能够采用返还财产、恢复原状的赔偿方式时，应当采用这两种方式。

（2）返还财产是指将违法取得的财产返还给受害人的赔偿方式，具体包括返还财物和返还金钱两种方式。返还的财物包括返还被查封、扣押、冻结的财物等，返还金钱包括返还罚款等。返还财产必须具备一个前提，即财产能够返还，如果财产受损或灭失的话，则应采取支付赔偿金的方式。

（3）恢复原状是指将受到损害的财产恢复到被侵害以前的状态。适用这种赔偿方式，必须以“能够恢复原状”为前提，即受损害的财产能够恢复原状，如果功能已完全丧失而无法恢复，就不能适用这种方式。

2. 赔偿计算的标准

我国的国家赔偿法对行政赔偿数额的计算标准做了明确具体的规定。从现行的规定来看，我国采用的基本是抚慰性的赔偿标准，赔偿数额较低。具体有以下四种类型：

（1）侵犯人身自由的计算标准。根据《国家赔偿法》的规定，侵犯公民人身自由的，每日的赔偿金按照国家上年度职工日平均工资计算。“上年度”是指有关国家机关做出赔偿决定的上年度，“年平均工资”以国家统计局公布的数字为准。

（2）侵犯生命健康权的计算标准。根据《国家赔偿法》的规定，侵犯公民生命健康权的，赔偿金依照下列标准计算：一是身体伤害赔偿的计算标准。造成身体伤害的，应当支付医疗费以及赔偿因误工而减少的收入。减少的收入按照国家上年度职工日平均工资计算。二是残疾伤害赔偿。造成受害人部分或全部丧失劳动能力的，应当支付医疗费以及残疾赔偿金，残疾赔偿金根据丧失劳动能力的程度确定，部分丧失劳动能力的最高额为国家上年度职工年平均工资的10倍，全部丧失劳动能力的为国家上年度职工年平均工资的20倍。

（3）死亡损害赔偿。造成死亡的，应当支付死亡赔偿金、丧葬费，总额为国家上年度职工年平均工资的20倍。对死者生前抚养的无劳动能力的人，还应当支付生活费。

（4）侵犯财产权的计算标准。侵犯公民、法人或其他组织的财产权造成损害的，在不能恢复原状、返还财产的情况下，应当赔偿因行政机关的违法行为而造成的直接损失。如错误责令停产、停业或吊销许可证和执照的，只赔偿停产停业期间必要的经常性的费用开支。

➢ 本章小结

行政法治是法治在行政领域的具体化。行政法治由行政立法、行政执法、行政救济三个基本的环节组成；行政法定、行政均衡、行政正当是行政法治所应当遵循的基本原则。

行政立法是行政机关进行的准立法，是行政法治的基本环节之一。行政立法对于完善我国的法律体系具有重要作用。行政立法应当遵循合法性、民主性、统一性、科学性原则。我国行政立法的基本程序为立项、起草、审查、审议、公布、修改和废止。

行政执法是依法采取的具体直接影响行政相对人权利义务的行为。行政执法的具体形式包括行政处罚、行政许可、行政强制、行政合同、行政指导等。行政执法必须合法进行，应符合主体合法、权限合法、内容合法和程序合法。

行政救济是有关国家机关依法对有瑕疵的行政执法行为予以矫正以及对行政执法行为造成的不利后果予以消除的行为。在我国，行政复议、行政诉讼、行政赔偿是行政救济的三种基本途径。行政复议主要是一种行政内部的救济制度，而行政诉讼是一种司法救济，行政赔偿则主要是对相对人受到侵害的权益予以补救。

➢ 关键术语

行政法治；行政立法；行政执法；行政救济；行政复议；行政诉讼；行政赔偿

➢ 思考题

1．行政法治的基本内涵是什么？
2．行政法治的基本原则有哪些？
3．我国行政立法的程序是什么？
4．行政执法的合法要件有哪些？
5．行政复议与行政诉讼的区别是什么？
6．行政赔偿的范围是什么？

➢案例

最高法首次发布经济行政典型案例①

2015年10月22日，最高人民法院召开新闻发布会，首次通报十起经济行政典型案例。最高法行政审判庭副庭长李广宇介绍，全国法院每年办理十余万件一审行政案件。其中，与经济管理和经济领域行政执法密切相关的案件占30%以上。针对各类经济管理和经济领域行政执法行为，人民法院行政审判一方面有力地发挥了监督作用，另一方面有效地发挥了保障作用。对少数行政机关违背法律和经济规律急于求成、“开快车”，侵害老百姓权益的现象，判决确认违法或撤销，及时“喊刹车”叫停；对经济领域的合法行政行为，以判决驳回原告诉讼请求等方式予以肯定。

李庭长表示，发布的十个案例都具有一定代表性，既涵盖了食品药品、医疗器械、盐业、证券、土地出让、对外贸易等专门经济领域，也涉及房屋销售合同、餐厨垃圾处理、超市零售、营业执照办理等与个体经营者、消费者权益密切相关的民生问题。被诉行政行为，既包括滥用权力的行政垄断、食品药品的行政许可、经营范围的行政登记、房地产和证券领域的行政处罚，也涉及土地出让等行政协议和限制市场准入、公平竞争的政府采购“红头文件”；既包括行政机关主动作为与乱作为，也包括行政

① 李婧：《最高法首次发布经济行政典型案例　法院审查“红头文件”具时代意义》，http://legal1.people.com.cn/n/2015/1022/c42510-27728303.html，2015年10月22日。

机关不履责或拖延履责的不作为。通过司法审查，或及时纠正了行政机关在市场监管中的违法行为，或对行政机关依法履责给予了充分支持。

发布的案例能够集中展示全国各级人民法院在审理经济行政案件方面取得的丰硕成果，为人民法院公正、及时审理此类案件提供一定的示范和指导；能够对行政机关在经济领域的依法行政发挥积极的促进作用；能够正确引导各类市场从业者、消费者依法经营、依法维权。

在“丹阳市珥陵镇鸿润超市诉丹阳市市场监督管理局行政登记案”中，法院适用了新修改的行政诉讼法第64条规定，明确指出市政府29号文与商务部有关规定不符。最高法认为，此案中法院切实贯彻了行政诉讼法的修改精神，具有一并审查“红头文件”（规范性文件）的时代意义。

“江西省盐业集团公司吉安公司诉吉安市工商行政管理局行政处罚案”是行政机关依法查处不正当竞争行为的典型案件。本案中，吉安盐业公司利用独占经营权，强行搭售非盐商品，是一种典型的不正当竞争行为，工商机关根据举报对该公司强行搭售行为予以查处，是正确履行制止和处罚违法经营活动、保障市场秩序的职能行为。法院的裁判彰显了行政审判对公平竞争权益的有力维护，对行政机关严格执法的有力支持，对市场经济持续健康发展的有力推进。

请思考：

1．行政执法的主要内容和方式是什么？

2．结合案例，谈谈推进依法治国背景下应如何完善我国行政诉讼制度？

➢ 拓展阅读

姜明安. 2015. 行政法与行政诉讼法. 第6版. 北京：北京大学出版社

廖原. 2015. 法治视野下行政内部监督研究. 北京：中国政法大学出版社

罗豪才，湛中乐. 2012. 行政法学. 第3版. 北京：北京大学出版社

马肖. 2016. 创设行政宪制：被遗忘的美国行政法百年史（1787—1887）. 北京：中国政法大学出版社

沈传亮. 2008. 规制与良序：中国法治政府建设30年. 郑州：郑州大学出版社

王敬波. 2013. 法治政府要论. 北京：中国政法大学出版社

行 政 伦 理

行政伦理是行政管理主体的重要组成部分。行政伦理是一种职业伦理，无论是行政领导还是普通公务员，行政伦理观都会决定他们的行政行为，进而影响到政府的行政能力，行政伦理的这种重要性，使我们有必要再对它进行专门研究。本章从道德、伦理和职业伦理等相关基本概念着手，分析了行政伦理及行政伦理关系，并在此基础上系统研究了行政伦理规范体系的构成，以及行政伦理的养成机制、监督和评价机制。

第一节　行政伦理概述

一、道德、伦理与职业伦理

行政伦理作为一般伦理在行政领域中的具体体现，要把握行政伦理的概念，必须从道德、伦理与行政伦理的联系与区别中展开。

（一）道德与伦理的联系与区别

从词源的角度看，在中国古籍中，道德中“道”的本义是道路，引申义为原则、规范与道理。德，则指按礼法要求行事。而道德合用，较早可见于《荀子·劝学》中：“故学至乎礼而止至矣。夫是之谓道德之极。”后逐渐发展出特定的含义，指人的品质以及处理人与人之间关系时的行为规范与准则体系等。“伦理”中的“伦”，是类、辈分、顺、秩序之意，后引申为人伦之理。而“理”，则有治玉、条理、道理、治理的意思。在西方，道德源于拉丁语的“moralis”，表示风俗、习俗之意。而伦理，则源于古希腊语“ethikee”，该词是由“ethos”演化而来的，表示一群人共同居住的地方，后引申为性格、品质与德性之义。

道德与伦理是两个联系十分紧密的概念。在词源的意义上，道德与伦理皆有风俗、习俗之义。人们常将“道德”与“伦理”通用，故而有“伦理道德”或“道德伦理”的说法。许多著名的思想家与学者，也都认为伦理学就是道德哲学，或伦理学就是关于道德的科学。例如，在《礼记·乐记》中就有：“凡音者，生于人心者也；乐者，通伦理者也。是故知声而不知音者，禽兽是也；知音而不知乐者，众庶是也。……知乐则几于礼矣！礼乐皆得谓之有德。德者，得也。”这里伦理二字合用，表示一种道德关系。在西方，《尼各马科伦理学》（*Nicomachean Ethics*）中，亚里士多德认为伦理德性是由风俗习惯熏陶出来的，而不是自然本性，因此把习惯“ethos”一词的拼写方法略加改变，就形成了“伦理”（ethikee）。

然而，道德与伦理还是有区别的。道德是具体的、个别的，一般运用于个体的层面。因而，有学者把道德界定为对人的行为的判断标准。道德按照风俗、习惯和观念直接判定个别的、具体行为的正当性。伦理则通常运用于社会的层面，是抽象的、一般的。伦理指行为判断标准的理由，它通过对风俗、习惯和观念的检验和反省来对行为进行判断，所以，伦理也是对道德标准的寻求。伦理表示人们之间道德关系的道理，是一种有关道德的理论，在这个意义上，伦理又可以称为伦理学，而道德却不能称为“道德学”。

（二）职业道德与职业伦理

道德和伦理是可以分类研究的，职业道德与职业伦理就是根据它们作用的领域划分的类别。

《中国伦理学百科全书》中认为，职业伦理就是运用一般伦理学的知识去解决人们生产或生活中的各种实际问题与困难的过程中所形成的，有关职业道德的科学。因而，职业伦理与职业道德有密切的联系，职业道德伴随社会分工而逐步形成，而职业伦理是对职业道德的研究。

在早期，一些思想家已经有了关于职业道德的论述，如柏拉图（Plato）曾在其代表作《理想国》（*The Republic*）中说过，智慧是少数统治者的道德，勇敢是武士阶级的道德，节制则是自由民的道德。在中国的《孙子兵法》中，也曾有过关于军人的职业道德，“将者，智、信、仁、勇、严”。显然，在这些论述中已经标示了这些职业的重要特征。

职业伦理通过关注职业精神与认同社会责任的形式，揭示了职业的内在价值与社会意义。或者说，正是职业道德或职业伦理的形成，使职业与一般的工作相区别。而且，职业伦理虽然与职业道德同属社会分化的产物，但是，它一旦形成后就会反过来成为职业的内在规定性，也就是说，职业必然要体现职业伦理的要求，而遵循一定的职业伦理规定也成为特定职业的象征。

行政伦理是职业伦理中的一种，行政伦理的产生与作用与职业伦理有许多相同之处。

二、行政伦理及其特点

行政伦理是职业伦理中的一种，所以它既要接受一般伦理规范的指导，又要遵循与体现职业伦理的要求。公共行政伦理是指公共行政领域中的伦理。公共行政就其自身之动态的意义上讲，就是执政党、国家机构和国家公务员的行为过程，简称政府过程。

（一）行政伦理的概念

“所谓行政伦理就是执政党、国家机构、公共管理部门和国家公务员在社会生活领域，特别是公共行政领域所应遵循的行为规范的总和。”[①]

几乎是在行政管理学科产生同时，就开始有学者关注行政伦理的研究了。怀特就曾十分重视官纪的研究，认为：“官纪者，乃表现于行政人员热望、忠诚、合作、竭力负责及以服务为荣之精神也。”他因此认为高尚的官纪能激励行政人员的积极性，培养行政人员的良好专业素养，对于良好行政的实现将具有至关重要的意义。

按照行政管理的构成要素，可以将行政伦理再细分，如行政组织伦理、行政体制伦理、

---

① 王伟、鄯爱红：《行政伦理学》，人民出版社，2005年，第7页。

公共政策伦理、行政行为伦理和公务员职业道德等方面。

（二）行政伦理的特点

行政伦理规范作为一种伦理行为规范，除了具有一般伦理行为规范的特点之外，还具有系统性、政治性、非营利性和一定的强制性的特点。

（1）系统性。行政系统是由行政人员与行政组织，以及各种行政制度、行政机制、行政体制等构成综合体。而行政人员在行政活动中能够在多大程度上满足道德要求，需要依赖整个行政系统的支持与保障，因此，行政伦理必然要体现整个行政系统的特性，具有系统性的特征。

（2）政治性。行政伦理从属于政治伦理，本质上是政治的范畴，所以是政治文明的重要组成部分，也是统治阶级意识形态的重要构成部分。行政是政治统治行为，行政伦理需要贯彻和体现统治阶级的意志，接受政治统治原则的指导，所以具有政治性的特征。

（3）非营利性。行政管理是“公共权力”的行使，所以需要公正地处理社会个体与社会组织的各种利益与要求，而公正的态度只能来源于“非营利性”的社会地位。行政人员与行政组织只有超然于利益追求之外，才能公正地履行职能。

（4）一定的强制性。伦理规范一般具有非强制性的特征，主要依靠人们的内心信念、风俗习惯及社会舆论等去维护与实现。然而，行政伦理是以法律规范形式确定的，一旦伦理规范以法的形式被规定下来，其发生作用的机制就不仅依赖传统的非强制性方式，而且会依赖一定的强制性手段，使强制性约束和自律性约束结合起来，具有一定的强制性特征。

三、行政伦理关系

（一）伦理关系与行政伦理关系

伦理关系是人们之间以善恶价值为特征的利益关系。伦理关系是人类社会生活中最基本的关系，是人们在社会生活中形成的一种特殊形式的社会关系。伦理关系普遍存在于各种社会关系之中。

在行政职业联系中所产生的伦理关系，就是行政伦理关系。所以，行政伦理关系“是指行政主体在行使国家行政权力，履行国家行政职能的过程中所形成的可以用善恶标准去评价的社会关系”[①]。也就是说，行政伦理关系是必须有行政组织或行政人员参与其中的伦理关系，而且这个伦理关系是经过特定的行政伦理标准调整后形成的。

依据伦理主体的不同，可以把行政伦理关系区分为政府系统内部的行政伦理关系与政府系统外部的行政伦理关系。政府系统内部的行政伦理关系包括中央与地方、中央与部门、地方与地方、地方与部门、部门与部门、行政机关与行政人员，以及行政人员之间等行政伦理关系。政府系统外部的行政伦理关系则包括政府与企业、政府与事业单位、政府与社会团体、政府与社会公众之间等行政伦理关系。

（二）行政伦理关系的特点

行政伦理关系与一般伦理关系的不同特点在于：用于调整伦理关系的伦理规范不同，构

---

① 张康之、李传军：《行政伦理学教程》，中国人民大学出版社，2004年，第8页。

成伦理关系的主体不同，以及伦理关系中的核心价值取向不同。

（1）用于调整伦理关系的伦理规范不同。用于调整行政伦理关系的是行政伦理规范体系，这个伦理规范体系一般包括行政伦理观、行政伦理规范及行政伦理范畴。其中，行政伦理观具有根本的指导价值，行政伦理规范是其中的主要组成部分，行政伦理范畴则因为能够直接、具体地约束行政主体的行政行为，所以是其中最基础的、最重要的构成部分，也是行政伦理观与行政伦理规范的内在体现。当然，行政伦理规范要在行政活动中发挥作用，还有赖于行政伦理的养成机制、行政伦理的监督体系，以及行政伦理的评价机制。

（2）构成伦理关系的主体不同。伦理关系是以人为关系主体的，而行政伦理关系中的"人"是特定的行为主体，即行政公职人员或行政组织。这里需要特别指出的是，行政公职人员并不是时刻处在行政伦理关系之中的，只有当他们履行公职时，才与他们的行为对象构成行政伦理关系。

（3）伦理关系中的核心价值取向不同。权利义务关系是社会关系的核心内容，在一般社会关系中，权利与义务同时并存，而且是"权利本位"，即主体的"权利"意识是第一位的，所有主体行为的评判标准也是对主体"权利"的维护或争取。但是，在行政伦理关系中，权利与义务却是相对分离的，而且，行政伦理关系中实行的是"义务本位"，即行政人员在发生权利义务冲突时，需要以履行行政义务为第一选择。行政伦理关系实行"义务本位"，是行政管理的公共性决定的。握有公共资源分配权力的行政主体实行"义务本位"，才能使公众的权利得到保障。或者说，只有行政主体实行"义务本位"，才能保证一般社会关系中"权利本位"的实现。有时，为了保证公众权利，行政主体不得不牺牲自己的某些权利，比如我们看到有关公务员不得经商的规定，以及在危机时刻，负有特定职责的公务员将个人安危置之度外等。当然，出于平衡权利与义务的考虑，有关法律也会赋予行政主体某些特别的权利，如行政组织所拥有的行政优益权、公务员所享有的身份保障权，以及公务员享有相对优厚的工作待遇、相对舒适的工作环境及相对稳定的工作保障等。

第二节　行政伦理的规范体系

行政伦理内涵丰富，是一个逻辑整体，即一个由行政伦理观、行政伦理规范和行政伦理范畴三大部分构成的规范体系。其中"行政伦理观"是行政伦理规范体系的核心；"行政伦理规范"是行政伦理规范体系的主要构成；而"行政伦理范畴"是行政伦理规范的内在实现。

一、行政伦理观

（一）行政伦理观的含义及意义

行政伦理观就是行政管理主体在行政管理领域中关于行政价值追求的总体观念，是行政管理主体行政管理的伦理实践与行政伦理观念的凝结与升华。行政伦理观具体表现为执政党、国家机构和国家公务员的行政伦理活动现象、行政伦理意识现象与行政伦理规范现象[①]。

行政伦理观是一种特定的价值观，即行政管理领域价值观的集中体现。行政伦理观是处

---

① 王伟：《行政伦理学》，人民出版社，2005年，第47-48页。

于世界观、人生观和价值观层面的意识形态，世界观、人生观、价值观的认识论地位，决定了行政伦理观在行政管理中的根本指导地位。与世界观、人生观、价值观相比，行政伦理观虽然较少为人们谈及，但实际上却时刻都在行政管理领域中影响或指导着每个行政主体的行政行为。与行政伦理观比较，行政管理领域的效率观、法治观和权利观等观念，都是受行政伦理观的调节和整合的科学观念，行政伦理观能够为这些观念提供目标导向和价值定位。

行政伦理观作为意识形态，是对现实物质世界的客观反映，所以，会随现实物质世界的变化而变化。当形成行政伦理观的客观环境变化了，行政伦理观的具体内容也就会随之变化。

一般认为，行政伦理观包括正义观、公平观和民主观①。

（二）正义观

“正义”的“正”是端正、正确、正当、不偏不倚的意思，“义”是含义、意义和道理的意思。伦理学对“正义”概念做出的解释是：正义是合乎社会成员共同利益的道理、原则和准则。

正义是人类群体生活所不可缺少的伦理精神和道德原则，古往今来的哲学家和政治学者都热衷于研究正义问题，如古希腊的思想家柏拉图在《理想国》里就讨论了正义原则。在现代民主宪政国家里，行政权力属于公共权力，行政组织是公共组织，行政人员行使公共权力必然需要以正义为基本伦理原则。

在实践过程中，正义作为基础性的行政伦理原则，自形成以来就发挥着社会的“平衡器”和人类行为的“校正器”，以及社会历史发展的“推进器”的重要作用。以正义原则为基础的行政伦理观强调行政权力、行政组织都是公共资源，行政权力主体在追求公共利益实现过程中，只能获得法律精神上的利益，而不得利用公共权力来为个人或是本部门谋取私利。行政管理的正义观要求行政主体在行政管理活动中，无论是通过行政管理的途径分配社会资源，还是创设规范，都要公正地、不偏不倚地对待全体社会成员，使社会成员平等地成为行政管理的受益者。

（三）公平观

公平的概念早在公元前 3000 年的古埃及时期就已经出现,但是不同学科对公平的定义并不一样。从哲学的角度看，公平是一种价值原则，同“平等”“合理”“正义”相联系；从经济学的角度看，公平体现着人们对种种利益分配合理化的要求；从政治学的角度看，公平是创立一个不偏袒任何人，人人都必须遵守的维护公正、和平的规则；从伦理学的角度看，公平是一种对个人、团体、政府起引导、规范作用的行为指令和评价标准，公平表现为人们对某种社会秩序的渴望。公平原则对于维持社会稳定和促进社会发展起到了重要作用。

行政伦理中的公平观，是行政人员开展行政管理活动所要遵循的，平等对待一切社会成员的原则和理念的总和。也就是说，要求行政人员把政府看做全体社会成员的政府，而不是某一部分人或某些特定的利益集团的政府。公共政策应当服务于社会公共利益的实现，不得倾向于任何个人或利益集团。

在行政管理领域坚持公平观，对于塑造良好的政府形象和提高政府效率有着重要意义。而在处理管理者与被管理者之间的关系；中央政府与地方政府的关系；发达地区和落后地区的关系；维护社会弱势群体利益等事务中坚持公平观，则对促进社会的发展和进步有特别重

① 张康之、李传军:《行政伦理学教程》，中国人民大学出版社，2004 年，第 49-78 页。

要的意义。

（四）民主观

“民主”一词在西方是来源于希腊文“δημοκρατια”，直译是“人民的政权”的意思。在现代社会中，“民主”的概念被引申出许多非国家形态的意义，如“民主原则”“民主权利”“民主作风”等。从民主的本义出发，我们可以将行政管理中的“民主”理解为在行政管理过程中，体现社会成员的利益要求，满足公民的参与愿望，并通过程序设计为社会成员的参与和自治提供制度保障。民主在现代社会中发挥了多种作用，如激励作用、纠错作用和凝聚作用等。

就行政管理的伦理观而言，民主包括两个方面的内容：一是公众的民主思想和民主意识。要求从事行政管理工作的行政人员注重培养社会公众的民主意识。二是行政人员的民主意识。只有当行政人员将民主意识内化为一种自身的道德规定，民主原则才能够真正实现。

在行政管理中坚持民主观，是实现正义和公平的基本保证，同时，民主还可以极大地提高行政决策的科学性，巩固行政权力，提高行政能力，同时可以有效防治行政权力的腐败。

二、行政伦理规范

（一）行政伦理规范的含义及作用

伦理规范中的“规”常与“矩”连在一起使用，“规矩”指一定的标准、法则、习惯。“范”原本指模子，如钱范、铁范，后被引申为模范、榜样。“规”“范”两字连用则指约定俗成或明文规定的标准。也就是说，“规范”是一种既定的、公开的、被大多数人认可的限制性要求。

行政伦理规范是指，社会对行政人员提出的从事职业活动所应遵循的道德要求。这个道德要求既包括对行政人员的思想意识、价值观念等主观因素的一般要求，也包括对行政人员具体行政行为应遵循的活动原则、工作程序、办事规则、言行标准和行政纪律等。所以，行政伦理规范既是行政人员进行职业行为选择的价值依据，也是对行政人员职业行为进行善恶评价的标准。

行政伦理规范对于行政人员有重要作用。首先具有导向作用，它能够引导行政人员按照公共利益的标准，在不同的价值准则之间进行自觉、自主和自控的抉择，并促使他们做出符合伦理规范的行为；其次是规范作用，通过行政伦理规范的形成，倡导一种符合社会公众利益的伦理规范，行政人员只有遵守这些伦理规范，才能够获得社会的认同；最后是调整作用，在行政管理过程中，通过行政伦理规范的确立，有利于肯定那些符合伦理规范的做法，否定那些背离伦理规范的行为，继而提高整个行政组织的伦理水准。

（二）行政伦理规范与法律规范的区别

行政伦理规范不同于法律规范。行政伦理规范反映的是行政管理领域中的伦理关系和道德要求，是行政人员处理个体之间以及与组织之间的相互关系的行为准则；而法律规范是指由国家制定或认可，并由国家强制力保证实施的行为规则，它通过对现实社会关系进行抽象的概括，是一种比较定型、反复适用的行为规则。

具体而言，行政伦理规范与法律规范在以下几个方面存在着较大的差别。

（1）在内容上，行政伦理规范表现为道德义务和道德责任，而法律规范则表现为法律义务和法律责任。

（2）在形式上，行政伦理规范通常以准则、规定等形式出现，如《国家公务员行为规范》等，而法律规范则主要是通过成文法的形式表现出来，如《公务员法》。

（3）在制定程序上，行政伦理规范虽然也经过立项、论证、表决和公布等程序，但远不及法律规范的制定程序的严格性。

（4）在实施效果上，行政伦理规范主要是由党和政府的某一部门来执行，违反行政伦理规范也主要是受到道义上的谴责。法律规范由专门的执法机制来负责，违反法律规范必然会带来责任追究。

（三）行政伦理规范的主要内容

行政伦理规范包括诸多内容，如我国2002年人事部印发的《国家公务员行为规范》中就规定，“政治坚定，忠于国家，勤政为民，依法行政，务实创新，清正廉洁，团结协作，品行端正”，这也是我国有关部门首次对行政伦理规范内容做出的概括。

行政伦理规范主要包含廉洁奉公、勤政为民、求真务实三个方面的内容。

1. 廉洁奉公方面的行政伦理规范

廉洁奉公是行政人员必备的行政道德，是行政人员从事行政管理活动的道德底线，其包括“廉洁”和“奉公”两个方面。廉洁奉公这两个方面的内容是相互补充和相互支持的，要想实现“廉洁”，就必须“奉公”；反之亦然。

“廉洁”是指行政人员必须洁身自好，做到廉洁自律。“廉洁”的行政伦理规范主要包括三个方面的内容：第一，“不贪”，这是行政人员最基本的道德要求，它要求行政人员能够树立廉政自律的行政思想，在行政活动中能够洁身自好，不贪污、不索贿和不受贿。第二，“不占”，即不非法利用职权之便获取个人私利。它要求行政人员在行政活动过程中，做到公私分明，不利用职权之便，侵占国家利益或他人利益。第三，“不奢”，即不奢侈、不浪费，它要求行政人员在行政管理活动过程中，能够勤俭节约，自觉地抵制各种腐化思想和浪费习气。

“奉公”是指行政人员必须忠于国家及人民利益，这主要表现在：第一，要忠于国家，行政人员必须热爱他所服务的国家，维护国家的尊严，保守国家的秘密，并拥护政府。第二，要忠于人民利益，行政人员必须以维护和增进人民的利益为己任，当好人民的勤务员和公仆。在我国，行政人员还必须忠于执政党。

2. 勤政为民方面的行政伦理规范

“勤政”的行政伦理规范对行政人员提出的要求是：第一，勤于学习和思考，不断提高自身的综合素质，继而提升总体的行政能力；第二，勤于工作，能够做到坚守工作岗位，保证工作时间和工作质量，不早退、不旷工。“勤政”的行政伦理规范要求行政人员能够遵守行政机关日常规定，并自觉抵制各种落后的行为。

“为民”的行政伦理规范对行政人员提出的要求是：第一，了解民情，只有充分了解人民的需求和愿望之后，行政人员才能够更好地服务于民；第二，顺从民意，行政人员要按照人民的意志来进行各种行政行为，不能够逆民意而行；第三，为民办事，就是从人民利益的角度出发，为人民谋福利。

“勤政”和“为民”是互相依存的两个方面，“勤政”是“为民”的前提，而“为民”又为“勤政”提供了方向，没有“为民”的勤政，只是一种“盲动”，甚至会蜕变成追逐私利的工具。

3. 求真务实的行政伦理规范

求真务实的行政伦理规范对行政人员提出的要求是：第一，要实事求是，追求真理，掌握规律，按照行政管理的规律办事，不违背社会发展规律；第二，要严谨扎实，时时处处重实际、说实话、务实事、求实效，倡导求真务实的行政风尚，不搞“浮夸风”和“虚假政绩”行为；第三，发扬脚踏实地、埋头苦干的工作作风，以人民利益为中心，从长远着手，切实地增进人民的福利。求真务实是辩证唯物主义和历史唯物主义一贯坚持的科学精神，是我们党的思想路线的核心内容，也是党的优良传统和共产党人应该具备的政治品格。

三、行政伦理范畴

（一）行政伦理范畴的含义

范畴，希腊文为“*κατηγορια*”，是指最高概念。《辞海》解释“范畴”有两种含义：一是指类型、范围；二是指各个领域的基本概念，反映客观事物的本质联系，各个具体学科中都有各自的特定范围。

行政伦理中的范畴主要指“反映行政关系的最本质、最重要、最普遍的行政伦理关系的基本概念，或者说是最基本、最一般的行政伦理范畴”[①]。有学者把行政伦理范畴区分为基础性内涵和价值性内涵两个方面，前者包括行政良心、行政理想、行政态度与作风、行政荣誉、行政纪律和行政责任等，后者则包括行政公平、行政效率和行政能力等。

本书只简要介绍行政责任、行政良心、行政荣誉及行政纪律等几个基本范畴。

（二）行政责任

根据《汉语大词典》的解释，“责任”一词有三重含义：使人担当起某种职责和职务；分内应做之事；未做好分内应做之事而承担的过失。

“行政责任”是行政伦理关系的核心概念，也是行政伦理范畴的核心内容。行政责任一方面指行政主体（在我国主要是指执政的中国共产党、国家机构和国家公务员）对于其服务对象必须履行的法定义务或客观责任；另一方面则指行政主体对其面临的义务或客观责任所承担的主观责任[②]。

美国学者特里·L. 库珀（Terry L. Cooper）也将行政责任划分为客观责任和主观责任[③]。客观责任包括对法律、上下级、公民所负责任。也就是说，作为行政人员，首先必须完成法律赋予的指令和行政组织中上级所布置的工作任务，同时还必须遵从公民的意志。主观责任是植根于行政人员心中的忠诚、良知及信仰。在实践当中，行政人员内心的主观责任感会对所担负的行政工作产生重要影响。当行政人员内心的主观责任感没有控制住他的行为时，就会出现不负责的行为，政府只有承担起客观和主观两个方面的责任时才是一个负责任的政府。

---

① 王伟：《行政伦理学》，人民出版社，2005 年，第 131 页。

② 王伟：《行政伦理学》，人民出版社，2005 年，第 138 页。

③ 库珀 TL：《行政伦理学：实现行政责任的途径》，张秀琴译，中国人民大学出版社，2010 年，第 73 页。

（三）行政良心

在古汉语中，“良心”一词最早见于《孟子・告子上》，意为仁义之心，包含恻隐、羞耻、恭敬等情感。良心是一定的社会关系和道德关系的反映，是人们的各种道德情感、情绪在自我意识中的统一，是人们在履行对他人和社会的义务过程中形成的道德责任感和自我评价能力。

行政良心是指国家行政机关及其公职人员的良心，实际上也就是指行政人员在履行其行政管理这一特殊职业活动中的责任和义务的过程中，所形成的深刻道德责任意识，以及对自我的行政行为进行自我道德评价的能力。行政良心不同于一般人的良心，也不同于人们在其他职业活动中应拥有的良心，它的突出特点是：有强烈的阶级性、集团性和民族性；有相对独立性；有高度的自觉性。

通常来说，行政良心包括这样几个方面的内容：第一，行政人员在自己违反宪法、法律和组织章程明确禁止的行为时就会有犯罪感，会自觉接受所应受到的惩罚，并矫正自己的行为；第二，行政人员不能有效、准确地执行应尽的职责时，会自觉地对其后果负责；第三，行政人员不仅应自觉地遵守法律，依法行政，而且也要遵从行政伦理的核心价值，即为公共利益服务。

（四）行政荣誉

荣誉是指社会舆论对人们履行社会义务的道德行为的肯定和褒奖，是特定人从特定组织获得的专门性和定性化的积极评价。个人因意识到这种肯定和褒奖所产生的道德情感，就是荣誉感。行政荣誉则是指社会舆论对行政组织及其工作人员的行为做出的肯定的道德评价，以及被评价人对这种肯定性评价产生的自我意识。行政荣誉一般包括两个方面的内容：一方面是指行政组织及其工作人员履行了社会义务，对社会做出一定贡献之后，受到社会舆论的赞许和褒奖；另一方面是指行政管理者对自己行为的社会价值的自我意识，即由于履行了社会义务而产生的个人道德感情上的满足和自豪感，这两方面是相互联系、相互影响的①。

通常情况下，按照行政荣誉的内容和产生的原因可以分成职业荣誉、行为荣誉和道德荣誉。职业荣誉是行政组织及其工作人员自身由于身份关系所获得的荣誉，如人民警察所佩戴的警衔就是一种职业荣誉；行为荣誉是行政管理人员在完成某一任务之后，所产生的成就感与欣慰感；道德荣誉是基于多项道德选择，在道德评价中获得的社会认可、赞同及自我感受的荣耀。

行政荣誉对于行政发展有着重要作用：行政荣誉以道德评价的形式，对公务员个体进行道德激励和利益激励，促进公务员的道德自觉；行政荣誉具有提高行政组织效率、提升政府形象的功能；行政荣誉还对社会具有导向、示范的功能，并能最大限度地促进公共利益。

（五）行政纪律

“纪律”是一个组织中要求其成员共同遵守的行为规范，是保证组织具有战斗力、凝聚力的重要因素。一般来说，有组织就需要有纪律来调整组织成员的行为规范，以维持整个组织的存在和发展。所谓行政纪律，就是指行政组织为了维护公共利益和组织整体利益而制定

① 朱晓红、伊强：《行政荣誉的内涵解析》，《求实》，2004年第11期，第66页。

的，要求行政人员在行政管理活动甚至个人生活中必须遵守的行政准则和行为规范[①]。

长期以来，各国政府都十分注重行政纪律的制定，如西方国家制定的“文官中立”“官纪和官风”等都属于行政纪律的范畴。行政纪律涉及行政人员的方方面面，如忠于国家、保守秘密、廉洁奉公、诚实守信等。我国的行政纪律主要内容是：第一，政治纪律，指在行政管理活动中涉及政治方面的行为规定，如禁止从事有损于国家统一的活动等；第二，工作纪律，指行政人员在日常工作过程中所应遵守的行为规定，如不徇私舞弊、不独断专行等；第三，廉政纪律，指行政人员在工作中不谋求私利的行为规定，如不贪污、不挪用和不行贿受贿等；第四，行政道德纪律，是指行政人员应该遵守行政道德，不做各种违背道德观念的行为，如不栽赃陷害、不侮辱他人等。

行政纪律对于形成一支优化、廉洁、稳定和高效的行政队伍，规范行政人员的行为，促进整个社会文明的发展有着重要作用。正如列宁所指出的那样：“在共产主义者看来，全部道德就在于这种团结一致的纪律。”[②]

第三节　行政伦理的机制体系

行政伦理规范要在行政管理的实践中发挥作用，内化为行政人员的精神和品德，还需要通过一定的机制来实现，这就是行政伦理的养成机制、行政伦理的监督机制和行政伦理的评价机制。这三个机制构成一个整体，即行政伦理的机制体系，有了这个机制体系才能保证行政伦理规范的实现。

一、行政伦理的养成机制

行政伦理的养成机制是指关于行政伦理品德的培养教育机制。行政伦理品德作为一种特定的社会现象，它并不是孤立存在的，它是通过国家行政人员在行政管理活动中养成，又通过行政人员在行政管理活动中表现出来。因而，行政伦理的养成是涉及多个环节的动态过程。

在实践中，通过什么方式促进行政伦理养成是学者们长期争论的问题。其争论的焦点就在于，是主观教育还是客观制度建设对行政伦理规范的养成起基础性作用？现在比较一致的观点是，对于行政伦理的养成而言，主观教育（即内部养成机制）和客观制度建设（即外部养成机制）均有重要作用，二者缺一不可[③]。

所以，行政伦理的养成机制包括外部养成机制和内部养成机制两种类型。

（一）外部养成机制

行政伦理的外部养成机制也是行政伦理的法律规章制度约束机制，即通过法律、法规等规范性文件，将公职人员的伦理责任和义务制度化，既保证了行政组织的伦理水平，又可以促进行政人员伦理操守的养成。

在行政实践中，多数国家都比较重视行政伦理的立法工作。就目前已制定了行政伦理法

① 张康之、李传军：《行政伦理学教程》，中国人民大学出版社，2004 年，第 306、341 页。

②《列宁选集》（第 4 卷），人民出版社，1995 年，第 292 页。

③ 段龙飞：《我国行政服务中心建设》，武汉大学出版社，2007 年，第 207-215 页。

律法规的国家看，行政伦理的立法形式既包括单行法律，或体现于宪法及其他法律条文中的法律条款，也包括各种法规性文件，如具体的职业守则和实施细则等。从内容上看，这些有关行政伦理的法律法规大多体现了公共利益至上、忠实执行法律、公正处理行政事务等观念。有的国家的法规甚至十分细致，内容涉及行政人员的个人品德、行政职业道德及公共组织伦理和公共政策伦理等诸多方面。

另外，外部养成还需要有组织保证，大多数国家在制定相关法律、法规的同时，还设立了各种行政伦理的管理机构，如美国设有“政府道德署”，法国有“惩戒委员会”，瑞士有“纪律委员会”，日本则有“人文院”。设立行政人员伦理管理机构，使行政伦理成为组织良性运行的一个重要因素，更能够促进政府的道德化。

（二）内部养成机制

行政伦理的内部养成机制也是行政伦理的责任认同机制、习惯养成机制或行政良心的调控机制。与外部控制方法相比，内部养成机制不是通过硬性的法律、制度规定，甚至设立专门机构来约束和控制公务人员的伦理水平，而是通过各种教育、培训活动，或是通过职业的社会化过程，使行政人员从内心逐步接受并确立良好的行政伦理准则。内部养成机制可以实现外部机制难以实现的养成目标，如自觉性、职业荣誉感的形成。另外，与强制性的法规实行后可以迅速见效相比，这种教育、培训的成果不容易短期见效，所以需要有持续性。

基于上述分析，我们也可以从外部途径和内部途径两个方面来培育和完善我国行政人员的行政伦理规范：第一，加强行政伦理规范法制化，即用系统的法律条文，将行政人员个人道德、职业操守等详细规定下来；第二，加强行政伦理规范的培训，定期举行行政伦理学习班，或在行政人员的培训过程中加入职业伦理的培训课程；第三，加大行政伦理规范的宣传工作，在全社会形成客观的评价标准，让社会公众来监督和评价其周围的行政人员。

二、行政伦理的监督机制

监督，原意是指监察和督导。管理活动中的监督是为了保证决策和执行的正确性而进行的控制活动，即根据上级的指示、计划、法令和标准来检查执行结果和理想目标之间有差距。通过监督活动，可以肯定已经取得的工作成效，发现存在的偏差，并弄清偏差存在的原因，继而提高执行的效果。

行政伦理监督是指在行政管理活动中，对行政机构及其工作人员行为是否符合有关伦理道德原则与规范所进行的监察和督导。行政伦理监督就其含义来讲，有广义和狭义之分。广义的行政伦理监督是由权力机关、上级行政机关、政党组织、社会团体、人民群众等多种外部力量，通过制度或非制度的方式对国家行政机关及其工作人员行政行为是否符合伦理道德原则、规范要求所实施的监察和督导。狭义的行政伦理监督仅指行政机关内部，主要是上级行政机关对行政机关及其工作人员的行政行为所实施的监察和督导[①]。行政伦理监督对于我们治理行政道德“失范”问题，增强行政人员的公仆意识，保护社会公众的合法权益有着重要作用。

以监督主体来划分，行政伦理监督机制主要包括外部监督机制和内部监督机制两种类型。

---

① 张康之、李传军：《行政伦理学教程》，中国人民大学出版社，2004年，第343-353页。

（一）外部监督机制

外部监督机制是指由来自行政机关之外的监督主体进行监督所构成的行政伦理监督机制。它主要包括：

（1）权力机关监督，就是由国家的权力机关，西方国家如议会，在我国则是人民代表大会和中国人民政治协商会议全国委员会（以下简称政协），对行政机关及行政人员所进行的行政伦理监督。国家权力机关的法律地位决定了这种监督的必要性和有效性。一般来说，权力机关监督是外部监督中最具强制力的形式。

（2）政党监督，就是国内的各个政党，包括执政和在野政党的监督，在我国则包括执政党和参政党的监督。各国的政党制度和政治制度不同，政党监督的形式和力度会有所不同。我国特殊的政党制度决定了政党监督的有效性不亚于权力机关监督的有效性。

（3）社会团体及群众舆论监督，就是由社会各种非政府组织及各种舆论媒体进行的行政伦理监督。非政府组织及各种舆论媒体的广泛性，使这种监督的普遍性和时效性特别明显。所以这种监督在各国都广受重视，并总能发挥不可替代的作用。

（二）内部监督机制

行政伦理的内部监督机制是指由行政机关内部的监督主体进行的行政伦理监督。它主要包括：

（1）自我监督，即行政机关及其工作人员展开的自我监督。这种自我监督主要是通过制定岗位职责、内部管理制度、阶段性工作自查、总结等形式实行。如果从监督的内容上划分，也可以分为一般监督、职能监督和主管监督等。

（2）行政监察，即通过专门设置的行政监察部门展开行政伦理监督。如美国有政府道德署、法国有惩戒委员会、中国香港有廉政公署、中国内地有监察部等。这些内部监督部门对行政机关及其工作人员的工作方式和内容更为了解，因而这种监督是一种经常性、直接性和有效性的行政伦理监督。

（3）审计监督，主要是由专门设置的审计机关所展开的行政伦理监督，它主要是对行政机关的经济活动进行监督。这种监督虽然仅限于经济方面，但因为十分专业，所以是非常有效的监督形式。

三、行政伦理的评价机制

“评价”原意是指评论货物的价格，现在泛指衡量人或事物的价值、效果。道德评价是人们依据伦理原则或道德标准对人与人之间的伦理关系及人的行为的善恶做出判断的社会性精神活动过程。行政道德评价是特定的行政机构或社会公众对从事行政管理活动的行政伦理关系、行政人员及其行为做出善恶判断的过程①。需要特别指出的是，由于在进行伦理评价时，评价客体常常是以个体的形式出现的，所以我们一般也可以使用道德评价这个概念。本书中使用伦理评价与道德评价的不同之处也在于此，即针对个体而言使用道德评价，针对整体而言时使用伦理评价。

行政伦理评价机制的构成要素主要有评价的主体与客体、评价标准和评价方式。

---

① 张康之、李传军：《行政伦理学教程》，中国人民大学出版社，2004 年，第 343-353 页。

（一）评价的主体与客体

行政道德评价的主体。行政道德评价的主体范围非常广泛，既可以是特定的行政机构或部门，也可以是公民个人、社会组织和团体。

行政道德评价的客体，即被评价的对象。一般可以分为三个层面：最表层为行政机构及行政人员具有道德性质的行为，这个层面的行政道德是比较直观的。中间层是这种行为所体现的行为者的道德品质，中间层面的行政道德一般以行为动机的形式表现出来，所以有一定的隐蔽性，但是会随行政主体所处环境的变化而变化。最深层是这种行政行为在行政管理过程中对行政伦理关系的价值，这是行为主体价值观层面的东西，所以对行政行为有指导意义，而且是相对稳定的。行政道德评价一般主要是针对行政机关及行政人员的道德行为进行的评价，不涉及被评对象其他方面的行为。但是由于道德具有广泛的渗透性，所以很多其他方面的评价，如政治评价、经济评价和法律评价等，也都会涉及行政道德方面的内容，因而也会成为行政道德评价的形式。

（二）评价标准

行政道德评价必须依据一定的客观标准，这些标准主要是在长期的行政管理活动过程中所生成的行政道德原则和规范，当然也会包括一般的社会道德标准。这些标准随着社会经济关系的变化而变化，是绝对的，又是相对的。在阶级社会和有阶级存在的社会，不同阶级有不同的善恶观念，因而有不同的道德评价标准。作为占统治地位的道德，总是以统治阶级的根本利益作为道德评价的基础。行政伦理评价标准的恰当与否，直接关系到行政伦理评价的效果。符合实际情况和社会发展的行政伦理评价标准，能够有效激励行政机关及其工作人员的行政行为。

（三）评价方式

道德评价的方式，即通过什么方式来进行评价。一般来说，可以有主观评价和社会评价两种方式，而这两种方式的具体实践形式却不止两种。行政道德的社会评价方式主要有：

（1）社会舆论方式。这是最重要的行政道德评价方式之一，主要有口头议论和大众传播两种形式，“街谈巷议”是我们最常见的口头议论形式，而后者就是媒体介入的结果。

（2）行政行为习惯方式，任何一个行政机关或行政人员个人，经过长时间的发展，都会形成各自的行政伦理倾向，即各个行政机关的“氛围”或个人的“风格”，这些行为习惯可以用来评价行政道德。

（3）行政人员的内心信念，即行政人员自身对一定的道德原则、道德规范的理解和认同。这种内心信念会对自己或他人的行政行为做出基本的善恶评价。如果说社会舆论和行政行为习惯的评价方式属于“社会评价”，是“他律”的形式，那么行政人员的内心信念则属于一种“主观评价”，是“自律”的形式。

在伦理评价过程中，上述三种形式的评价相互为用、相辅相成、缺一不可。

➢ 本章小结

道德与伦理都具有风俗、习俗的含义，但是二者的区别也是明显的。道德按照风俗、习惯和观念直接判定个别的、具体行为的正当性。而伦理则通常运用于社会的层面，表示人们之间道德关系的道理，是一种有关道德的理论。职业伦理通过关注职业精神与认同社会责任的形式，揭示了职业的内在价值与社会意义。行政伦理就属于职业伦理。

行政伦理就是执政党、国家机构、公共管理部门和国家公务员在社会生活领域，特别是公共行政领域所应遵循的行为规范的总和。行政伦理除了具有一般伦理行为规范的特点之外，还具有系统性、政治性、非营利性和一定的强制性的特点。

伦理关系是人们之间以善恶价值为特征的人们之间的利益关系。行政伦理关系与一般伦理关系的不同特点在于，用于调整伦理关系的伦理规范不同，构成伦理关系的主体不同，以及伦理关系中的核心价值取向不同。

行政伦理是一个由行政伦理观、行政伦理规范和行政伦理范畴三大部分构成的规范体系。其中，正义、公平、民主是基本的行政伦理观；廉洁奉公、勤政为民、求真务实是基本的行政伦理规范；行政责任、行政良心、行政荣誉及行政纪律是基本范畴。

行政伦理规范要在行政管理的实践中发挥作用，内化为行政人员的精神和品德，还需要通过一定的机制来实现，这就是行政伦理的养成机制、行政伦理的监督机制和行政伦理的评价机制。这三个机制构成一个整体，即行政伦理的机制体系。

➢ 关键术语

道德；伦理；行政伦理；行政伦理观；行政伦理规范；行政伦理范畴；行政伦理的养成机制

➢ 思考题

1．道德与伦理有什么区别？
2．什么是行政伦理？
3．什么是行政伦理关系？
4．什么是行政伦理观？
5．行政伦理规范包括哪些内容？
6．行政伦理有哪些基本范畴？
7．行政伦理的养成和监督机制是什么？

➢ 案例

李克强：不作为的干部要“挪位子”[①]

“不作为的干部，该问责的要问责，该‘挪位子’的要‘挪位子’。”李克强总理在2015年9月23日的国务院常务会议上说，在国务院第一批督查问责不作为情况已有7个省对59名干部问责的基础上，第二批督查还有20多个省（自治区、直辖市）将依法依规对包括厅局级在内的200多名干部问责处理。“干部干部就是要干事，为官一任造

① 《李克强：不作为的干部要“挪位子”》，http://www.gov.cn/xinwen/2015-09/ 23/content_ 2937675.htm，2015年9月23日。

福一方，这是传承千年的古训。平平安安就可以占位子，舒舒服服就可以领票子，庸庸碌碌就可以混日子，该负责不负责、该干事不干事，这是千古以来都没有的道理。”

从督查情况看，目前一些干部为官不为、尸位素餐，没有表现出应有的担当。有的担心犯错误，有的能力不足，不敢干、不会干，自然在工作中拈轻怕重、不思进取。同时，长期以来对不作为的问责失之于宽、失之于软，加剧了一些干部的自我放任。

“为官一任，造福一方”是自古以来从政为官者的基本道德追求，也是百姓的希望。全面深化改革之年，中央很多重大改革政策相继出台，如遇到基层干部的不作为、乱作为，就会出现政令不畅、良策难以落地生根，导致“上级喊破嗓子、群众跑坏腿脚”的“两头急”和“上下通中间阻”的“中梗阻”现象。

总理在会上表示：“必须问责到人，打到痛处。不作为、不会作为的，就不要占这个位子。”惩治干部不作为要下“猛药”，让“太平官”不能再太平。既要完善制度设计让干部放下顾虑，也要用严格问责倒逼干部真抓实干。这就需要细化岗位职责，做到奖惩分明、奖优罚懒。另外，也要将干部作为和能上能下机制有效衔接，把不作为的问责“板子”打到痛处，让庸官昏官挪出位子，让有所作为、愿意作为的干部有位子。

从长期来看，问责干部不作为还要形成督查的长效机制，充分利用好各地现有督察队伍，形成层层督查；查处的问题和整改进展，也要及时向社会公布，让群众参与监督。唯有如此，广大干部才会进一步增强干事创业的热情，主动去破解改革发展中的难题，不断造福于广大群众①。

请思考：

1. 什么是行政伦理？不作为干部存在哪些行政伦理失范？
2. 行政伦理的养成在深化推进行政改革过程中有哪些作用？

➢ 拓展阅读

弗雷德里克森 H G. 2013. 公共行政的精神（中文修订版）. 张成福，刘霞，张璋，等译. 北京：中国人民大学出版社

库珀 T L. 2010. 行政伦理学：实现行政责任的途径. 第五版. 张秀琴译. 北京：中国人民大学出版社

杨文兵，赵晖. 2012. 当代中国行政伦理透视. 南京：南京师范大学出版社

张康之. 2012. 寻找行政管理的伦理视角. 北京：中国人民大学出版社

张康之，李传军. 2015. 行政伦理学教程. 北京：中国人民大学出版社

① 《问责不作为“太平官”要打在痛处》，http://www.gov.cn/zhengce/2015-09/27/content_2939443.htm，2015 年 9 月 27 日。

行 政 领 导

行政领导活动是国家行政管理活动中最重要、最关键的组成部分；行政领导者则是行政主体中最核心的部分。行政领导是行政管理协调统一的保证和成败的关键。所以，了解行政领导的双重含义，研究行政领导体制、方式、方法和领导集体的结构状况，以及行政领导对领导者自身素质的要求等，是行政管理的重要研究内容。

第一节　行政领导概述

一、领导的含义及其特点

（一）领导的基本内涵

领导这个词在《现代汉语词典》里的解释是："①率领并引导；②担任领导工作的人。"[①] 在英文中，"领导"为 lead、leader 或 leadership。可见，不论在中国还是在外国，"领导"都既是一个动词，又是一个名词。作为动词，"领导"是指领导活动或领导行为，作为名词是指领导者。

总体而言，领导是指在社会组织中，领导者通过影响其下属行为达成组织目标的过程。

（二）领导的特点

从上述对领导的定义可以看出，领导具有以下特点。

（1）领导的目的是实现组织的目标。也就是说，并不是所有的成员间的影响都形成领导行为，只有引导下属或其他成员实现组织目标的行为过程才是领导。

（2）领导是一个组织系统。这个系统由领导者、被领导者、环境三个要素构成。这三个要素缺一不可。它们相互结合，才能构成有效的领导活动。

（3）领导的本质是领导者对被领导者的一种影响。第一，领导并不是社会成员间的一种平衡的关系，而是一种影响与被影响的不平衡的关系。第二，领导的这种影响关系是通过占主导地位的组织或群体成员所拥有的权力实现的。第三，领导的这种影响过程的实现可以通过多种不同的方式，如命令、劝说、感化、示范等，这些影响方式是无法穷尽的。

（4）领导是一个动态的行为过程。领导的三个要素构成两对基本矛盾：一是领导者与被领导者的矛盾；二是领导活动的主体，与领导活动的客体的矛盾。

---

① 中国社会科学院语言研究所词典编辑室：《现代汉语词典》，第 6 版，商务印书馆，2014 年，第 827 页。

综上所述，领导是领导者、被领导者及环境三者的一个函数，用公式表示如下[①]：

$$领导=f（领导者、被领导者、环境）$$

（三）领导与管理

人们通常认为领导就是管理，实际上二者的区别是明显的。管理工作要比领导工作宽泛得多，领导工作是管理工作的重要职能，领导活动本身就脱胎于管理活动，是一种更高层次的管理活动。领导与管理最大的区别在于，管理是一种程序化的控制工作；而领导是一种变革活动。管理是为组织活动选择方法、建立秩序、维持运转的行为；而领导体现的是管理过程的战略性，它是一种确定方向、开拓局面的行为。

人们通常也会把领导者与管理者作为同一个概念，实际上，它们具有层次上的差异性。管理者是被任命的，他们拥有合法的权力进行指挥和协调，其影响力来自他们占据的职位所赋予的正式权力。而领导者既可以是任命的，拥有职位职权，也可以从一个群体中产生出来，从而不运用正式的职位权力，凭借个人魅力影响他人。一般来说，一个成功的领导者必定是一个优秀的管理者。管理者与领导者的区别在于：管理者是组织目标的忠实执行者，而领导者是组织目标的制定者；管理者的工作包括拟订计划、建立机构、配备人员、实施控制等，而领导者的主要职责主要在于影响人们为组织和集体的目标做出贡献。

领导者和管理者又确实是有共同性的。一个有效的管理者也必然要掌握一定的领导方法，具备一定的领导者素质；一个成功的领导者也必须直接参与管理过程。在实践中，领导活动和管理活动是相互包容、相互渗透的。理想状态是，所有的管理者都是领导者，都能够拥有职权并能够影响他人。

二、行政领导的内涵与地位

（一）行政领导的基本内涵

同领导的含义一样，行政领导既是一个动词，又是一个名词。

动词意义的行政领导，是指为了实现一定的行政功能，由国家行政机关和企事业单位的行政领导者通过行使行政职权，组织管理行政事务而进行决策、指挥、组织、控制、协调等行政活动的过程。

名词意义的行政领导也就是行政领导者，是指专门从事行政领导工作的人，他既可以是政府部门的领导者，也可以是非政府部门中从事行政工作的领导者。行政领导者可以是一个集合概念，指一个领导集体；又可以是一个个体概念，指某一行政首长。

（二）行政领导的特点

行政领导是国家行政管理活动中的领导活动，它具有一般领导的共同特点，同时又有执行性、政治性、权威性和综合性的特点。

（1）执行性。行政机关是权力机关的执行机构，因此，行政领导必须在权力机关发出的指令下工作。对行政领导来讲，它与权力机关的关系首先是按权力机关的合法指示，依法行政；其次就是根据权力机关的合法要求，高效、快捷地实现权力机关的工作意志。

---

① 夏书章：《行政管理学》，第 2 版，中山大学出版社，2001 年，第 105 页。

（2）政治性。政府是国家机构的重要组成部分，国家机构具有鲜明的阶级性，行政机关也不例外。行政机关的政治性要求行政领导必须有鲜明的政治性，必须坚定地执行国家的意志。

（3）权威性。行政领导是依据法律，运用国家赋予的权力来组织与管理社会公共事务的，因而具有权威性。同时，行政管理活动的特性也要求行政领导必须具有高度的权威，而行政管理对象对行政机关及其公务人员法定的行政行为都有服从的义务。

（4）综合性。现代社会里，行政管理已涉及国家政治、经济、文化的各个领域和社会生活的各个方面，因此，现代行政领导活动内容必然表现出政治领导、经济领导、文化领导和科学技术领导等综合性的特点。

（三）行政领导的地位和作用

随着社会经济和科学技术的不断发展，当代国家建设和管理越来越要求行政工作的高质量和高效率，因此行政领导所起的作用也越来越突出。

行政领导是行政管理协调统一的保证。在行政领导过程中，为了使行政活动协调和统一，保证行政目标的顺利实现，就需要使所有组织成员的意志服从于行政领导的意志。随着行政职能的扩展，行政机构日益庞大，行政领导设计的领域越来越广，行政日常事务日趋复杂，行政人员不断增加，统一意志和统一指挥的行政领导的必要性和重要性就显得尤为突出。

行政领导是行政管理成败的关键。由于行政领导具有“统领”“引导”的整体管理功能，因而成为行政行为的指南和准则。正是这样的决定作用，决定了担负行政决策责任的行政领导的状况是关系整个行政管理活动成败的关键。

三、行政领导者的职权与责任

（一）行政领导者的职位

行政领导者的职位，是指权力机关或人事行政部门根据法律与行政规范，按规范化程序选举或任命行政领导者担任的职务和责任。职位由职务和责任两个不可分割的部分构成，即担任了某一职务，就负有了相应的工作指挥与统御权，但同时也就负有了领导责任。

行政领导者的职位有显著特点：第一，职位是以“事”为中心确定下来的。第二，职位的设置有一定的数量规定性。第三，职位本身具有相对的稳定性。行政领导者职位有法定性。按法律规定的职位，既不能随意增置，也不能随意废除。而且，某一职位上的行政领导人担任职务与责任的时间长短、主要与否对职位本身不构成影响。行政领导者去职时，他曾担任的行政职位仍然存在。

（二）行政领导者的职权

所谓职权，是指处在一定的职位上所拥有的相应的权力。行政领导者的职权，是行政职位所赋予的权力，是由于行政领导者担任一定的职位而获得的具有法律效力的权力。职权由职位派生，二者具有同质同量的关系，即职位的性质决定职权的性质，而获得了某一行政领导职位，同时也就承担了某种数量规定的工作任务。

职权法定是基本原则。这个原则要求：第一，职权依法定程序被授予，只可以依法定程序收回或转移，任何人不得以任何形式私下转让。第二，职权与个人因素无关，无论谁掌握它，权力都是一样。第三，行政领导者所拥有的职权及其行使都有严格的限制。一是国家各级行政领导者职权的大小，都受到所处的行政管理层次、领导者职位的高低和所担负的职责轻重限制；二是行政领导者职权的行使，要受到职务范围、职责目标、行政区域的限制；三是行政领导者组织、领导行政活动，要受到国家权力机关、上级行政领导机关和国家法律、行政法规的监督、检查和制约，同时还要受到人民群众和社会舆论的监督和约束。

行政领导者的职权一般包括人事权、物权、财权和组织权[①]。

（三）行政领导者的责任

行政领导者的责任，是指行政领导者在国家机关中处于一定的职位所承担的一定工作任务及应负有的责任。对于行政领导者来说，责任始终是第一位的，权力则是第二位的，权力不过是尽责的手段，责任才是行政领导的真正属性。任何有权无责的现象都是不允许的。

行政领导者的责任从内容上来说，主要由政治责任、工作责任、法律责任三个层次构成。

（1）政治责任是指一个行政领导者依照权力机构或者授予者的要求进行工作，完成工作过程之后造成的客观社会影响。

（2）工作责任是指行政领导者自己的岗位责任与领导责任。岗位责任，指的是行政领导者担任某一职务，所应承担的义务，以及对成败的个人担当。所谓领导责任，指的是行政领导在组织、决策、指挥、用人、监督、评估等环节的工作过程中，所必须负有的保其成而避其败的职责。

（3）法律责任是指行政领导者因担任某一职务，运用某种权力，而应对法律所做出的承诺。这种承诺，一方面是行政领导对法律予以规范的回应；另一方面则是对工作可能出现的负面社会影响的一种反馈。

第二节 行政领导制度

行政领导活动只有在行政领导制度的保证下，才可能有序、有效地展开。我国行政领导制度主要包括两个层次：一是基本行政领导制度；二是日常行政领导工作制度。

一、基本行政领导制度

（一）基本行政领导制度的类型

从不同的角度对基本行政领导制度进行划分，可以分为一长制和委员会制、集权制和分权制。

1. 一长制和委员会制

一长制即单一的领导制度。在行政学中，一长制是指行政机关把法令的决策权力完全集中于一位首长身上的领导制度，又称独任制。委员会制在行政学中是指行政机关的决策权力

---

① 夏书章：《行政管理学》，第2版，中山大学出版社，2001年，第112页。

是由两人以上来行使的领导制度，又称合议制。

一长制和委员会制在实际运行中各有利弊。在不同的历史时期、不同政治体制下，均发挥过特殊的作用，成为人们选择领导制度的基本类型。一长制权力集中、责任明确、行动迅速、效率较高。其不足之处在于过分依赖领导者个人的才能和智慧，容易导致独断主义。委员会制易于使领导活动集思广益，在决策上考虑周详，但缺点是行动迟缓、效率较低、权力分散、责任不明。

2．集权制和分权制

集权制和分权制是以中央和地方、上级和下级权限为标准划分的一种行政领导制度。集权制是一切重大问题均由上级机关制定，下级机关必须根据上级机关的决定处理事务的制度。上级机关领导和监督下级机关，下级机关只是上级机关的派出机构，必须服从上级机关的决定，对上级机关负责。分权制是指上下级行政机构各自在其所管辖的范围内具有法律所规定的行政决定权，可以独立自主地决定和处理所管辖范围内的各种事务。

集权制的优点是政令统一、层级节制、指挥有效、行政效率高；缺点是过分集中、缺乏民主、强调国家利益、忽视地方利益、强调服从、压抑地方积极性。分权制的优点是分权分工、分级治理、分层负责、发扬民主自治精神，调动各方积极性和主动性，防止专断、独裁；缺点是分权过多会导致分散主义、地方主义，可能出现只顾地方利益，不顾国家利益的现象。

（二）中国现行行政领导制度

我国现行行政领导制度是建立在民主集中制基础上的以集体领导和个人负责制为主要特征的混合式的行政领导制度。

1．民主集中制

民主集中制是宪法规定的人民民主专政国家政权的组织原则和国家的根本领导制度。它是在民主基础上的集中，在集中指导下的民主。民主集中制的根本内容是，实行个人服从组织，少数服从多数，下级组织服从上级组织，地方服从中央的原则。

民主集中制贯穿于各级领导的全部实践活动中，是社会主义根本制度的直接体现。

2．集体领导与个人负责制相结合的制度

集体领导与个人分工负责相结合是我国各类组织中普遍实行的一种领导制度。在这个制度中，集体领导和个人分工负责辩证统一，集体领导是个人负责的前提，个人分工负责是集体领导的基础。集体领导的决策是个人分工负责的方向、目标，个人分工负责是集体领导意志实现的途径。集体领导与个人分工负责制的具体工作程序是“集体领导、民主集中、个别酝酿、会议决策”。集体领导、民主集中是领导的最高原则，重大问题必须提交领导集体讨论决定，讨论决定时要充分发挥民主，广泛听取意见，严格执行规定程序，集体讨论决定。重大问题意见一时不能统一的，可以再作酝酿；必须马上办的，要按照少数服从多数的原则，果断地做出决定。

3．行政首长负责制

行政首长负责制是民主集中制和集体领导与个人分工负责制相结合的一种制度形式。行政首长负责制的基本特点是：最高行政决策权、指挥权由行政首长一人执掌，行政首长对所管辖的公共事务实行统一领导、全权负责。它是指重大事务在集体讨论的基础上由行政首长定夺，具体的日常行政事务由行政首长决定，行政首长独立承担行政责任的一种行政领导体制。行政首长负责制以“法定的最高决策权归于一人”为根本标准，凡是政府组织法定的最高行政决策权力和责任赋予一人承担的，称为行政首长负责制。

我国《宪法》规定，国务院实行总理负责制；各部、委员会实行部长、主任负责制；地方各级人民政府实行省长、市长、县长、区长、乡长、镇长负责制。

二、日常行政领导工作制度

日常行政领导工作制度是根本的行政领导制度在实际执行中的具体化，对于建立科学的行政领导制度，更好地规范领导行为是必不可少的。行政领导日常工作制度可以从三个层面来考虑[①]：一是领导与群众关系的层面；二是上下级行政领导关系层面；三是一个行政领导班子内部关系层面。

（一）处理行政领导者与群众间关系的制度安排

做出这种制度安排，是行政领导的民主原则最直接的要求和体现。由于行政领导者在这种制度安排中，处于权力掌握者、政策决定者的角色地位，因此，他们应当主动加强与群众的联系，想方设法收集群众的意见、建议，了解群众的愿望、要求，以求最广泛地征集到行政活动的社会反应，从而获得最有力的社会心理支持。

有助于加强与群众联系的具体常设制度有多种，如领导接待日制度、对话制度、咨询制度、信访制度、通报制度、评议制度等。

（二）上下级行政领导间联系的制度

行政活动有序、有效地开展，既需要诸种客观条件，更需要各级别的行政领导者的有效配合。在上者，发出正确的行政指令或行政禁令；在下者，令行禁止。相互密切配合，共同支持，最大地优化行政行为。

最有利于提高行政效果的上下级联系制度的原则是统一意志、统一指挥、统一步调、统一行动。统一的前提条件有两个：一是对行政领导的共同使命——提高行政效果、增强合作意识、提高社会效益、实现行政目的有共同的认识。二是对对方都抱着尊重的态度。上级尊重下级，就是要保护他们工作的创新性、自主性，从而激发下级工作的动力，提高效率；下级尊重上级，就是要服从上级发出的合理的行政指令，并加以创造性地执行。

上下级行政领导间联系的具体制度包括通报征询、请示报告、检查反馈等。

（三）行政领导集体内部关系协调的制度

行政领导集体内部关系的协调状况，直接关系整个行政管理活动及管理目标的实现，加强内部协调就十分必要。

有关协调行政领导集体内部关系的制度包括办公会议制度、集体学习制度、民主生活会等多种形式。

---

① 夏书章：《行政管理学》，第2版，中山大学出版社，2001年，第118-119页。

第三节 行政领导的方法和艺术

一、行政领导方法

行政领导方法，即行政领导者在行政活动过程中，为实现行政领导目标而采取的各种手段、办法和程序的总和。科学的领导方法能指导人们正确地认识世界和改造世界，使人们的认识活动和改造活动符合事物的客观情况和发展规律，达到主观愿望和客观实际相一致。基本的行政领导方法包括实事求是方法、群众路线方法和矛盾分析方法。

（一）实事求是方法

实事求是是我国带有根本性的行政领导方法。坚持和运用实事求是的方法，需要做到：一切从实际出发；发挥主观能动性；坚持实践检验和发展真理；坚持解放思想、实事求是的统一。

（二）群众路线方法

群众路线即一切为了群众，一切依靠群众，从群众中来，到群众中去。群众路线科学地解决了领导和群众的关系，是行政领导者的根本工作方法。坚持这个方法，需要做到：密切联系群众；虚心向群众学习，有事和群众商量；领导骨干与广大群众结合；一般号召与个别指导相结合。

（三）矛盾分析方法

矛盾分析就是对事物的矛盾、主要矛盾与矛盾的主要方面、矛盾的不同性质及其解决的不同方法进行分析。学会分析矛盾，养成分析矛盾的习惯，是做好行政领导工作的重要保证。坚持这个方法需要做到：具体问题具体分析；全面看问题，学会抓解决问题的关键；还要创造条件做好矛盾的转化工作。

二、行政领导的方式

行政领导方式是行政领导者从事领导工作的风格和行为。行政领导方式的分类有很多种。例如，按照领导者工作的关注点为标准，可以分为以事为中心的领导方式、以人为中心的领导方式和人事并重的领导方式；按照领导者运用权力的方式为标准，可以分为独裁式领导方式、放任式领导方式和民主式领导方式；按照领导者引导被领导者共同完成既定目标的方式为标准，可以划分为强制式领导方式、说明式领导方式、激励式领导方式和示范式领导方式。

（一）强制式领导方式

一个行政组织要协调一致，高效率地完成组织目标，必须要建立组织成员必须执行的指示或命令。这种有权威的、非执行不可的指示或命令性的领导方式，就是强制式领导方式。

（二）说明式领导方式

说明式领导方式是领导者在工作中采用启发、劝告、诱导、商量、建议等方式，使被领导者接受并贯彻自己的意图。说明式领导方式的优点在于：通过说服可以使被领导者从思想上认清工作的意义、目标，达到目标的途径和方法，以及业务纪律的要求等。通过说服，领导者可以直接清楚地了解被领导者的想法和要求。

（三）激励式领导方式

激励式领导方式是一种最直接服务于提高领导效能的领导方式。它是行政领导者运用物质或精神鼓励的手段激发被领导者的工作积极性，以达到工作目标。激励式领导方式大致可以区分为普遍激励和特殊激励两种。普遍激励是针对组织中所有成员的，特殊激励是对部分人员予以特殊的精神与物质激励，目的是产生榜样效应。

（四）示范式领导方式

示范式领导方式是领导者以本人“身教”或者树立榜样、典型，供组织成员仿效、学习的一种领导方式。领导者作风正派、遵纪守法、不徇私情、不图私利，在工作上身体力行，就会在组织中形成好的风气，使工作能够顺利开展。

三、行政领导的艺术

（一）行政领导艺术的含义和特点

行政领导艺术是行政领导者在领导活动中为达到一定的领导目标而灵活运用各种领导理论、方法而形成的技能和技艺。它是领导者智慧、学识、才能、胆识、经验的综合反映，是领导者的素质、能力在方法上的体现。

领导艺术具有多样性、可变性、现实性的特点。

（1）所谓多样性，一方面是指不同领导领域和领导层次有不尽相同的领导艺术，另一方面是指同一领域、同一层次的领导者由于各人的知识、经验、才能不同，对客观事物的了解和掌握程度不同，在处理同类事物时，运用的领导艺术也有所不同。

（2）可变性是指领导艺术和一般的领导科学理论不同，它不具有严格的理论体系和固定的模式程序，而是要求领导者根据实际情况，灵活地加以运用。

（3）现实性是指领导者在具体运用领导艺术时必须考虑其在现实情况下可能产生的结果。因此，领导者就不能只凭着老经验办事，而应跟上时代前进的步伐，对以往各种成功的领导技能不断进行改造和创新，以适应现实发展的需要。

（二）领导艺术的具体内容和体现

领导艺术的具体内容主要包括授权艺术、用人艺术、处事艺术和运时艺术。

（1）授权艺术。授权是指由行政领导者授予被领导者一定的权力，使其在领导的指导监督下，享有在本职范围内的处理事务的自主权。授权之后，授权者对被授权者保持指挥、监督、检查的权力，被授权者负有完成任务、进行报告的责任和义务。授权的方式主要有充分授权、不充分授权、弹性授权和制约授权几种形式。

（2）用人艺术。用人是指行政领导安排被领导者的工作。行政领导在用人时要了解下属的具体情况，做到知其长短、用养结合、合理激励、奖励有度。具体需要做到知人善任、任人唯贤、用人所长和敢用新人。

（3）21世纪的处事艺术，就要讲求在纷繁复杂的行政事务中，特别在决断重大事情时，不能光凭老经验办事，避忌思维定式。要把理事与施权、授权、用人有机地结合起来，并随着客观情况变化而适时调整，要掌握敢于和善于打破平衡的理事技巧。

（4）运时艺术。运时艺术是指行政领导要会科学地运筹时间、珍惜时间，做时间的主人。工作中总有轻重缓急之分，行政领导安排工作的顺序应该尽量将宝贵的时间去处理最重要而又最急需的工作，努力提高时间的利用率，从而提高自己的工作效率。运时艺术的原则是：自觉形成时间意识，合理安排时间消耗比例，善于把握高效率的黄金时间段，能够利用各种有利因素，延长内在时间，从而提高时间使用效率。

第四节 行政领导者的素质及结构优化

一、行政领导者的素质

（一）行政领导者素质的含义

“素质”是生理学的专业术语，它是指人体的总的生理特点、条件和状态，以及人体各个组成部分的生理基础和质量。

行政领导者的素质是指从事行政领导工作必须具备的基本条件，以及在行政领导工作中经常起作用的内在要素的总和。

相对于一般素质而言，行政领导者的素质具有综合性、发展性、层次性、变异性的特点。第一，综合性，即一个行政领导者应该具有较好的政治、品德、知识、能力、心理、身体等多方面的素质。第二，发展性，即行政领导者的素质是可以在工作、学习及其他实践中不断得到巩固、加强、扩展和提高的。第三，层次性，即不同层次领导者的素质的要求有高有低。在现代行政组织系统中，领导者一般可以分为高、中、低三层。第四，变异性，即行政领导者的素质会随着领导环境的不断变化及受他人的不断影响而产生相应的变化。

（二）行政领导者的素质结构

关于行政领导者素质结构的内容，不同的学者有着不同的归纳。我们认为，行政领导者的素质结构应该由政治素质、品德素质、知识素质、能力素质、心理素质和身体素质六个方面的内容构成。

（1）政治素质是指行政领导者对政治，尤其是对自己所承担的政治义务和享有的政治权利的理解、把握、反应及付诸行动等情况的总和。它主要包括政治意识、政治信仰、政治态度。政治素质在行政领导者的诸多素质当中是第一位的。不同的历史时期和不同的阶级对行政领导者的政治素质的具体要求也不尽相同。

（2）品德素质是指行政领导者在生活和学习过程中形成的、用以调节同他人相互关系的、充满价值内容和主观取向的精神内涵。它主要包括行政领导者的道德伦理规范的内化程度、价值维度、情操、品行、风格、勇气、责任感、服务的意识、正派的作风、谦逊的态度、严于律己等内容。行政领导者的品德素质蕴藏着巨大的能量，直接影响和制约着人的心理和行为，具有极大的现实能动性，能够直接导致或产生重大的现实结果。

（3）知识素质。行政领导者的知识素质主要由理论水平、专业根底、知识面三部分构成。行政领导者只有借助这些知识才能正确指挥和决策。没有真才实学，不掌握客观规律，只靠工作激情是无法实现组织目标的。

（4）能力素质。能力是人们认识世界和改造世界的本领。行政领导者的能力构成主要包括认识能力、决策能力、组织能力、协调能力、应变能力和创新能力。对行政领导者来说，最主要的能力就是组织、协调能力，这是行政活动的核心能力。在通常情况下，衡量一个行政领导者是否称职，主要看他是否具有履行其职责的上述能力。

（5）心理素质。行政领导者的心理素质是指行政领导者的个性品质，它主要包括性格、气质、意志等方面。在性格方面，现代行政领导者一般都要具有竞争开放的性格；具有外向型性格或侧重于外向型的性格；具有敢于决断的气质；有坚忍不拔的意志。

（6）身体素质。行政领导者的身体素质是指其体魄和精力。行政领导者应具有强健的体魄，充沛的精力。为了应付日常的繁重工作，每个行政领导者都必须保持健全的体魄和旺盛的精力。

二、行政领导群体的素质结构

（一）行政领导群体的素质结构类型

行政领导群体是一个由多层次、多要素组成的完整结构。要素不同，行政领导群体的功能亦不同；要素相同，结构不同，群体功能也不同。行政领导群体，不是简单地将人才个体数量相加，也不是简单地坚持公道正派按照德才兼备原则选几个人就行，关键是要追求群体的最佳结构，实现最好的群体效应。从实践看，行政领导群体的素质结构类型主要包括年龄结构、知识结构、能力结构、心理结构、阅历结构①。

（1）年龄结构。合理的行政领导群体，既要有“老马识途”、掌舵领航的老同志，又要有堪当重任、“中流砥柱”的中年干部，还要有朝气蓬勃、敢闯敢创的“后起之秀”，形成以中青年干部为主体，同时又兼顾其他年龄段的老、中、青相结合的梯次结构。不同类型、不同层次的领导班子，老、中、青的要求比例各不相同。

（2）知识结构。行政领导群体应该由具备各种必要的知识背景和专业特长的成员相互搭配，并按照一定比例构成互补型结构。

（3）能力结构。合理的领导群体结构中，既要有实践经验丰富、善于科学决策和统揽全局的“帅才”，要有实践能力较强、善于组织领导和埋头苦干的“将才”，还要具有较强洞察力和前瞻性、善于运筹帷幄的“谋才”。把具备各种能力的成员合理组成一个有机整体，就可以有效地解决“能人相轻”“能人内耗”或“高知低能”“高能少知”等问题。

（4）心理结构。每个领导者都有不同的兴趣、爱好、情感、气质和性格等个性心理特征。组建群体时，要充分考虑群体成员的个性特征，把不同性格、不同气质的领导者进行合理的搭配，做到异性相配多质共处，各扬所长、各避其短，互相包容、共生共荣，防止出现“同

① 陈训廷：《论领导班子结构的优化》，《党政干部论坛》，2006年第9期，第30-32页。

质相克”“同性相斥”的现象。一个心理结构优化的群体，应该具有敬业乐群的心理氛围与开放和谐的心理结构。

（5）阅历结构。不同的历练，不同的实践经验，对群体的整体战斗力提高很有好处。在组建群体时，要高度重视领导者的实践经验和阅历结构。

（二）行政领导群体素质结构的优化原则

优化行政领导群体结构应遵循整体最优原则、权变原则、用人所长原则和自优原则[①]。

（1）整体最优原则。要实现行政领导群体素质结构最佳组合，必须首先从领导群体的整体效能出发，来确定人选目标。也就是要从着重考虑领导成员个体素质转移到重点考虑领导成员组合后的最佳效果。一个出色的行政领导群体，其中每一个组成人员并不一定个个全面发展，但必定有某一项是最优的，而且是其他成员所不具备的，这样各取所长便构成了一个最优化的整体。

（2）权变原则。所谓权变即权宜应变。权变观点强调灵活性和适应性，就是在建立行政领导群体时，为了寻求行政领导群体结构的最佳组合，对个体之间的结构关系做出必要调整，以适应时间和客观环境变化造成的改变。

（3）用人所长原则。所谓用人所长，是指注重发挥行政领导者的专长。一方面，对人才不能苛求其完美，不搞求全责备；另一方面，用人所长同时也要能容人所短。结构优化就是要通过行政领导群体成员长项组合与互补，从而达到行政领导群体结构最优。

（4）自优原则即自我完善原则，这是优化行政领导群体结构的内在动力。每一个行政领导成员，都要有一种强烈的忧患意识和历史责任感，着眼于战略目标和领导群体结构的整体优化，切实加强自身建设，不断完善自我，特别要强化三种现代行政意识，即主动进取、提高效率和创新发展。

（三）行政领导群体素质结构的优化途径

优化行政领导群体素质结构的主要途径有以下几种[②]：

（1）树立优化领导群体结构的新观念。第一，要体现时代性。要结合新世纪、新阶段国内外形势发展的特点，实现领导群体可持续优化的新思路、新理论。优化领导群体结构是一个在时代发展和社会进步的实践中不断展开的动态优化过程，同时又是一个系统优化过程，不存在自我封闭、静止不变的领导群体结构。第二，要体现科学性。要善于借鉴发达国家的先进理念和成功经验，采用科学的方法，全方位、多视角地审视和界定领导群体结构优化问题，在实践中要不断摆脱旧的传统思想和习惯的束缚。第三，要体现规律性。要把个体优化作为领导群体整体优化的基础，把结构优化作为领导群体整体优化的关键，把动态优化作为领导群体可持续优化的保证，把握领导群体结构优化的规律性，从而把各级领导群体建设成为坚强的领导集体。

（2）建立优化领导群体结构的新机制。第一，要建立领导干部终身培训机制；第二，要建立领导干部在职学习的考核奖惩制度，促使领导干部不断更新知识，及时了解掌握当代科学文化知识的发展变化，跟上时代前进的步伐；第三，要加大领导干部到高等院校和国外（境外）培训力度，增长知识、开阔视野，培养领导干部的世界眼光；第四，建立后备干部资源

---

① 吉任忠：《论核心领导集体结构要素及优化原则》，《湖南社会科学》，2002 年第 3 期，第 58-59 页。

② 徐中、郑海呐：《现代化建设的领导班子结构要素及其优化》，《理论与现代化》，2005 年第 2 期，第 59-62 页。

开发的长效机制；第五，建立开放型的领导干部选拔任用机制，即通过公开、公平、公正的竞争来激发干部的潜能，为领导群体优化结构提供条件。

（3）开辟优化领导群体结构的新渠道。第一，实现领导层整体的互通互动。一方面，要根据工作需要，选拔配备合适的领导人选，尽量实现领导群体的结构优化，充分发挥各自的职能作用；另一方面，平级不同部门之间要选择合适的人选交叉任职，以促进领导群体结构的互补和整体功能的提高。第二，实现区域性的互通互动。不同区域的领导干部互通互动，也是人才资源整合的重要方面。不过，区域性的领导干部互通互动，会受到国家结构形式、地方人事权力的限制。

➢ 本章小结

“领导”既是动词，也是名词。作为动词，“领导”是指领导活动或领导行为，作为名词是指领导者。给“领导”下定义，就是指在社会组织中，领导者通过影响其下属行为达成组织目标的过程。名词意义的行政领导就是指行政领导者。动词意义的行政领导是指国家行政管理活动中的领导活动，它具有一般领导的共同特点，同时又有执行性、政治性、权威性和综合性的特点。行政领导是行政管理协调统一的保证，是行政管理成败的关键。

行政领导制度主要包括两个层次：一是基本行政领导体制；二是行政领导日常工作制度。我国现行行政领导制度是建立在民主集中制基础上的以集体领导和个人负责制为主要特征的混合式的行政领导制度。行政领导日常工作制度则包括三个层次：一是领导与群众关系的层面；二是上下级行政领导关系层面；三是一个行政领导班子内部关系层面。

行政领导方法，即行政领导者在行政活动过程中，为实现行政领导目标而采取的各种手段、办法和程序的总和。行政领导方式是行政领导者从事领导工作的风格和行为。主要的行政领导方式包括强制式领导、说明式领导、激励式领导和示范式领导方式。行政领导艺术是行政领导者在领导活动中为达到一定的领导目标而灵活运用各种领导理论、方法而形成的技能和技艺，主要有授权艺术、用人艺术、处事艺术和用时艺术。

行政领导者的素质是指从事行政领导工作必须具备的基本条件，以及在行政领导工作中经常起作用的内在要素的总和。其由政治素质、品德素质、知识素质、能力素质、心理素质和身体素质六个方面的内容构成。行政领导群体的素质结构主要包括年龄结构、知识结构、能力结构、心理结构、阅历结构五个方面。行政领导群体素质结构的优化应遵循整体最优原则、权变原则、用人所长原则和自优原则。

➢ 关键术语

领导；行政领导；职位；职权；领导制度；领导方式；领导艺术；领导素质

➢ 思考题

1．如何理解行政领导的含义与特点？
2．如何理解职权法定？
3．我国现行行政领导制度怎样？

4．行政领导的基本方式有哪些？
5．什么是领导艺术？
6．怎样优化行政领导群体的素质结构？

➢案例

重拳出击群众身边腐败①

截留农村低保户的“养命钱”，骗取农业保险的“救灾钱”，贪占社会抚养费的“孩子钱”，侵吞农民耕地补偿款的“土地钱”，克扣贫困家庭“扶贫款”……截至2015年12月，中共中央纪律检查委员会监察部网站已计集中通报860起群众身边腐败的典型案例。

群众身边的腐败有以下特点：一是手段繁多。有的无视中央八项规定精神、顶风违纪，有的雁过拔毛、利用职权吃拿卡要，有的虚报冒领、骗取国家补贴资金，有的违规处置集体“三资”、侵吞集体财产。如果说贪污、截留、套取等手段相对隐蔽，那么以“好处费”“关照费”“业务费”等名目受贿、索贿，则是赤裸裸地侵犯群众利益。

二是小官大贪。尽管不少涉案人员级别只是街道办、乡镇干部，但其违纪违法情况和涉案金额却不容小视。例如，科级干部、秦皇岛市北戴河区供水总公司总经理马超群，甚至交出了一份1.2亿元现金、37千克黄金、68套房产的“腐败清单”，一度成为社会关注的焦点。

三是集体腐败。基层腐败时常会成为集体腐败。他们与乡镇干部、上级职能部门公职人员上下串通，尤其掌握着惠农资金申报审批权力的乡镇“七站八所”人员成为腐败重灾区。在广西河池市，办案人员调查发现，监管人员与屠宰厂勾结，套取国家对病死猪无害化处理的补贴，系列窝案涉案人数达52人，一些贪污、渎职行为达5年之久。

四是民生资金成“重灾区”。从国家下发的退耕还林补助、危房改造补助、种粮补贴等各种补贴补助，到低保金、养老金、优抚金、新农合等各类民生资金，再到征地拆迁补偿款，多个领域民生资金成为基层腐败的重灾区，少数基层干部甚至连群众的保命钱、救命钱都敢贪占。贵州省纪律检查委员会近期通报的13件发生在群众身边的腐败问题，其中9件与扶贫资金、危房改造补助等有关。

“最后一千米”如何发力？中国社会科学院廉政研究中心副秘书长高波表示：“中纪委对群众身边的‘四风’和腐败典型案例密集通报，显示了中央对‘蚊蝇腐败’的高度重视。基层‘四风’和腐败问题之所以屡禁不止，易发多发，与廉政风险防控机制不完善有很大关系。”同时，将中央全面从严治党责任打通基层“最后一千米”，需要加强制度设计，建立健全村级民主监督机制。在决策机制、行政审批、权力清单、责任清单等方面，制定更具针对性的制度规定，把制度的“笼子”织密、编牢、扎紧，

① 《重拳出击群众身边腐败——剖析中央纪委集中公布的860起典型案例》，http://news.xinhuanet.com/politics/2015-12/15/c_1117471158.htm，2015年12月15日。

实现靠制度管官治权，从源头、根源上铲除滋生基层“四风”和腐败问题的温床。

请思考：

1. 谈谈基层行政领导的地位和作用有哪些?
2. 基层行政领导的何种素质最重要?
3. 结合材料，基层行政领导腐败有哪些社会危害?
4. 应如何打击基层腐败问题?

➢ 拓展阅读

贺善侃. 2011. 领导科学和现代行政. 上海：上海大学出版社

胡晓东. 2011. 治理行政领导干部精神懈怠的管理学视角. 领导科学，(24)：8-10

胡冶岩. 2012. 行政领导. 北京：国家行政学院出版社

马佳铮，包国宪. 2013. 绩效领导：一个从领导者到领导系统的领导绩效分析框架. 中国行政管理，(2)：7-10

邱霈恩. 2014. 领导学. 第四版. 北京：中国人民大学出版社

朱立言，李国梁. 2015. 行政领导学. 第三版. 北京：中国人民大学出版社

行 政 决 策

行政决策是行政管理中最核心的工作，为此有学者甚至认为行政管理就是决策和执行。行政决策是一个闭环过程，包含决策形成、决策实施和决策完善等几个基本环节，每一个环节都有其特定的内容。研究行政决策理论，探寻行政决策规律，以科学和民主的方法制定出正确的决策，产生良好、广泛的社会效应，进而促进行政管理的科学化和民主化。由此可见，行政决策在现代行政管理过程中占有十分重要的地位。

第一节　行政决策概述

一、行政决策的含义

（一）决策与行政决策

“决策”一词是现代管理中使用频率较高的一个概念，具体是指人们根据对客观规律的认识，为了一定的行为确定目标、制订并选择行动方案的过程。在现代管理理论中，最早提出决策这一概念的是美国管理学家巴纳德，他在20世纪30年代就提出决策问题，并试图论证其重要性，但是在当时并没有引起人们的广泛注意。真正使决策成为重要管理问题的是美国学者西蒙，他在《行政管理》等一系列著作中详细论证了决策的必要性和重要性，从而开创了决策理论的管理学派。具体而言，行政决策是决策的一种，其具有一般决策的共性特征，也有其特殊性。

对于什么是行政决策，理论界尚有不同理解。我们综合不同的观点认为，所谓行政决策，就是指具有行政决策权的机关或个人依据国家的法律，基于国家和公众的公共利益，有效地推行行政管理，为一定的行政行为确定行政目标、制订并选择行政方案的过程。

上述概念表明，行政决策不同于一般决策，它是依据公共权威和政府职能而形成的政策方案，旨在解决公共问题、提高公共效益。进一步说，行政决策同企业决策、社团决策等有很大的区别。但是，行政决策并不局限于行政性事务，也可以是带有社会性的、经济性的事务。

（二）行政决策的特征

行政决策一般具有如下本质特征：

（1）行政决策的主体是行政机构及其行政领导。行政决策的主体必须是具有行政管理资格并掌握行政权力的个人或集体，因此，一般而言，行政决策的主体应该是政府部门及其工作人员，特别是行政领导。

（2）行政决策的对象是行政事务。行政决策的对象是行政管理所涉及的各种事务，包括政府内部的行政事务和政府外部的公共事务。换言之，行政决策是解决这些行政事务中所存在的问题的过程。

（3）行政决策是行政权力的运用过程。无论是处理政府内部的行政事务还是解决政府外部的公共事务，都离不开行政权力的行使和运用。换言之，行政权力的行使和运用贯穿于整个行政决策过程。

（4）行政决策的目标在于追求公共利益。依据经济人假设，社会中的每个人的决策都是以实现自我利益最大化为准则的，社会中的私营组织则是以实现组织利益最大化作为决策准则的，但是，公共部门的行政决策不能遵循追求部门利益最大化这一决策准则，而应该以公共利益最大化为准则。

二、行政决策的分类

由于决策主体、决策客体、决策条件、决策内容和决策方法等方面的差异，行政决策形成不同的类型。一般而言，有以下几种主要的划分类别。

（一）个人决策和集体决策

根据决策主体的人数多少，可以将行政决策划分为个人决策和集体决策两种。

个人决策是指由单个的决策主体做出决定；所谓集体决策，则是由两个或两个以上的决策主体通过讨论、协商、表决等形式做出决定。这两种决策方式在决策时间、速度、质量、责任性、认可程度、心理压力等方面各有利弊，因此，在实际决策过程中，采取何种决策方式，取决于决策问题类型、信息掌握程度、决策成员的知识技能等具体条件，并且和相关的行政组织制度密切联系。一般而言，个人决策多用于时效性较强的决策情况，而集体决策多见于和平发展时期具有宏伟战略目标的决策。

（二）中央决策、地方决策和基层决策

依据行政决策所涉及的行政层级不同，可以将行政决策划分为中央决策、地方决策和基层决策三类。

中央决策是指中央政府一级国家行政机关处理国家事务或全国性事务进行的决策；地方决策是指省市等中间行政层级地方政府分解中央政策，处理所辖范围内公共事务或公共问题而做出的决策；基层决策是指乡镇一级行政机关在管辖权限和上级规定范围内所进行的决策。如果与一般管理学内容相关联，中央决策、地方决策和基层决策分别对应于组织决策、管理决策和业务决策。无论采用哪一种概念，按照行政层级划分的这三种决策类型，都是相对区分的，也就是说，随着时间、地点和条件的变化，三者的地位或名称也会发生相应的转变。

（三）确定性决策、风险性决策和不确定性决策

根据对决策问题的认识程度，可以将行政决策划分为确定性决策、风险性决策和不确定

性决策三类。

确定性决策是指在决策目标明确、决策条件比较确定、有可供选择的方案、决策结果可以预见并能得到控制的情况下所进行的决策。风险性决策是指在有理想决策目标和可供选择方案的情况下，决策条件中有不可控制的因素，决策结果可以预测或估算但有一定风险的决策活动。不确定性决策则是与决策相关的信息都处于不确定状态，决策的结果极具风险性。确定性决策在行政管理中应用范围很广，凡是日常性的公共事务管理中，多为确定性决策；风险性决策则多见于政府实施管理过程中难以预料决策结果的情形，需要决策主体慎重实施；不确定性决策在行政管理中较为少见，按照行政管理的稳定性原则来分析，一般政府也不愿冒险对不确定的事务管理做出简单决策。

三、行政决策应遵循的原则

行政决策是一个严格的、系统的、动态的过程，涉及政策主体、政策客体之间的相互影响和相互制约。在实施这一过程的时候，必须遵循一些基本原则，保证行政决策过程顺畅运行。

（一）基于现实国情原则

基于现实国情原则就是指，要从现实国情出发，在历史的、社会的宏观背景下把握政策问题，是行政决策的基本原则。国情是一个国家在特定历史时期中，政治、经济、文化、社会等方面的基本情况。对于行政决策而言，基于国家的自然资源和环境状况、科学技术的发展情况、经济发展水平、政治制度及其政治状况、社会状况和社会文化形态，以及国际环境的影响等几个方面的国情显得尤为重要。偏离这项原则，就会导致对行政决策的模糊认识，甚至是歪曲认识，难以做出符合实际状况、解决现实问题的决策。

（二）系统性原则

系统性原则是指要以全局为着眼点，在努力解决单一领域的社会问题的同时，兼顾其他领域的社会问题，以期产生合力，展现决策的整体效益。这是从决策问题的系统性引申出来的一条原则，也是符合行政决策特征的基本原则。社会问题具有较强的系统性，不同领域和层次的社会问题是相互关联、相互影响的，以社会的整体性反映出来。作为社会问题子集的政策问题，同样具有这样的特点。

（三）社会公正及利益补偿原则

这是指对某些在执行中可能会造成部分群体利益短时间受损的决策，必须进行利益补偿，以维持社会公正。由于政府制定和实施公共政策，实际也是一种利益再分配过程。行政决策关系到社会经济、政治发展大局的重大行为，决策主体及相关机构必须保证最大公共利益的实现，这样就有可能会给部分人造成利益损失。为了不至于在公共政策的形成和实施过程中引起巨大的社会动荡，保证社会稳定发展，就必须坚持社会公正及利益补偿这两个相关原则，才能有效避免因牺牲小部分人的利益保全了多数人的利益，而引起社会矛盾和冲突。

（四）民主参与原则

民主参与原则就是指在行政决策过程中，尤其是在政策备选方案的设计与论证过程，必须坚持听取社会各方的不同意见和建议。只有在不同见解的冲突、辩论和交锋过程中，才能做出明智的判断和选择。值得一提的是，民主参与原则也可能导致“强势民主”的混乱局面，即不同意见在行政决策过程中反复争论而得不出最终结果，这对于具有时效性的公共政策来说是极为不利的。

四、行政决策的主要影响因素

行政决策过程中会受到各种因素的影响，如社会意识形态、民族特点、宗教信仰、传统习俗、已有的法律和政策、信息资料收集和传输技术等，都会对行政决策产生不同方面的影响。其中，最重要的是决策者的素质和能力、占主导地位的价值观、社会主要利益集团及社会舆论。

（一）决策者的素质和能力

由于行政决策关乎国计民生，所以具有很强的政治性，要求决策者具有高度的政治使命感和责任心。同时，行政决策又具有很强的实践性，要求决策者必须具备较高的理论水平，包括具有相关的专业知识。行政决策还是一门领导艺术，要求决策具备很强的领导能力和丰富的实践经验，有准确分析、判断能力，有灵活的应变能力和民主的工作作风。以上决策者的各项素质，在行政决策过程中都会直接或间接地影响决策的质量。

（二）占主导地位的价值观

社会价值观是影响行政决策的一个重要因素。这是因为人们往往在社会价值观的主导下，以利益为基础来进行决策；另外，决策的结果又会反过来加强和巩固占据主导地位的社会价值观。因此，行政决策与社会价值观之间密切关联，相互影响。现在世界各国几乎都接受了民主、自由、平等、正义等价值观念，但是由于社会制度和意识形态不同，赋予这些观念的含义及其现实表现却有着极大的差异和本质的区别。另外，社会价值变动会直接影响到国家政策的变动。

（三）社会主要利益集团

行政决策实际上就是对社会价值和社会资源的调整和再分配。不同的利益集团有着不同的价值和利益诉求，所以无论怎样决策，总会触犯一些利益集团的利益。这时，利益受损的集团就会对决策者施加压力，施加压力的形式可能是单个集团的独立行动，也有可能是多个利益集团联合向政府施压。从另外一个角度来讲，现实中的行政决策是很难让所有的利益集团都满意的，因此，政府在进行决策的时候，有必要衡量社会当中不同利益集团对于当前决策的支持程度。显然，能获得大多数利益集团支持的决策是任何决策主体所期待的。

（四）社会舆论

社会舆论实际上是反映和表达人民群众愿望、要求的一种形式，其特点是通过报刊、广播、电视等宣传新闻媒体，把广大人民群众对社会政治、经济、文化等领域发生或存在的重大问题所持有的观点、意见，以及解决这些问题的建议或见解反映出来、传播开来，使某一社会问题成为人们普遍关心的热门话题，成为全社会关注的焦点。社会舆论一旦形成，对行政决策的影响是十分巨大的，在某些特定情况和条件下甚至会产生决定性影响。一旦形成消极舆论，就会给决策者以极大的压力；反之，形成积极舆论，就会极大促进决策的实施。

第二节 行政决策主体与决策参与主体

在传统行政管理模式中，行政决策主体仅限于行政体制的范畴，但民主政治的发展，公民权利意识和参与意识得到加强，使越来越多国家的行政决策打开了传统行政管理中封闭的决策体制。新公共管理运动以来，行政决策的主体在扩大，行政决策参与主体的范围极大地扩展，行政决策系统正逐渐呈现出开放式的发展趋势。

一、行政决策主体

行政决策主体在行政决策中处于决策主体性地位，对整个行政决策的形成、执行及其后果负责。离开了行政决策主体，就不可能有行政决策。一般而言行政决策主体包括立法机关、行政机关、政治领袖、官僚集团与公务员、司法机关及执政党。

（一）立法机关

总的来说，立法机关作为社会公共权威的载体，它所制定的法律是决策的重要组成部分，而且还具备了其他决策所没有的普遍化和确定性的特征。但是在西方，由于实行三权分立，因此，立法机关在制定法律的形式决策时，往往会受到其他机关的牵制。

（二）行政机关

在当今社会，为了规范管理，行政机关也是法律议案的主要提出者之一，这些议案往往是针对一些日常性公共事务而提出的。而对于那些大量的例外事务，由于没有既定的规范可以遵循，则交由行政首长个人做出决断，当然相应的责任也应由行政首长个人承担，这就是多数国家实行的行政首长负责制。在官僚制尚不成熟的国家，行政机关在行政决策中所拥有的权力和影响比立法机关更大。

（三）政治领袖

政治领袖是具有公共法权的行政决策主体。不同政治体制的国家，政治领袖在决策中发挥作用的重要程度不同，发挥作用的形式也不同。在议会制国家，议会多数政党领袖一般就是政府首脑，这时，政党领袖就扮演了行政首长和政治领袖的双重角色。在总统制国家，总统集国家元首、行政首长、政党领袖的多重身份为一体。我国的国家元首也是执政党领袖、国家的政治领袖，在行政决策中的作用是主导性的。

（四）官僚集团与公务员

官僚集团与公务员可以看做集合体与个体的关系，公务员集合到一起就构成了官僚集团。由于现代社会的高度复杂性，官僚集团与公务员个人在行政决策过程中，实际上握有一定的决策解释权，以至于决策者不得不在决策之前听取他们对于决策方案的意见。在通常情况下，实施有公务员参与的决策，可能会带来更好的治理效果。

（五）司法机关

司法机关参与行政决策的主要形式是法院判决，即司法机关利用司法审查权限制立法与行政机关的权力，并且通过案件的审判参与到行政决策中去。当然，从严格意义上说，法院的判决并不是一般意义上的行政决策，但由于其确立的某些原则对社会公共利益的分配形成了具有权威性的影响，因而也属于行政决策的范畴。

（六）执政党

现代社会中的政党是阶级和基层的利益代表，尤其是议会内的执政党，有可能通过议案提交、议会辩论等程序，直接将本党的意志上升为行政决策，因此执政党是行政决策中不可忽视的决策主体。我国的执政党直接就是各级立法、行政、司法机关的最高权力执掌者，当然也就是各级行政决策的核心主体。

二、行政决策参与主体

行政决策参与主体是指那些在行政决策过程中发挥一定作用，并在一定程度上可以影响行政决策结果的各个主体。由于这些主体并不具备公共权威，不能行使公共权力直接影响行政决策，因此，这些主体可以看做间接影响行政决策的组织或个人。随着行政决策科学化和民主化的进一步深化，行政决策参与主体的作用也日趋重要。

（一）非执政党

在西方国家里，非执政党一般被称为在野党，在特定条件下在野党也会成为反对党。所谓在野党，就是那些没能执掌或参与执掌国家行政权力的政党。在野党是国家政治力量的组成部分，它们虽然不能直接将本党的意志上升为政府决策，但是能够以对政府监督、批评等方式，表达自己的政治意愿，从而对行政决策造成影响。

在我国，不存在反对党或在野党，非执政党都是参政党。参政党是指参与政治协商的各民主党派，我国目前有八个民主党派，它们都是与执政党密切合作的参政党、友党，它们本身并不以获取公共权力和执政地位为目标，因此，它们在行政决策中主要是发挥参政、议政、政治协商的作用。

（二）公民

公民是指具备一定的国籍，依照该国宪法和法律，享有权利、承担义务的自然人。公民依据宪法享有选举权，公民行使选举权时就变为选民。

选民参与决策最主要的途径就是选举。选民通过选举过程能够促进行政决策发生根本变革。具体而言，选举是选民对代表不同决策倾向的党派或政治家做出的一次性选择，当然被选择者的个人魅力也是影响选民投票的一个重要因素。由于选民与被选举者的授权与被授权、监督与被监督的关系，即使在选举结束之后，行政决策仍然会受到选民的影响。

公民参与行政决策的主要方式是公民投票（全民公决）。一些国家的法律规定，在议会与政府产生决策分歧时，就以公民投票（全民公决）的方式做出最后的决定。所以，如果说选民投票选举是公民间接参与行政决策的形式，那么公决投票则是公民直接参与行政决策的过程，其决定作用更加直接，也更为有效。

（三）利益集团

利益集团是指除阶级、政党、政治团体之外，各种以物质利益为纽带而形成的团体和群体。它们有的有一定的组织形式，有的则没有什么组织形式，只是基于某种共同价值、共同利益、共同态度，或者是基于某种职业形成了相近的行为模式。由于利益团体的广泛存在，数量众多、形式各异的利益团体各自要求虽不尽相同，但它们却是政府和人民之间联系的重要桥梁，对行政决策的影响是十分重大的。各种利益团体参与和影响行政决策，是现代国家政治体制的一个显著特征。

（四）智囊团

作为行政决策参与主体，智囊团不仅是指传统意义上的官方参谋机构，而且还包括半官方和民间的智囊机构。其中，民间的智囊团更富有独立性，更能在尊重科学和实践的基础上，从实际出发，依靠严密的论证，得出令人信服的结论，因而被视为智囊团的主体构成。而官方智囊团一般隶属于政府部门或执政党，所以主要是为决策的正常、合理、合法的运行提供必要的智力支持和技术保障。

半官方智囊团是指主要受政府资助，同时也具有相对独立性的决策研究机构，它们的主要作用在于，提供专业的决策咨询，协调决策活动，配合决策进行宣传，输送专门人才等，决策参与作用相对较小。

（五）大众传媒

大众传媒是指广播、电视、报纸、杂志、书籍、电子信息等人们借以表达思想和意愿、传播各种信息的舆论工具，是现代社会强有力的、直接的沟通手段。一般认为，大众传媒是一种并列于立法、行政、司法的“第四种权力”。大众传媒虽然不是正式的权力，但是却因为能及时有效地向官方决策者反映社会需求，为行政决策提供客观的依据，从而能对行政决策过程产生很大的影响，这无论是在西方还是我国都表现得十分明显。

三、行政决策参与的主要形式

行政决策要求科学化和民主,因而使不同的主体在行政决策过程中都能发挥各自的作用：就行政决策主体而言，主要是按照一定程序对各类社会问题做出迅速的决断，或者是制定未来社会发展的总体目标；就行政决策参与主体而言，主要是将各自的利益诉求输入到决策系统，追求最大的利益满足，当然前提是不违背公共利益。由此可见，不同主体是通过不同渠道，即行政决策参与来对行政决策产生具体影响。一般而言，行政决策参与的主要形式包括以下几种。

（一）听证会

听证会是指政府在做出直接涉及公众利益的决策时，听取利害关系人、社会各方及有关专家的意见，以实现良好治理的一种必要的规范性程序设计。听证会的种类很多，在行政决策中，最常见的是价格听证。

（二）党派协商

在多党竞争的国家里，非执政党在行政决策过程中的作用表现为对现任政府的决策始终保持尖锐批评，并及时提出与政府决策相对立的决策。虽然非执政党与执政党往往处在对立的局面下，但是这并不意味着这些党派之间不协商，如美国的《协商制定规章法》就规定了行政规章的出台可以通过协商的方式来制定。在我国，共产党领导的多党合作和政治协商制度是基本政治制度，也就是说，重大行政决策邀请其他参政党共同协商、参与决策是基本政治制度。

（三）民意调查

民意调查被认为是人民主权的需要，是选举时了解选民的需要，也是加强政府管理和行政决策的需要。西方发达国家法律规定，政府的重大决策出台之前都要进行民意调查，以保证决策符合民意。通过民意调查，还可以宣传政府的决策，获取国民的理解和支持，掌握民众对政府服务的满意程度。民意调查是行政决策参与主体的主要参与形式，特别是对于普通公民来说，民意调查是政府听取民意的集中表现，也是公民参与决策的主要渠道。

（四）公民请愿与公民投票

现代社会里公民可以通过积极请愿制度和投票制度表达意见和参与决策。应当指出的是，作为公民参与行政决策的一条重要的途径，公民请愿与公民投票有被动参与的性质，即与听证会一类的主动参与方式相比，公民请愿大多是在利益受损的情况下被动做出的。所以，公民请愿与公民投票是一种重要的参与形式，但并不常见。

第三节 行政决策系统与行政决策模式

一、行政决策系统

行政决策系统是行政机构做出正确决策的组织保证，一般而言，包括行政决策中心、决策信息系统、决策咨询系统和决策控制系统四个子系统。上述不同的系统组成分别具有不同的功能，承担着不同的决策任务。只有在上述四个组成都正常运转的情况下，行政机构才能适时做出正确的决策。

（一）行政决策中心

行政决策中心是行政决策的枢纽系统，一般而言，行政决策中心是由行政部门的主要领导组成，其具体任务是选择、确定方案和检查、监督决策的执行两个方面。选择、确定方案是行政决策中心的核心任务，也是行政决策中心与决策咨询机构、执行机构的区别所在。检查、监督决策的执行则是行政决策中心的主要任务。通过行政决策中心对决策执行的检查和监督，决策执行的进度及偏差可以得到有效控制。

在我国，社会的重大公共事务的决策都是由党、政府、人大联合做出。中国共产党作为我国的领导核心，在决策过程中发挥着重要的领导作用；人民代表大会则是代表人民，通过代表大会和常委会参与行政决策；政府作为直接管理社会公共事务的主体，既是行政决策主体，同时还是行政决策的执行主体。

（二）决策信息系统

决策信息系统是指为行政决策中心收集、整理和传输有用、准确、及时的信息的服务机构，是信息处理成员与计算机等传输工具组成的人机系统。决策信息系统的主要任务是为决策主体收集、处理和传输信息，是决策系统中的“神经系统”，对决策具有极为重要的作用。这些作用主要表现在及时、准确地收集、处理信息；提供制订方案的依据；帮助进行方案比较和选优；控制决策和计算执行的最佳状态等几个方面。行政决策信息系统的关键在于信息技术的应用。

（三）决策咨询系统

决策咨询系统就是指由咨询人员组成的专门从事咨询活动的组织,在西方国家被称为“智囊团”“思想库”“头脑公司”等。现代行政决策已经由个人决策走向集体决策，而集体决策的重要内容之一就是决策必须有咨询人员的参与。决策咨询系统虽然不同于专家治理，但是所起到的作用却带有明显的专家咨询的色彩，具体包括帮助决策主体对决策问题做出客观的判断；帮助决策主体对决策问题做出专业的判断；帮助决策主体获取更加全面、准确的决策信息；帮助决策主体提供备选方案等几个方面。

（四）决策控制系统

决策控制系统是指按照一定的标准或程序对决策过程实行控制的组织系统。要使行政部门不发生重大决策失误或能够及时修正错误的决策，就必须对其决策实施有效的控制，这就需要专门的控制方法和相应的控制系统，以保证决策控制的顺利进行。一般而言，决策控制系统包括决策所要达到的标准、衡量当前决策的手段、比较方法、校正当前决策达标的方法四个方面。决策控制系统在整个决策过程中具有重要的作用，能保证及时纠正错误的决策，防止国家和社会遭受重大损失。

二、行政决策模型

建立决策模型的方法在行政决策中有着广泛的应用。任何科学的行政决策中都可以使用决策模型的方法。虽然模型不能代替决策，也不能准确预见未来所能达到的决策结果，但有效的决策模型可以告诉人们关于未来某种情况出现的概率，从而为行政决策提供一个简便的工具。

（一）有限理性决策模型

这种模型中的决策者不企图追求完全理性，即最优决策方案，而只追求有限理性决策方案，即次优决策方案。

决策者总是希望实现理性决策，即选择达到目标的最优方案。但西蒙等经过研究指出，实际上，最优选择是难以实现的。这是由于：第一，决策目标往往不会是单一、明确和绝对的；第二，决策者存在理性缺陷，其行为往往受到个人偏好、性格特征等非理性因素的影响；第三，决策者处理信息的能力是有限的；第四，决策所面临的情况往往是价值冲突而非价值一致，同时又不存在绝对价值中立的原则；第五，决策总要受制于时间、人力、物力、财力等资源条件的限制；第六，决策会受到官僚决策机制的制约，致使协调整个系统的决策会遇到很大的障碍。所以，实际可能实现的只会是有限理性决策，即以决策的次优解代替最优解。现在这种模型已经被普遍接受。

（二）精英决策模型

精英主要是指政治领袖，这种决策模型就是指占统治地位的政治领袖把握政策制定的主动权，公共政策完全由他们来决定，然后由行政官员及其机构加以执行的决策模型。在这样的决策模型下，公共政策主要不是反映公众的要求，而是反映精英的兴趣和偏好。同时，在这样的决策模型中，精英与公众的沟通在极大程度上是自上而下的，公众的意愿和能力被贬低，公众的情感往往被操纵在精英们的股掌之中，公众对精英决策价值取向的影响很弱。

精英决策模型主要关心决策过程中领袖人物所发挥的作用，而忽视了现代民主国家公众政治参与的愿望和能力，这显然与决策民主化的世界潮流不相适应。但是我们不能因此就否认现实中这种决策模型的存在。

（三）渐进决策模型

渐进决策模型就是保留对以往政策的承诺，但同时又稳中求变，并积小变为大变的决策模型。

这个决策模型是美国学者林德布洛姆在批判传统理性模型的基础上提出的。他认为，行政决策过程中决策者要依据现有方案，通过与以往政策的比较，考虑不断变化的环境需要，对以往政策进行局部的、小范围的调适，逐渐把一项旧的政策转变为一项新的政策。因此渐进决策模型是政策渐进与变化的动态过程。渐进决策模型有利于避免因决策失误所产生的持久性结果，渐进决策模型的出现有其实际基础和理论依据，当前各国的政治几乎都呈现出一种渐进的趋势。

同时也应当看到，渐进决策模型多适用于稳定发展的社会形势，但也有很大的局限，即带有明显的保守主义偏见，不符合社会变革的需要。

（四）团体决策模型

团体决策模型是社会多种政治力量综合作用，共同决策的模型。

在这个模型中，参与决策的团体是利益集团，团体决策模型的要义就在于集体竞争的规则，通过相互妥协、折中调解等形式，寻求各个团体的利益平衡。团体决策模型能够避免任何单个团体的势力控制决策，形成不同团体的相互制约，进而维护社会的稳定和平衡。但这种决策模型又夸大了团体在社会政治生活中所发挥的作用，不符合现实决策的实际。

第四节 行政决策一般过程

行政决策一般须经过决策目标的确定、备选方案的设计、备选方案的筛选和最终决策的抉择四个环节。

一、决策目标的确定

（一）决策目标的含义

决策目标就是决策主体的预期，它可以是期望通过决策执行所解决的问题，也可以是希望要避免的消极社会影响。确定正确的决策目标具有非常重要的作用，它可以确立行政决策的方向，为备选方案的设计和筛选提供依据，也为决策执行和决策评估提供基本依据。

正确的决策目标，取决于两个主要环节：一是决策目标的设计正确；二是不同的参与者对决策目标的认同。

（二）决策目标的主要特征

决策目标具有政治性、相关性、可行性和明确性的特征。

（1）政治性。决策目标不同于一般的管理目标，是政府所要达到的理想状态和衡量达到目的的指标。所以决策目标首先是一种特定的政治目标，它集中反映了不同决策主体对决策的认同程度。不管是中央政府还是地方政府的认同，都会极大地影响决策目标的确定。

（2）相关性。决策目标之间具有相关性。这种相关性是由所要决策的问题之间的相关性决定的。决策目标之间通常表现出两种关系，或是促进其他目标的实现或是阻碍其他目标的实现。

（3）可行性。决策目标的确立必须根据客观条件量力而行，要考虑到现实的人力、物力、财力、技术水平等方面的资源和国内外的社会环境，以及公众需求等社会状况。一般说来，具有可行性的决策目标应该是基于现实又稍高于现实的，不可绝对的偏高或偏低。

（4）明确性。明确性要求决策目标明晰具体，要求概念、时间、条件与数量等方面都有清晰界定。此外，决策目标的明确性还表现为对决策涉及资源的把握。一般来说，决策目标的确定必然会受到各种资源的限制，这些资源又可分为可控资源和不可控资源。要保证决策目标的明确性和可行性，就必须使可控资源起主导作用，否则就会使决策目标陷入模棱两可的状态，达不到明确性的要求。

二、备选方案的设计

设计备选方案就是指围绕决策目标，寻求多种解决决策问题的方法与途径的活动过程。行政决策的实质就在于选择，而进行选择的前提就是设计备选方案。备选方案的确定是行政决策的重要环节，没有足够的备选方案，最终决策的出台是无法想象的。

（一）备选方案的内容

备选方案最主要的内容包括实践活动的各要素以及解决问题方式的排列组合。具体说，就是解决实现决策目标“谁做”“谁不做”“何时做”“何地做”等问题。

备选方案具体包含：第一，选择实践主体。实践的主体可以是个体，也可以是群体。第二，选择行动的方法、手段。这是设计备选方案的关键所在，直接关系到决策目标能否实现。第三，不同要素在特定的实践时空环境的选择，即解决实践主客体之间的相互作用的条件与环境问题。以上三个方面内容的不同组合形式构成不同的备选方案。

（二）设计备选方案的一般过程

与行政决策一样，设计备选方案也是一个动态过程，可以分为设想、分析、初选、评定、淘汰等若干环节。理论上，可以将上述的若干环节整合为轮廓设计和精心设计两个阶段。

（1）在轮廓设计阶段，主要是依据决策目标，对可行的备选方案进行粗线条勾勒和构想。轮廓设计都是从经验和已有知识入手。当然，在参考已有经验的过程中，也必须明确哪些经验是可借鉴的，哪些经验是不可行的，这样才能在轮廓设计过程中保证最终决策出台的科学性。

（2）在精心设计阶段，要将轮廓设计中的粗线条方案尽可能细化，还要对备选方案的效果进行理论评估。如果说轮廓设计阶段特别需要勇于创新的精神和丰富的想象力，那么精心设计阶段就需要冷静的头脑和坚毅的精神。

（三）设计备选方案中不同主体的参与

政策方案的产生是多方主体的集体思维智慧和集思广益的过程，所以各方主体的参与具有重要作用。要重视不同的主体、决策者、咨询者、利益相关团体、公众等各方参与主体的出谋划策，综合权衡各方的意见和建议，这样才能设计出较高质量的、切实可行的决策备选方案①。

三、备选方案的筛选

对备选方案的筛选，就是在对备选方案进行全面评估的基础上选择最佳方案，有时筛选还表现为一种综合的活动，即以一个较好的决策方案为蓝本，吸取其他一些方案的长处，创新出一个更为满意的决策方案。

在对决策备选方案进行筛选前要对决策方案进行评估。评估的基本内容包括：对方案价值进行论证评估；对方案可行性的论证评估；对方案的效果评估；对方案的风险评估。

对备选方案的筛选要遵循的标准或原则有：第一，政治价值标准。科学的政治价值标准要体现出社会大多数人的利益。第二，成本–效益的标准。要能够以最小的成本换取最大预期的社会整体效益。第三，伦理道德标准。要符合社会普遍认同的道德规范和伦理准则。

四、最终政策的抉择

最终政策的抉择就是在评估、论证各种备选方案的基础上进行比较，最后选择出最佳决策方案的过程。备选方案的筛选是确定最终政策的前提，最终政策的抉择是筛选备选方案的结果。

由于最终政策一旦确定必然在社会上引起巨大反响，会产生各种社会效果，正确的决策会产生积极的社会效应；反之，错误的会产生消极的负面影响，所以决策机关和决策者对政策的确定一般都持有非常严肃慎重的态度。

---

① 张国庆：《公共政策分析》，复旦大学出版社，2004年，第192页。

当今世界上大多数国家在确定最终决策的时候，都是通过集体选择来确定的，而常见的集体选择规则有全体一致同意原则、多数抉择原则、赞成投票原则等几种形式。

（1）全体一致同意原则又叫做一票否决原则。这是最理想的民主选择状态。但是在实践中往往很难实现，尤其是在参与者人数众多的情况下，不同参与者很难实现完全一致的选择，反而会导致反复争执和最终政策的难产。

（2）多数抉择原则即少数服从多数原则。现实中有两种形式，一种是简单多数原则，另外一种是绝对多数原则，即对最终胜出方案的赞成票数与总票数的比例有严格要求。这种规则可以最大限度地保证大多数人的利益，所以是最为常见的集体选择规则，在各国的行政决策中经常使用。其优势已为各国决策体制所认同，但这个原则也可能因为投票作弊，而使投票结果最终偏离公共利益，产生“多数人的暴政”。

（3）赞成投票原则，也被称为“同意表决法”，即由全体成员对决策方案投赞成票，使得票最多的备选方案胜出。这种方法非常简单、真实，但也可能因为某些成员的多次投票而不准确。

上述方法都各有利弊，所以在最终决策的确定的过程中，依据不同的社会、经济、文化条件，可以灵活地选择不同的集体选择规则，以获得最可行的决策结果。

➢ 本章小结

行政决策，就是指具有行政决策权的机关或个人依据国家的法律，为了国家和公众的公共利益，有效地推行行政管理，为一定的行政行为确定行政目标、制订并选择行政方案的过程。行政决策的特点在于，行政决策的主体是行政机构及其行政领导，行政决策的对象是行政事务，行政决策是行政权力的运用过程。行政决策需要遵循基于国情原则、系统性原则、社会公正及利益补偿原则，以及民主参与原则。行政决策中最主要的影响因素是决策者的素质和能力、占主导地位的价值观、社会主要利益集团及社会舆论。

行政决策主体对整个行政决策的形成、执行及其后果负责。一般而言，行政决策主体包括立法机关、行政机关、政治领袖、官僚集团与公务员、司法机关及政党。行政决策的参与主体包括非执政党、公民、利益集团、智囊团、大众传媒。行政决策的参与形式主要有听证会、党派协商、民意调查和公民请愿与公民投票。

行政决策系统包含行政决策中心、决策信息系统、决策咨询系统和决策控制系统四个系统。行政决策的模型主要有有限理性决策模型、精英决策模型、渐进决策模型、团体决策模型。决策模型可以帮助决策主体做出正确的决策，减少在决策过程中对人、财、物的浪费。

行政决策是一个过程，它包括决策目标的确定、备选方案的设计、备选方案的筛选、最终政策的抉择四个环节。每一个环节都有特定的内容，只有坚持按行政决策过程，完善决策的每个环节，才能保证决策的有效性。

➢ 关键术语

行政决策；行政决策中心；决策信息系统；决策咨询系统；决策控制系统；行政决策系统

➢ 思考题

1．什么是行政决策？
2．行政决策应遵循哪些基本原则？
3．行政决策的主要影响因素有哪些？
4．行政决策主体有哪些？怎样理解它们之间的关系？
5．行政决策系统的构成是怎样的？
6．怎样理解行政决策的有限理性决策模型？
7．行政决策的一般过程包含哪些环节？

➢ 案例

房地产供给侧结构失衡　化解房地产库存①

随着我国经济下行压力加大，国内房地产市场开始历史性地放缓，自 2014 年开始进入住房“结构性过剩”时代。国家统计局的数据统计，截至 2015 年 10 月底，全国商品房待售面积 68 632 万平方米。以此数据计算，即使把 2013 年全国商品房销售面积 13 亿平方米的历史最高销售纪录作为参照，全部库存也要 10 年以上才能消化完毕。房地产的“库存”是指已经竣工可供销售及可供出租的住房。

近年来，随着人口年龄结构变化与城镇新增人口增速放缓，首次购房需求有所放缓；持续上涨的房价导致居民实际购买能力下降，房地产泡沫加大；限购政策导致部分投资性购房被挤出，再加上未来房价的下跌预期导致部分住房需求被推迟；加之保障房和二手房对新建住宅的“替代效应”增强，导致房地产供给侧结构失衡，新建商品住宅需求回落。

房地产行业作为我国 GDP 的支柱性产业，直接影响到我国经济发展。在“促消费、去库存”的大背景下，房地产供需两端宽松政策频出，但全国各地仍有庞大的库存量，因此 2016 年房地产去库存化成为 2016 年的主基调。

2015 年 11 月 10 日，习近平总书记主持召开中央财经领导小组第十一次会议，为楼市调整方向定调。2015 年 12 月 21 日闭幕的中央经济工作会议，将“去库存”纳入今年我国确定的五大经济任务之一。鼓励各方购买库存商品房出租、鼓励房企降价，取消过时的限制性措施，化解房地产库存，稳定房地产市场。时隔两年后，“房地产”再次出现在中央经济工作会议中，而“去库存”更是首次被提及。

2016 年 1 月 7 日下午，由中国房地产数据研究院支持的中国首届房地产去库存高峰论坛在京召开。大会明确贯彻和落实了习近平总书记强调的“化解房地产库存，促进房地产业持续发展”和李克强总理强调的“住房保障逐步实行实物保障与货币补贴并举，把一些存量房转为公租房和安置房，对居住特别困难的低保家庭给予救助，支

---

① 《中央政治局会议：化解房地产库存　稳定房地产市场》，http://news.xinhuanet.com/finance/ 2015-12/14/c_ 128529345.htm，2015 年 12 月 14 日。

持居民自住和改善性住房需求，促进房地产市场平稳健康发展”的指导精神，明确了近几年楼市的政策走向，专家指出政策的制定需要结合整个国民经济的运行情况，房地产的库存去化是一个长期的任务，在当前经济增速放缓且面临转型之际，房地产行业的作用再度被强化。房地产行业的去库存和产业结构优化将成为大势所趋，而会议提出的一系列促进需求的政策要求，都将极大地激活住房的潜在需求，改变房地产行业供求现状，改善当前高库存的局面，从而助推房地产行业实现复苏。

请思考：

1．试分析“去库存”政策的出台采用何种决策模式？

2．结合案例，你认为政府为做出科学合理的决策，应采取哪些决策模式？

➢ 拓展阅读

布罗姆利 D W. 2012. 经济利益与经济制度：公共政策的理论基础. 陈郁，郭宇峰，汪春译. 上海：格致出版社，上海人民出版社

陈振明. 2015. 公共政策分析导论. 北京：中国人民大学出版社

戴伊 T R. 2011. 理解公共政策. 第12版. 谢明译. 北京：中国人民大学出版社

邓恩 W N. 2011. 公共政策分析导论. 第4版. 谢明，伏燕，朱雪宁译. 北京：中国人民大学出版社

韦默 D L，瓦伊宁 A R. 2013. 公共政策分析理论与实践. 第4版. 刘伟译. 北京：中国人民大学出版社

行 政 执 行

行政执行是行政权力的集中表现，是国家行政机关最根本的职能。它贯穿于全部行政管理活动的重要环节，各种政策、法律、法规等都是通过行政执行活动完成的，行政执行是实现行政决策及管理目标最直接、最重要的行政活动。了解行政执行的概念、特征，了解行政执行的主要环节，以及行政执行的基本原则和手段，还有行政执行的改善是必要的。

第一节　行政执行概述

一、行政执行的概念

行政执行（administrative execution）是指行政机关及其工作人员按照行政管理的客观规律，为实现行政决策目标，充分调动各种公共资源而进行的全部行政活动。

理解行政执行应该把握以下几点：第一，行政执行的主体是行政机关及其工作人员。行政机关及其工作人员以外的组织和个人不能作为行政执行的主体，实施行政执行的活动。第二，法律、法规、政策、决定是行政执行的主要依据。行政执行的任何一个环节都必须遵循法律、法规，符合法律、法规的要求。要杜绝以权代法、以言代法和随意执法的恶劣现象。可以说，行政执行的过程就是依法行政的过程。第三，行政执行的目标是实现行政决策目标，具体目标则是对公共事务的管理和提供公共服务。第四，行政执行的内容是全部行政活动过程。这个过程包括调动各种公共资源，如人力、物力、财力、政策资源等内容。如果从整个执行过程看则包括指挥、控制、沟通和协调。

二、行政执行的特征

（一）目标性

行政执行是具有很强目标性的行政管理活动。无论行政执行的具体方式、方法如何，它总是为实现行政决策目标而进行的。行政执行的一切活动都必须服从达成行政目标的目的。行政执行的每一个环节，以及人、财、物、时间等管理要素都要围绕实现行政决策目标进行安排。行政执行的目标越清晰，就越容易达成行政决策目标，行政管理的效率也就越高。可见，行政执行是一种目的性很强的活动。

（二）经常性

行政执行是国家行政机关及其行政人员的日常的大量的活动，是一项经常性的繁重工作。行政执行主体不仅要贯彻执行某些决策，还要执行大量的例行决定，行政执行的主要内容都属于例行的和经常性的。行政执行主体的大部分时间和精力都在执行决策，这些经常性的行政执行可以保证国家机器的正常运转。

（三）强制性

行政执行是以国家和法律的强制力为后盾的，强制性是行政执行的一个显著特点。行政执行的强制性主要表现在两个方面：一是行政组织层级之间局部必须服从整体，下级必须服从上级，地方必须服从中央。没有服从，行政执行活动就无法开展。二是在行政执行过程中，如果行政执行对象拒不服从、不履行法定义务时，行政机关可以采取强制执行措施。强制与服从是实现政府职能、贯彻国家法律、政策的重要保障。

（四）灵活性

行政执行通常会面临复杂多变的具体环境，这就要求行政人员必须在坚持决策目标和决策标准的前提下，根据具体情况，审时度势，因地制宜、因时制宜，灵活处理，不能主观教条。只有这样才能更好地完成行政管理任务，实现行政管理目标。

（五）时效性

行政执行是一种有时限要求的活动。行政执行的每一个环节都有明确的时间限定，也就是说必须在规定的时间内完成规定的工作或任务，不能拖延而影响执行效果。行政执行的实效性，要求行政执行必须做到果断、迅速、高效与及时。

三、行政执行的意义

（一）行政执行是实现行政管理目标的重要环节

行政管理过程主要由三部分组成，即行政决策、行政执行与行政监督。它们之间相互联系、相互作用、承前启后，共同构成行政管理完整的链条。行政决策决定行政管理的目标和行政方案；行政执行是对行政决策的具体实施行为；行政监督则是对整个行政活动过程的检查和督促。这三者在行为主体、行为内容及行为方式上有着本质的不同，不能相互代替，它们都是行政管理活动中不可或缺的重要环节。特别地，行政管理任务的完成，行政决策目标的实现，都取决于准确果断、全面及时地开展行政执行活动。因此，行政执行是整个行政管理过程中一个非常重要的环节。

（二）行政执行是检验和修正行政决策的重要途径

行政决策是否正确，最终还是要通过实践来检验。现实是复杂多变的，决策活动过程涉及的种种变量之间的关系，在实践中可能会出现特别大的变化。所以，无论是什么决策都要经过行政执行在实践中不断调整和完善。行政执行为决策的补充、修正和完善提供事实的依据，从而使政府的决策更科学、更合理，管理更有效。可以说，一个有效的行政执行活动过程，同时也是行政决策方案得以有效修正和完善的过程。实践中，重决策、轻执行的思想和行为对行政管理工作是极为不利的。

（三）行政执行是检验和评价行政管理工作最主要的依据

行政执行不仅能检验行政决策的正确性和合理性，也能检验行政机构设置是否合理、行政人员配备是否恰当、组织规章制度是否健全、信息反馈是否灵敏。除此之外，行政执行的效果还能反映领导干部作风好坏、工作人员积极性的高低、办事效率如何以及管理技术水平等。以行政执行的效果来衡量行政管理工作、扶正纠偏，有利于改进行政管理、提高行政效率。

第二节　行政执行的主要环节

不同地方不同层级的行政执行的要求、方法等是不一样的，但有几个主要的工作环节是不可少的，这就是行政指挥、行政控制、行政沟通和行政协调。

一、行政指挥

（一）行政指挥的含义及其作用

行政指挥（administrative command）是指行政领导者按照既定的目标，发令、指导、调度和协调下属实施行政管理活动的过程。它是行政执行的首要环节之一，是领导作用在行政执行过程中的直接体现。

行政指挥的作用体现在:行政指挥是保证行政执行活动协调一致的重要手段；行政指挥是高效地贯彻执行行政决策的根本保证；行政指挥是高质量地达成行政决策目标的根本保证；行政指挥是保证各种行政资源得以充分利用的必要条件；行政指挥是衡量行政领导者的政策水平和组织与领导能力的重要标准。

（二）行政指挥的原则

行政指挥需要遵守统一指挥、合理授权、指挥得当和权变指挥的原则。

（1）统一指挥原则。行政指挥的目的是达到统一。只有统一而有权威的指挥，才能思想统一，使行政组织的功能得到更好的发挥，使行政机构更加灵活运转，上下同心，左右协力，保证行政决策目标的顺利完成。

（2）合理授权原则。指挥者应该根据执行工作的需要，适当向下级分配工作任务，授予相应的权力，被授予者因而承担相应的责任。

（3）指挥得当原则。行政指挥直接关系到行政执行的效果。无论采用哪种指挥方式，都应该贯彻民主集中制的精神，体现民主、说服教育的精神，表现出示范作用。

（4）权变指挥的原则。行政执行面临的情况瞬息万变，执行工作中可能出现难以预料的各种情况。行政指挥时必须具体情况具体分析，随时按照决策的目标要求，灵活调整执行方案，以保证执行目标的实现。

（三）行政指挥的方式

行政指挥的具体方式是多样的，经常使用的方式有口头指挥、书面指挥和会议指挥几种。

（1）口头指挥简单、明了、及时、方便，是指挥者广为采用的且深受欢迎的指挥方式。随着科学的发展与管理手段的进步，口头指挥已不只局限于面对面的交谈，电话指挥也占有重要的位置。运用口头指挥还须注意语言艺术。口头指挥包含发布命令，而命令需要清楚、完整，并在下属有可能完成的范围内。

（2）书面指挥就是利用各种行政公文形式进行行政指挥。书面指挥可以使责任明确、信息准确并能保留较长时间，又便于核查。运用书面指挥要注意规范性和严肃性，规范性就是要按照国家行政机关公文的规范形式进行指挥，严肃性是要严格控制书面指挥的质量和数量，防止文牍主义现象。

（3）会议指挥一般是需要多部门协调时使用的，开会的形式可以统一思想、统一要求、各部门协商一致，所以是保证指挥统一的很有用的手段，也是一种常用的指挥方式。要有效地运用会议进行指挥，必须注意会议的类型、会议的准备、会议的组织技巧、会议效率及对会议主持人的要求等问题。运用会议进行指挥还要特别注意提高会议质量，防止会议过多或过重、过长。

口头指挥、书面指挥和会议指挥几种方式各有使用范围和优越性，行政执行中要善于运用各种不同的指挥方式。

二、行政控制

（一）行政控制的含义及其作用

行政控制（administrative control）是指行政领导者根据计划目标的要求，对计划的执行情况进行监督、检查，及时发现和纠正计划执行中的偏差，以保证计划目标实现的过程。行政控制的依据是行政决策目标和决策标准。行政控制要求必须掌握行政执行的准确、全面的信息，必须采取果断而且适当的行政措施。所以必须确定以决策标准为标准的执行标准，对行政执行的结果进行评估，然后进行纠正偏差。

行政控制与行政指挥是有区别的：行政指挥主要是通过明确目标来贯彻行政管理活动，是直接推行行政意志的过程。而行政控制主要是纠正行政活动中的偏差，使之不偏离行政决策目标，保证决策目标的实现。

行政控制的作用在于：行政控制是完成计划的重要手段；行政控制是行政工作方向正确的重要保障；行政控制是贯彻依法行政的重要体现；行政控制是保证行政目标实现的重要机制。

（二）行政控制的分类

根据不同的标准，行政控制可以划分为不同的种类。以控制的范围为标准，可以划分为宏观控制和微观控制；以控制的组织机构为标准，可以划分为集中控制、分散控制和分级控制；以控制的方式为标准，可以划分为直接控制和间接控制；以控制的时序为标准，可以划分为事前控制、事中控制和事后控制。本书采用最后这种划分方式。

（1）事前控制，即在计划实施的准备阶段就加以控制，以保证将来实际结果能达到计划要求，尽量减少偏差。事前控制的中心问题是使计划所需的人力、财力、物力都合乎标准，防止在行政实施过程中所使用的各种资源在质和量上产生偏差，力图避免未期待的事情发生，做到防患于未然。

（2）事中控制，即在实施计划过程中直接对计划执行进行观察、检查并纠正偏差。现场控制是事中控制最常见的一种形式。它一般都是由管理人员亲临现场，亲自进行观察、判断、检查，并督促各种操作，对下属所提出的问题做出指示。需要指出的是，现场控制并非要越俎代庖，代为管理，而是指导下属改进工作。管理者所有的控制指示都要与下属商量，并由下属去执行。

（3）事后控制即反馈控制，亦称结果控制，这种控制是针对最终成果的。它是在行为完成之后进行的控制，即检查工作是否按期待的方式完成的，衡量最终结果是否有偏差。虽然这类控制对于以往行为主要起评价作用，但是，它为评鉴、指导及修正将来的行为奠定了基础。

（三）行政控制的方法

要真正实现有效的行政控制，就必须讲究控制的方式与方法。行政控制的方法主要有工作指导，工作考核，报告、汇报、视察、调查等。

（1）工作指导。工作指导的方式有三种：命令，就是处理紧急事件、执行纪律及需要立即行动时使用命令最为有效；要求，就是针对处理正常工作及对新进人员；指示或建议，就是针对鼓励下属，给予其发挥自己聪明才智和创造性的机会。

（2）工作考核。工作考核是指对比工作计划与工作的实际成果，以对执行者的行为做出评定，排出优劣等差。对工作成果较好的予以奖励，对成果较差的进行惩戒。通过检查，可促进被检查单位与个人改进工作，提高效率；同时通过奖惩，使工作绩效与个人的利益直接挂钩，提高其工作的积极性和主动性。

（3）报告、汇报。一是指下级定期向上级汇报自己的工作情况，如年终鉴定、述职报告等形式。二是政府向同级人民代表大会作政府工作报告，人大听取并审议政府的报告并对是否同意政府的工作做出决议。

（4）视察、调查。行政领导或特派员对一些专项工作深入到具体执行机构进行详细的检查；纪检监察部门对专门事项进行专项调查，如监察部门的专项执法检查，这项工作一般要定期开展；人大代表、政协委员组织的视察、调查团，这是较为正规的监控制度，也是确保人民当家做主的重要形式。

三、行政沟通

（一）行政沟通及其作用

行政沟通（administrative communication）是指在行政管理活动中，行政组织与行政环境之间，行政机构内部的信息交流与传递过程。

行政沟通在行政管理中起着不可低估的作用：第一，信息交流是行政决策的先决条件；第二，信息传递是行政指挥的必经之路，是行政实施的信号灯；第三，信息联系是协调行政组织内部、外部，以至各部门、各成员的重要工具；第四，信息反馈又是检查实施情况、评价政策后果的主要依据；第五，行政沟通也是行政人员参与行政决策的重要手段。所以，通过有效的行政沟通可以保证在行政实施过程中统一指挥、统一行动，并能增强行政组织对外部环境的应变能力，从而实现高效率的管理。

（二）行政沟通的机制

行政沟通机制有刚性的一面，可称为刚性机制；又有柔性的一面，可称为柔性机制。

行政沟通的刚性机制，就是由制度明文规定的、必须遵循的行政沟通机制。行政沟通的制度安排是节约沟通成本的十分重要的途径，它要求做到：第一，理顺行政机关各部门之间的职能关系。关键是要避免各部门的职能交叉，减少部门之间的推诿扯皮。第二，尽可能地变部门间的沟通为部门内的沟通。因为部门内的沟通可以经常化，并因此减少不必要的信息失真。第三，要例行工作的沟通制度化。

行政沟通的柔性机制，就是在行政沟通中具有较大可变性的沟通机制。柔性机制主要包括两个方面：一是语言机制。行政沟通要求有一套规范化的、为大家都接受和掌握的信息表达语言系统，如公文的固定格式、规范用语及特定语言包含的特定行政意义。只有行政系统内外的信息沟通参与者才能掌握这些约定的机制，沟通才能准确迅速地进行，否则容易造成误解和偏差。二是心理机制。人们对沟通的态度、期望和反应方式等心理机制也会大大影响沟通的效果，这种影响有时甚至是决定性的。如果一个单位的领导对下属反映的意见和建议不甚耐烦，缺乏民主作风，就会打击工作人员的积极性，以后出现问题，下属也不会及时向领导反映，从而造成信息沟通的障碍。

在实践中，刚性的沟通机制与柔性的沟通机制相辅相成，保证行政沟通的畅通、有效。

（三）行政沟通的分类

行政沟通的类型大致有三种划分方法。根据确定性，可划分为正式沟通和非正式沟通；根据沟通的方向，可划分为向下、向上和水平的沟通；根据沟通工具，可划分为口头的、书面的和其他的沟通方式。

（1）以沟通的确定性为依据，行政沟通可分为正式沟通和非正式沟通。正式沟通是指通过正式的组织程序，沿着组织规定的线路进行的沟通。它是沟通的一种主要形式。正式沟通又可根据不同的标准进一步划分，如根据信息流向分为纵向沟通和横向沟通等。正式沟通的优点是沟通效果较好且有较强的约束力，所以，一般重要的消息通常都采用这种沟通方式。但正式沟通也是有瑕疵之处的，其明显的表现便是沟通速度较慢。非正式沟通是通过正式规章制度和正式组织程序以外的各种渠道进行的沟通。

（2）以沟通的方向为依据，行政沟通可分为下行沟通、上行沟通和平行沟通。下行沟通，即自上而下的沟通，是指上级向下级传递信息，故又称传递。它的主要目的是“上情下达”。上行沟通，即自下而上的沟通，亦称反馈，是下级向上级反映意见和情况，其目的要实现“下情上达”，下级对上级的指示、意见和建议，要能及时上达，上级便可据此对下级作进一步指导或者修改其原有决策，以顺利完成行政任务。平行沟通，即横向的沟通，是指同级部门或同事之间的沟通。一个组织的部门和人之间，总或多或少存在某种相互联系和依赖关系，通过有效的横向沟通可以避免互相“扯皮”现象，以便和谐同步地共同完成行政组织的大目标。平行沟通一般具有业务性质，与纵向的通过命令或指示等进行的沟通不同，它是通过协商、合作来解决问题的。

（3）以沟通的工具为依据，行政沟通可分为口头沟通、书面沟通、多媒体沟通等。口头沟通以口头形式出现，是最快、最便捷的沟通形式，在直接接触的方式之中，口头沟通是最理想的传递信息方式，它有助于提高人们的参与感。但有时容易夹杂个人的情感因素。

书面沟通以文字形式出现，有助于确定职责，是组织记录储存的一部分。书面沟通不像口头沟通那样快。这种沟通主要存在于众多的成员分布于广阔的地域而难以进行口头沟通的情况。

多媒体沟通的表现形式既非口头传递，亦非文字传递，而是数码符号传递。这种传递的工具包括电报、电话、广播、电视、网络等多种电子媒体。电子媒体沟通比以往各种媒体沟通的速度都大为提高，存储量也激增，现在多媒体沟通已经成为行政管理技术的重要组成部分，但是，这种沟通对于技术条件的要求比较高，同时也就会包括实现成本高等问题。

四、行政协调

（一）行政协调的含义与作用

行政协调（administrative coordination）是指行政领导者引导行政组织与外部环境之间、行政组织内部各种关系之间建立分工合作、相互配合、协同一致的和谐关系，以实现决策目标的管理活动。

行政协调的作用主要有四个方面：第一，行政协调可以使各行政部门和行政人员在工作上密切配合，避免内耗；第二，行政协调可以促进各行政部门合理配置和有效利用人力、物力、财力等行政资源，精简和优化办事程序和环节，提高行政效率；第三，行政协调有助于各行政部门和行政人员树立整体观念和全局观念，从而有利于行政活动的有序进行；第四，行政协调有助于将分散的力量集中起来，产生整体的“合力”。

（二）行政协调的原则

行政协调除了必须遵循行政活动的基本原则，如民主集中制原则、依法行政原则、精简和效率原则外，还要根据行政协调工作的特点，遵循和坚持调查研究，实事求是；客观公允，秉公协调；坚持原则性和灵活性相结合；立足全局，服从总体目标；统一领导，统筹兼顾的原则。

（1）调查研究，实事求是的原则。对所协调的问题进行充分的调查研究，是做好行政协调工作的首要环节。

（2）客观公允，秉公协调的原则。所谓客观公允，就是全面听取和反映被协调对象的意见和要求，做到“兼听则明”，防止“偏听则暗”；所谓秉公协调，就是要出以公心，在协调中对人对事“一碗水端平”，不偏不倚。

（3）坚持原则性和灵活性相结合的原则。政策是行政协调工作的准则，任何协调工作，都要有政策和法律的依据，都要控制在一定的限度内。坚持原则性的同时，也要设身处地地考虑协调对象的现实情况，在不违背决策目标的前提下，灵活处理行政协调，避免“一刀切”的情况出现。

（4）立足全局，服从总体目标的原则。总体目标体现着多数人的整体利益，实际工作中需要协调的问题，尽管千差万别，有各种类型，但无论属于哪种类型，都要坚持从多数人的整体利益出发，按这一总体目标来协调，这是协调工作的根本出发点和归宿。

（5）统一领导，统筹兼顾的原则。协调的本意就是统一思想、统一步调。所以进行行政协调时，应强调统一领导的原则。同时，还要注重统筹兼顾，即统筹考虑被协调对象的意见及利益，掌握好采纳和取舍的程度，在落实工作目标的基础上，尽可能兼顾各方的合理要求，使协调的结果大家基本能够接受。

（三）行政协调的分类

依据不同的分类标准，行政协调可以形成如下分类：

（1）按协调作用性质可为主动协调和被动协调。主动协调，这是积极的协调，是指行政领导及时察觉情况的变化，在矛盾未暴露激化之前就主动出来协调，减少工作中的反复性和曲折性。被动协调，一般是指因各种矛盾已经暴露而不得不进行的调解，通过协调仍然可以减少工作的损失。

（2）按协调范围取向可分为内部协调和外部协调。内部协调主要指在机关内部，通过国家法律、法令和规章约束，思想教育，以及典型的影响等，对工作人员进行协调的一种方法。外部协调主要指因工作联系或隶属关系而进行协调，达到共同的工作目的的一种协调方法。

（3）按协调对象性质可分为工作关系协调和人际关系协调。工作关系协调，就是协调群体系统各种工作之间的关系，把各个阶段、各个方面的工作有机地结合起来。它又可分为目标计划的协调、部门任务的协调和政策措施的协调。领导者协调工作关系，重点是掌握系统方法和“弹钢琴”的艺术。掌握了系统方法就能以整体性观点、综合性观点和最佳性观点，协调好各种工作关系，使方方面面的工作联络处于最佳的协调状态。

（4）按协调的途径分可为会议协调与非会议协调。会议协调是经常使用的一种协调方式，可以具体通过座谈会、讨论会、汇报会等形式进行。协调会议应吸纳与行政行为有关的组织及其人员共同参加，顾及方方面面的权利和利益，具有防止独断专行的功能。会议性的协调都是正式的，而非会议性的协调既可以是正式的，也可以是非正式的。非会议性的协调方式很多，可以因人因事制宜进行。非会议性协调可以通过人员的个别交谈、广播电视等新闻媒介进行，也可以通过由有关人员在签呈文件上共同签字以表示了解的方式进行。

第三节 行政执行的基本原则和手段

一、行政执行的基本原则

（一）主体原则

行政执行的主体是行政人员，行政人员在行政执行中的主体地位，决定了行政执行必须坚持主体原则，这是保证行政执行顺利畅通的前提条件。行政主体原则要求行政人员增强自己的主体意识，摒弃推诿、拖拉的思想，克服各种阻力与困难，以创造性精神完成行政任务。同时，各级行政领导者必须尊重行政人员的主体地位，要想方设法创造条件以充分发挥他们的主观能动性，让行政人员在行政执行中发挥其聪明才智，提高行政执行的质量和效率。

（二）目标原则

行政执行是实现行政决策目标的过程，应该以决策目标的实现为指导思想，贯彻落实国家的政策、法律和法规，执行上级的行政命令和决定，有效地实现政府的决策目标。目标原则要求各级行政机关和行政人员准确地理解和把握政府决策的内容和基本要求，并在此基础上排除各种外界因素的干扰，将决策目标的要求落实到具体工作和行动中，不折不扣地完成政府决策目标。

（三）系统原则

行政管理是一个非常复杂的系统，作为其重要组成部分的行政执行也不例外，也是一个非常复杂的系统过程。行政执行的复杂性要求行政执行必须有全面而周密的系统安排，使各个环节都能有条不紊地进行。系统原则要求行政机关及其工作人员在计划安排时，全面分析各种影响因素，统筹安排。要使各项工作既有分工又有协作。在执行过程中要善于抓住主要矛盾，分清轻重缓急，安排好先后主次，使一切工作都围绕中心和重点展开。系统地加强行政执行的事前控制、事中检查、事后评估是保证行政执行活动顺利进行的重要保障。

（四）迅速原则

任何一项行政决策都是在特定时机下做出的，所以行政决策目标一经确立，就要求抓住时机，及时迅速地付诸实施，以避免错过机遇。现代社会科技和经济发展加快，竞争日益激烈，更需行政执行雷厉风行。贯彻迅速原则要做到以下三点：第一，行政执行要按行政决策要求的时间和节奏进行。行政决策一经做出，行政执行应立即启动。第二，行政领导者和工作人员都必须迅速稳妥地临机处理各种事务。不得人为拖拉，阻碍具体工作的进展。因此必须坚决克服不负责任的官僚主义、自由主义的倾向，强化全体执行人员的管理效率意识。第三，要处理好效率与效果的关系。坚持行政执行的迅速原则，是以执行的及时、准确、高效为前提的迅速。不能因为追求迅速而放弃质量和效果，否则必然影响行政目标实现的程度。

二、行政执行的基本手段

（一）行政干预

行政干预一般分事前干预即预防性干预、事中干预即工作进行中的干预和事后干预三种。通常以后两种干预较为普遍。行政干预的特点是：第一，具有权威性。行政干预以国家权力为基础，强调垂直领导关系，下级服从上级，而且干预的目的也是保证全国政令统一。第二，具有指令性。行政干预从集权制中派生，必须无条件落实执行。行政干预是行政机关执行管理职能的一个根本手段，但其实行要严格规范在法律允许的范围之内。

（二）经济手段

这是通过利益诱导进行间接管理的手段。行政执行中常用的经济手段包括：利用市场机制引导企业和其他经济组织实现宏观经济发展的目标；利用经济政策、财政政策、货币政策、产业政策、区域政策、收入分配政策等引导企业和其他社会组织实现行政目标。市场经济条件下，经济手段是最适合的行政执行手段，但这种手段也存在强制性不足，效果相对滞后的特点。

（三）法律手段

法律手段是指国家行政机关在行政管理领域内，依照法定职权和程序，把国家法律、法规实施到具体的行政活动中，以达到有效而合理的管理目的。法律手段包括用法律法规规范行政相对方的行为，以及按照法律处罚违法的行政相对方两个方面。法律手段具有强制性，但因为它主要具有的是制裁作用，所以实际上是一种消极的执行手段。

（四）科技手段

科技手段指通过现代科学技术所提供的方式方法实现行政目的的手段。科技手段一般能够极大地提高行政执行的效率和质量，所以具有某种工具价值。当前被普遍实施的电子政务就是应用信息技术来提高行政执行效率的典型。例如，由于计算机和网络的运用，政府部门实现了无纸办公、网上审批、电子报关等，大大提高了行政执行的绩效。

以上常用的几种行政执行手段各自不是孤立的，而是相互联系、互相促进的，而且它们并不互相排斥，是可以同时使用的，但它们都必须依法办事，以法律手段为核心。

第四节　行政执行的改善

一、影响行政执行的因素

人们在判断行政管理的状况时，往往会把注意力放在行政决策的研究与分析上。然而事实上，行政执行也是行政管理成败攸关的重要问题，行政执行的好坏对于行政管理目标的实现也起着决定性的作用。了解影响行政执行的因素对于考察行政管理的过程与效果具有重大的意义。

（一）行政决策的质量

科学合理的行政决策是行政执行顺利、有效开展的首要条件。因此行政决策应有较强的科学性，一旦付诸实施就能获得较广泛的理解和支持。决策目标具体、明确，在付诸执行时就能有效地避免疑问或误解。

（二）行政任务的复杂程度

因为行政目标所要解决社会事务的重要性和复杂性程度不一样，所以具体行政任务也就各有所异，有轻有重、有大有小、有难有易，完成任务所需人、财、物的数量各不相等，所遇到的阻力也各不相同。因而在行政执行过程中要涉及的机关和人员及所要完成的工作量等都会有所差异。决策所要解决的问题越简单，行政执行的难度就越小；反之问题越复杂，牵涉的单位、人员、利益关系就越多，所需调整的行为量就越大，行政执行的复杂程度也就越高。

（三）行政执行主体的状况

行政实施主体包括行政机构和行政人员两方面。从行政机构来看，其设置的合理与否、组织结构完善与否、权责体系统一与否、信息传递灵通与否等，都直接作用于行政实施。行政机关内部越是职责明确、制度健全、纪律严明、信息灵敏、风气良好，行政执行的效率就越高；相反，就会使行政执行举步维艰。从行政人员来看，一方面是领导者，首要的是对领导者权威的服从度，良好的工作作风和方法是领导者重要的权威基础。另外，领导者自身的素质、领导艺术、工作经验及所作决策的合理合法性程度等都对行政实施起着关键的作用。另一方面是一般执行人员，行政执行人员的意向与工作态度、能力与精干程度，以及对决策的理解程度和对工作情况的判断水平等，都影响着行政执行的效果。

（四）行政执行涉及对象的状况

行政执行涉及对象的状况主要是指人民群众的文化程度、知识水平、承受能力等，这些因素都与行政执行有很大的关系。有些并非是决策问题，但当正确的决策不为群众所理解时，就很难被接受，在贯彻执行的过程中就可能比较困难。我国家庭联产承包责任制的初始阶段及相当地区的计划生育工作就是如此。这就需要附之以相应的手段，如宣传、教育、奖惩等。

（五）行政环境的状况

行政环境在此是从最广泛的意义上理解的，包括自然环境、文化环境、经济技术环境、政治环境直至工作环境。由于现代行政组织是开放性系统，行政环境对行政组织的影响是决定性的。如果行政环境与行政组织处于良性互动，那么行政组织的行政执行就能顺利展开；反之，行政执行就会面临各种阻碍。

二、行政执行中容易出现的问题

（一）滥用行政权力

滥用行政权力的形式是多样的，主要有权力人格化，即行政权力职位化程度低，职位的权力，变成了个人的权力；权力部门化，即组织设计存在缺陷，权力整合能力不足；权力神秘化，即机构臃肿，且权力运行不规范、不公开。

（二）缺乏战略眼光和系统思维

缺乏战略眼光和系统思维主要表现在三个方面：第一，目光短浅，只顾眼前。有的领导者往往把主要精力集中在任期内要达到的短期目标上，很少对经济和社会发展中潜在的深层次问题做出预见性的判断，从而导致行政执行滞后于形势的发展。第二，简单复制。有些领导在行政执行中习惯照抄照搬上级文件，缺乏创造性。第三，缺乏全局意识。一些领导往往只从本部门的角度考虑问题，缺乏整体思维，导致力量相互抵消。

（三）行政执行透明度低

执行透明度低就是通常所谓“暗箱操作”，不公开。这种“暗箱操作”包括执行主体不公开、执行内容不公开、执行方法不公开、执行范围不公开、执行程序不公开、执行结果不公开等。造成这些现象的原因可能是工作作风不民主、不规范，也可能是行政执行者为谋取私利有意“暗箱操作”。

（四）行政执行偏离政策目标

偏离政策目标就是不能达到预期的政策目标。造成这种问题的原因主要是机构重叠、政出多门，具体的行政执行机关不明确；职责不清，行政执行机关之间互相推诿责任；执行机构间缺乏沟通协调；政策监督机制不够健全等。另外，行政执行中的本位主义、主观主义、利己主义等不良倾向也会造成偏离目标。

三、改善行政执行的对策

（一）确立良好的执行理念

首先要树立“执行至上”的意识。“执行至上”就要对所作的决策坚决执行，重要的是不随意否定上届决策，不以创造政绩为目的。同时要充分发挥执行主体的主动性、创新性，以现代的管理和人性化的理念，开发潜能空间，做到决策与执行的完美结合。

（二）提高行政执行人员的素质

政策效果与行政执行主体的素质密切正相关，所以要提高执行主体的行政执行水平和素质。首先，需要学习执行政策的专业知识及其相关知识；其次，要增强执行能力，这包括组织能力、协调能力、管理能力等；最后，还要提高行政执行者的思想政治素质，强化行政道德意识、自律精神，规范执行行为，自觉抵制各种腐朽思想的侵袭。

（三）推进政务公开，提高行政执行透明度

通过政务公开，让群众及时了解各种他们所需要的政府工作信息和社会公共信息，同时更好地行使他们对政府工作的监督权利，这不但有利于行政执行的展开，更能维护群众知情与监督的民主权利。

（四）建立有效的行政执行运行机制

有效的行政执行运行机制主要包括三个相互配套而又相对独立的基本环节：一是完善的决策程序；二是有效的行政执行制度；三是科学的行政执行评价监督制度。这三个基本环节构成一个封闭回路，促使政策运行走上良性运行的轨道。此外，还要实行有效的监控，防止行政执行失控，也有利于根据变化了的客观情况调整、完善政策。

（五）加强行政执行资源的投入，改善行政环境

行政执行离不开相关的投入，行政执行投入的主要因素是资源，这些资源包括有形资源和无形资源，有形资源主要指人力、物力和财力资源，而无形资源主要指公众的政治心理倾向和政治行为习惯。这些资源的投入对行政执行有着重要的影响作用。为了提高行政执行的效果和效率，必须注意通过资源投入，尤其是通过无形资源投入来创造有利于决策的文化社会环境，为行政决策的科学性与执行的有效性提供保障。

➢ 本章小结

行政执行是指行政机关及其工作人员按照行政管理的客观规律，为实现行政决策目标，充分调动各种公共资源而进行的全部行政活动。行政执行具有目标性、经常性和强制性的特点。

行政执行有行政指挥、行政控制、行政沟通和行政协调几个主要的环节。行政指挥具体经常使用的方式有口头指挥、书面指挥和会议指挥几种。行政控制的方法主要有工作指导、工作考核、报告、汇报、视察、调查等。行政沟通根据确定性，可划分为正式沟通和非正式沟通；根据沟通的方向，可划分为向下、向上和水平的沟通；根据沟通工具，可划分为口头的、书面的和其他的沟通方式。

行政执行的基本原则有主体原则、目标原则、系统原则和迅速原则。行政执行的基本手段有行政干预、经济手段、法律手段、科技手段和行政诱导。

行政执行会受到多重因素的影响，这些因素有行政决策的质量、行政任务的复杂程度、行政执行主体的状况、行政执行涉及对象的状况及行政环境的状况等。行政执行中容易出现的问题主要有滥用权力、缺乏战略眼光、执行透明度低、偏离政策目标等。针对这些问题提出的改善行政执行的对策主要是确立良好的执行理念、提高行政执行人员素质、推进政务公开、建立有效的行政运行机制、改善行政环境等。

➢ 关键术语

行政执行；行政指挥；行政沟通；行政控制；行政协调

➢ 思考题

1．什么是行政执行？行政执行有哪些特征？
2．行政执行的基本原则有哪些？
3．影响行政执行的因素有哪些？

➢ 案例

河南新郑“跨区域用盐”罚了又退引“存废之争”①

河南信阳的黄先生在新郑市龙湖镇开餐馆，三十多平方米的小店经营的是热干面生意，开餐馆，油、盐、酱、醋，哪样都少不了，然而这几天，黄先生却因为“盐”搞得生气又委屈。

事情是这样的，一个多月前，因为店铺搬迁，黄先生从郑州市带了半箱之前没用完的盐到新郑市龙湖镇，然而，而 2014 年 10 月 15 日上午，热干面还没卖出去一碗，

① 《河南新郑市民用“郑州盐”被认定跨区域用盐而罚款》，http://china.cnr.cn/xwwgf/201410/ t20141018_ 516620076_1.shtml，2014 年 10 月 18 日；余嘉熙、冯国鑫：《河南新郑“跨区域用盐”罚了又退引“存废之争”》，《工人日报》，2014 年 10 月 20 日。

黄先生却被新郑市盐业管理局执法人员认定为“跨区域用盐”，没收部分食盐并处罚款200元。黄先生说，当时两名执法人员给黄先生出示的罚款依据是《河南省盐业管理条例》第23条：“饮食加工用盐单位、营业性饭店以及机关、企事业单位的集体食堂，必须从当地食盐经营单位购买食盐。”还有第28条“违反本条例第二十三条规定的，由盐业行政主管部门责令停止违法行为，没收违法盐产品和违法所得，并处以违法盐产品价值一倍以上三倍以下罚款。”黄先生被罚款了，想要个说法，就拨打了新郑市盐业局和郑州市盐业局的投诉电话。但是，盐业局接电话的工作人员回答，执法人员对他罚款是有规定的。

无奈之下，黄先生只能求助媒体。10月18日媒体报道这件事以后，立即引起了社会热议。不到两天，10月20日，新郑市盐业局工作人员就公开向社会道歉，还退还了对黄先生的罚款及收缴的盐。另外，还聘请黄先生为新郑市盐业局2014年度的“行风监督员”。此外，新郑市盐业局盐政科科长被停职，稽查队长被撤职，还责令两人做出深刻检查，并在全局召开职工大会进行整改，公布处理结果。

然而，关于“跨区域用盐”的讨论，却并没有因此结束。北京岳成律师事务所岳律师对这一事件提出了“执法合理性和必要性”的质疑。他认为，《河南省盐业管理条例》规定，饮食加工用盐必须从当地食盐经营单位购买食盐。但是，什么是“当地”？条例中没有明确规定。如果说省里的文件，“当地”就是指省域以内，这个违法处罚就是不合法的。不过，引发社会热议的关键还不在此，关键在于，2013年11月，中央通过的《全面深化改革若干重大问题的决定》里，已经明确提出，经济体制改革的核心问题是，使市场在资源配置中起决定性作用，在这样的改革背景下，地方不允许“跨区域用盐”的政策还不该修改吗？

请思考：

1．试分析新郑市盐业管理局执法人员受到停职、撤职的处罚的合理性。

2．请分析，案例中“跨区域用盐”政策执行出现“罚了又退”困境的根源是什么？

➢ 拓展阅读

李宜钊. 2015. 政策执行中的复杂性研究. 北京：人民出版社

李允杰. 2009. 政策执行与评估. 第三版. 台北：元照出版社

刘伯龙，竺乾威，何秋祥，等. 2011. 中国农村公共政策：政策执行的实证研究. 上海：复旦大学出版社

冉冉. 2015. 中国地方环境政治：政策与执行之间的距离. 北京：中央编译出版社

希尔 M，休普 P. 2011. 执行公共政策. 黄健荣译. 北京：商务印书馆

政府绩效管理

政府绩效管理是行政管理从企业管理中借鉴过来的新工具，它将行政管理中传统的效率概念扩展为绩效概念，以提高政府部门的组织绩效和个人绩效为核心，通过绩效评估最大限度地激励组织和个人创造性工作，从而全面提高政府部门的服务质量。绩效管理极大地推动了政府的改革，取得了很好的效果，建立绩效型政府已经成为当今世界各国政府改革的潮流。但是，政府绩效管理毕竟不同于企业绩效管理，所以需要对政府绩效管理的特点、影响因素进行专门的探讨，还需要了解行政绩效管理已有的成功经验，以及政府绩效管理实施的主要环节。

第一节　政府绩效管理概述

一、绩效与政府绩效

（一）绩效的含义

绩效一词，《现代汉语词典》中的解释是“成绩；成效”[①]。这一解释既强调对行为结果的主观评价，又强调对行为所造成的后果及影响的描述。在英文中，绩效（performance）含义相当宽泛，根据《韦氏词典》的解释，它是指完成、执行的行为，完成某种任务或者达到某个目标[②]。

在企业管理中，绩效的适用范围最初是被运用于对员工的管理，现在也被运用于对组织的管理。在企业管理中的绩效内涵有各种理解，现在普遍接受的是“3E”的概念，即认为“绩效”包含有经济（economy）、效率（efficiency）和效益（effectiveness）三个方面的含义。其中，“经济”指输入成本的降低程度；“效率”指一种活动或一个组织的产出与投入之间的关系，也就是劳动生产率或单位成本；“效益”指产出对最终目标所做贡献的大小。绩效一般有三种类型：第一种是以顾客为中心的绩效，包括产品和服务的绩效，指的是关于顾客感觉、反应和行为的测量及指示物，以及相对于顾客的产品和服务特性的测量及指示物。第二种是财务与市场绩效，指的是关于成本、收入和市场地位的测量，资产利用、资产增产及市场份额，具体包括投资回报、资产负债率、资产回报、运作利润等。第三种是运作绩效，指的是组织上、人力资源和供应商在有效性和效率方面的测量及指示物，具体包括周期、生产率浪

---

① 中国社会科学院语言研究所词典编辑室：《现代汉语词典》，第6版，商务印书馆，2014年，第617页。

② 达尔吉什 G M：《韦氏高阶美语英汉双解词典》，外语教学与研究出版社，2006年，第1429页。

费减少、社区参与等①。

自20世纪80年代开始，绩效成为管理实践中的一个流行词语。在国外的研究中，绩效经常与生产力（productivity）、质量（quality）、结果（outcome）、责任（accountability）等概念相互联系，而在国内的研究中，许多文献却将绩效等同于一种泛化的效率概念。

综上所述我们认为，绩效就是指组织或员工经过评价的工作行为、工作方式及工作结果。这样的定义突出绩效管理过程中评价环节的特殊意义，即绩效必须是经过评价的工作行为、方式及其结果，没有经过评价的工作行为、方式及其结果不能视为绩效。而且，这个定义强调绩效是一个过程，它包括了工作行为、方式和结果整个过程，这就意味着，绩效既要求最终的效率结果，也要求整个工作过程的高效率。

（二）政府绩效的含义

20世纪90年代以来，绩效概念被引入政府管理之中，就出现了政府绩效（government performance）的概念。在政府管理中，“绩效”被注入了新的内涵。英国审计委员会仍然用“3E”界定政府绩效，但内涵不同：“经济是指用尽可能少的成本去购买规定的质和量的输入物品。效率是运用尽可能少的资源来提供规定的质和量的服务。效益是指能使地方政府实行它的政策和目标而提供正确的服务。”②不过，也有学者提出“4E”的定义，即在“3E”的基础上增加“公平”（equity）③。另外，还有人提出增加更多的“E”，以便反映政府管理的多样性和复杂性，如“卓越”（exllence）、“企业家精神”（entrepreneurship）、“专业技术”（expertise）、“候选者资格”（electability）、“足够”（enough）等④。政府绩效，在西方也被称为“公共生产力”“国家生产力”“公共组织绩效”“政府业绩”“政府作为”等。

综上所述，我们认为政府绩效就是指政府在管理活动中经过评价的工作行为、工作方式及工作结果。与绩效一样，政府绩效也应该是经过评估的工作行为和结果。

由于政府有广义和狭义之分，所以政府绩效也有广义和狭义之分，使用时需要具体问题具体对待。在中国，广义的政府绩效是指包括党委、人民代表大会、政府等国家权力机构工作在内的整体绩效；狭义的政府绩效则仅指行政权力机关的绩效。本书主张使用广义政府绩效的概念，尤其是研究中国问题更需要立足广义政府。

二、政府绩效的影响因素

一般认为，在企业管理中，绩效的主要影响因素有技能、激励、环境和机会⑤。但是，政府作为公共组织与企业有明显的不同，政府的政治性、权威性，以及严格的等级性，决定了政府绩效的影响因素不同于企业。影响政府绩效的主要因素有价值取向、管理体制、组织结构、人员素质和技术手段。

---

① 张旭霞：《公共部门绩效评估》，中国商务出版社，2005年，第8页。

② Ghobadian A，Ashworth J. Performance measurement in local government-concept and practice. International Journal of Operations & Production Management，1980，14（5）：27-33。

③ Norman F. Public Sector Management. Third Edition. Prentice：Prentice-Hall，1997：173，234.

④ Golembiewski R T. Public Adminstration as a Developing Discipline. New York：Marcel Dekker，1997：178.

⑤ 方振邦：《绩效管理》，中国人民大学出版社，2003年，第6页。

（一）价值取向

价值取向是指行为主体在决策过程中的价值倾向。价值取向是政府从政治价值的角度决定做什么和怎么做。价值取向不是行为主体一时心血来潮，一时感情冲动的选择，也不是决策者的一种心理偏好，而是行为主体自觉地、有目的地为实现政府的预期目标而对自己的行为方向进行的选择和把握，所以它具有自觉性和能动性的特点。

政府价值取向在政府绩效管理中居首要地位，因为它是政府决策的内在依据，也是行政执行的基本评价标准。也就是说，政府什么时候做什么、怎么做都是受价值取向支配的。政府绩效管理的基本价值取向主要表现在三个方面：一是经济的增长与公平；二是政治的民主与自由；三是社会的稳定与进步。

（二）管理体制

政府管理体制是一定社会基本制度具体表现形式的总和,是权力关系的制度化和程序化，其核心内容是政治权力的配置，世界各国政府的基本管理体制不尽相同，管理体制方面的差异也很大，权力配置方式不同，导致绩效管理运行的效果也大不一样。

政府组织在代表国家管理社会事务时，需要先将国家权力在政府组织内部进行分配，然后各组织再依据自己权力的大小对社会事务进行管理。行政权力组织各个层级、各个部门之间的权力关系有多种配置形式，这些不同权力关系运行，就形成了不同的政府管理体制。同一个国家实行不同政府体制，管理成本是不一样的，由此形成的管理效率也是不一样的。管理体制与社会政治、经济发展的性质和程度相适应，事半功倍，就是管理的高效率；反之，则会导致事倍功半，是管理的低效率。所以，管理体制是政府绩效的重要影响因素。

（三）组织结构

组织结构（organization structure）是指组织内各构成要素及它们之间的相互关系，它是为了完成组织目标而设计的。行政组织结构的确立涉及它的管理幅度和管理层次的确定、机构的设置、管理职能的划分、管理职责和权限的认定及组织成员之间的相互关系等。组织结构的本质是处理好部门和成员间的分工协作关系，其内涵是部门和成员在职、责、权方面的结构体系。

组织结构与组织管理的方式及管理内容紧密相关，合理的组织结构有清晰的职位“层次顺序”、流畅的“意见沟通”管道、有效的“协调”与“合作”体系。如果管理者能够设置合理的组织结构，明确地建立授权与分配责任的方法，运用适当的管理方法则可提高成员的工作积极性、创造性，营造良好的组织文化，充分发挥组织的整体效能，提高政府管理效率。可见，组织结构建设的好坏直接影响到政府组织文化及政府组织的管理绩效。

20 世纪 80 年代以来，为了应对全球化的挑战，各国政府兴起了“新公共管理”运动，构建了一些新型的组织结构，如团队组织结构和网络组织结构，这些变革体现出组织结构设置的扁平化、柔性化及边界动态化与虚拟化等特点，旨在迎合各界对组织绩效的考核。

（四）人员素质

人员素质是驱动员工产生高绩效的关键因素。随着人力资源管理在政府部门中的发展和运用，政府人力资源管理在社会、政治、经济、文化等各方面管理的功能逐渐放大，其地位和作用也显得越来越突出。一个不具备现代政府管理理论和技能的公务员不仅难以适应政府环境和职位要求，而且还将影响到政府人力资源使用的效益、业绩与形象，给政府绩效管理造成困难，进而破坏团队的和谐性，造成过高的行政成本。因此，提高政府人力资源的整体素质，转变公务人员的价值观念，树立其“顾客导向”理念将是决定政府绩效管理成败的关键。

（五）技术手段

政府绩效管理是一个动态的过程，在这个过程中，政府必须与公众进行双向的信息交流与沟通，这使绩效管理在很大程度上就是一个信息收集、加工和处理的过程。政府必须以顾客为导向，以公众满意为标准，保障公众的知情权，向公众提供充分的信息，同时还必须保障公众的参与权，为公众参与提供有效的制度化途径，即政府与公众的沟通与互动不仅要有制度的保障，而且还需要有可靠的渠道和技术保障。一方面，政府的管理技术手段包括行政的、经济的、思想教育的等多种形式。另一方面，政府管理技术手段并不是政府直接行使职能的手段，政府为了降低行政成本，间接行使职能，将自己的职能“外包”给私人企业，也是有效的管理技术手段。在政府绩效管理中，委托第三方评估政府工作就是普遍运用的方式。学会利用社会资源行使管理职能，也是政府的管理技术手段。

三、政府绩效管理的含义与特点

（一）绩效管理的含义

把绩效概念引入管理学，就出现了绩效管理（performance management）的概念。对于绩效管理的含义，现在有三种比较有代表性的观点：第一种观点认为绩效管理是管理组织绩效的一种体系；第二种观点认为绩效管理是管理雇员绩效的一种体系；第三种观点认为绩效管理是把对组织的管理和对雇员的管理结合在一起的体系。国内比较权威的教材将绩效管理定义为：绩效管理指的是管理者用来确保员工的工作活动和工作产出与目标保持一致的手段及过程[①]。20 世纪以来，绩效管理被西方企业管理普遍接受。绩效管理最初是一种人本管理理念，旨在通过个体绩效的改善带动组织绩效的提高，是实现组织目标的有效手段，现在则是以人本管理为基础和核心的管理理念。

综上所述，我们将绩效管理定义为：是管理者用来确保组织及员工的工作活动、工作条件与组织目标保持一致的手段及过程。也就是说，我们认为绩效管理应该是指对组织和员工管理的综合系统，这种管理的特点之一是绩效管理强调的必须是组织的目标绩效，而不仅仅是个人的绩效。对于组织绩效而言，主要就是要创造员工绩效的工作条件，即要通过管理体制、组织结构、技术手段等方面的创新，提高员工的绩效，而不仅仅是靠调动员工的主观能动性。从这个意义上看，绩效管理是一个管理手段、管理工具，也是一个管理的过程。

通常认为，绩效管理包括“计划”“评估”“反馈”三个主要环节。其中，“计划”是绩效管理的手段和起点，也是绩效管理的目的和终点。“评估”是核心环节，也是技术含量最高、最复杂、起直接引导作用的环节。“反馈”是实现评估目的的关键环节，也是传统的管理形式中常常被忽视的环节。

---

① 方振邦：《绩效管理》，中国人民大学出版社，2003 年，第 7 页。

（二）政府绩效管理的含义

政府绩效管理（government performance management）的概念是与政府绩效的概念同时出现的。

在中国行政管理学会联合课题组的研究成果中，对政府绩效管理给出了一个较为系统的表述。所谓政府绩效管理，就是运用科学的方法、标准和程序，对政府机关的业绩、成就和实际工作做出尽可能准确的评价，在此基础上对政府绩效进行改善和提高①。本书采用这个定义。

这个关于政府绩效管理的定义表明：

（1）政府绩效管理主要是对组织的管理。与企业的绩效管理主要是对员工的管理不同，政府绩效管理主要是对政府部门（甚至是对一级政府）和基层政府的管理。当然为了实现组织的绩效，工作人员的个人绩效也会包括其中。所以，政府绩效管理是对组织和个人的管理，其中对组织的绩效管理是主要的。

（2）政府绩效管理是一个过程。一般而言，政府绩效管理应该包括制订计划、绩效评估和持续改进三个环节。制订计划，即制定绩效评估指标和标准。绩效评估，即对照所设定的绩效目标和绩效指标体系，检查绩效计划执行的情况，并进行绩效评估，确定成绩。持续改进，即指对绩效评估结果的反馈和运用。政府绩效管理的这三个环节密切相连，一环扣一环，缺少哪一个环节就不能实现管理目的。

（3）绩效评估是政府绩效管理的重要环节，也是政府绩效管理的基本依据。评估指标，即指标准的设置具有鲜明的导向作用，是绩效管理的核心关键，评估指标和标准既要充分反映政府机关的实际工作，又要便于操作，切实可行。这就需要运用科学的方法制定指标体系，同时，运用科学的方法组织实施评估，这样才可能得到尽可能准确的评价结果。

（4）在绩效评估的基础上对政府绩效进行改善和提高才是真正的评估目的。现在有人把绩效评估视同为绩效管理，就是从广义上理解绩效评估，本书认为绩效评估只是绩效管理的一个环节。进行绩效评估之后依据评估结果改进工作，也就是实现绩效“反馈”，才能真正实现政府绩效的提高。

（三）政府绩效管理的特点

政府绩效管理作为一种新的管理技术和管理工具，以政府机构或公共部门为关注对象，以经济、效率、效益、服务质量的提高和公民满意为目标，重点加强对组织效益的考察和改进，注重组织未来的发展，其特点表现为如下几个方面：

（1）重视管理的价值取向和社会效应。政府绩效管理重视绩效管理的价值取向和社会效应，关注管理过程的环境因素和心理因素，以此来激发管理者的使命感和责任感，促进社会治理的公正性和客观性，进而获得更多的社会支持。

（2）强调多元服务主体。在绩效管理理论看来，政府是社会公共产品的组织者，但不一定都是直接生产者，对于那些技术性、具体性的社会事务，应尽可能地交给社会组织承担。社会公共事务的主体，可以是政府，也可以是社会中介组织、非营利组织、公私合作组织，甚至是私人营利组织。

（3）致力于机制的创新。政府绩效管理以政府应该管什么和怎么管作为中心，致力于寻

---

① 中国行政管理学会联合课题组：《关于政府机关工作效率标准的研究报告》，《中国行政管理》，2003年第3期，第8页。

求一个新的治理模式，创造一种新的管理机制，使政府能够更好地配置资源，全面理顺政府与社会、上级政府与下级政府、领导与部属、决策机构与执行机构的关系，把不该管的和管不好的公共事务移交出去，政府集中精力抓好宏观调控、市场监管和公共服务等工作。

四、政府绩效管理的原则与意义

制定科学合理的政府绩效管理体系，必须首先遵循外部评价、结果导向和效能导向的原则。偏离这些基本原则，就不会是真正意义上的政府绩效管理。

（一）外部评价原则

外部评价就是指，对于面向公众的政府部门，评价政府绩效的主体不是政府部门自身，而是由政府的服务对象或独立“第三方评估”。政府绩效管理强调外部评价，就是强调公民导向，这一特点是政府组织目标的公共性规定的。过去曾出现过的评估检查团（组）、纪检、监察等机关，由于其机构独立性不强，难免造成绩效评价失准的现象。而现代政府绩效管理的一个重要措施就是设立独立的政府绩效管理机构，如美国的国家绩效评鉴小组及其下设的专门的绩效评估研究组、联邦政府管理与预算局，英国的审计办公室、审计委员会等都是独立的绩效评估机构。

（二）结果导向原则

结果导向就是指政府工作或服务之后所产生的效果，如政府部门供给服务之后社会环境和人们的需要是否得到了发展与改进，公众满意的程度高低是否得到了改善等。结果导向的目标模式不仅关注政府工作是否完成任务，还关注政府工作的产出。按照产出或结果为评价目标，能够激励政府各部门注重提供公共服务的结果和绩效。

（三）效能导向原则

效能导向就是指政府绩效必须考虑政府行政成本。通过政府绩效管理减少政府管理人员的数量、降低行政管理的成本、改革行政管理系统、促使行政管理体制重新建立竞争机制，从而提高政府的工作效能。

（四）政府绩效管理的意义

绩效管理是一种整合多种管理理论和工具的系统框架，也是改善政府管理的有效工具。具体而言，政府绩效管理具有以下几方面意义。

（1）有效促使政府进行资源配置。绩效管理在政府运作和管理中加进“成本”和“效益”两个概念，迫使政府部门的资金必须按正当的程序支出，资源必须有效率地利用，投资必须达到预期的效果，从而增强了政府机关人员的成本意识和责任感，减少了政府机关的浪费，因此，政府绩效管理成为政府进行有效资源配置的一个重要手段，也是市场经济发展的需要。

（2）有效促使政府进行流程再造。在当今经济全球化、信息化的浪潮中，各国政府已难以维持传统的官僚制模式，政府所面临的各种内外压力，使对政府部门进行再造已成为必然的趋势，而在政府再造过程中所注入的各种新管理主义因素，如分权化改革、责任机制、顾客导向、结果为本等，都可以通过绩效管理的框架来加以体现，并通过绩效标准的检验来加以判断和衡量。

（3）有效促使政府进行治道变革。在现代公共管理中，绩效管理促进一个高效率、负责任的政府形象的树立。因为，实行政府绩效管理，可以促进政府管理理念的转变；能够推动“结果导向”工作模式的实行；能够激发公务员的工作热情。

第二节　政府绩效计划

政府绩效管理的第一个环节就是制订绩效计划，而这个环节实际主要就是要解决做什么和怎么做这两个方面的问题。在实践中，这个环节的主要工作就是制定绩效评估指标体系，以及确定指标标准、权重，还有评估方式。由于评估指标是包含指标标准和权重的，所以，我们一般将其统称为评估指标或绩效指标。政府绩效计划是通过绩效评估指标反映出来的，评估指标对于被评估的政府部门及其工作人员的行为，具有极为显著的引导作用。

一、政府绩效指标体系

（一）政府绩效指标体系的含义

政府绩效指标体系就是一组既独立又相互关联，并能够较完整地表达绩效评估目的和评价对象系统运行目标的评估指标。

绩效评估指标体系的建立是政府绩效管理中的基础和难点所在。指标体系决定评什么和按什么标准评的问题，所以，绩效评估体系的价值取向清楚地反映着政府工作的目的，反映政府工作的价值取向。绩效评估指标体系设计的科学性直接关系到整体评估工作的科学性、公正性和可操作性。

政府绩效评估指标体系既要反映政府大系统内各子系统与大系统的关系，也要反映各个子系统之间的关系，所以这个指标体系就需要具有目标一致性、层次性、具体指标相关性和具体指标可调性的特点。

（1）目标一致性是指被评估的每一个政府子系统都有自己特定的工作目标，但这些工作目标又都是服从于大系统的总目标的。

（2）层次性是指指标体系是由不同层级的子系统构成的，每一个子系统都分别具有一定的独立性，它们共同构成总系统。不过作为指标体系，一般以三级为宜，更多的层级不便于操作。

（3）具体指标相关性是指指标体系总系统的各个子系统虽然是各自相对独立的，但是这些子系统之间一定是相互联系的，即它们可以分别体现不同岗位、不同处室的工作特性，以及它们对总体工作目标实现的贡献。

（4）具体指标可调性是指构成指标体系的具体指标应该是可以调整的。一般来说，指标体系的设计是以相对长期的工作目标为依据的，所以不应经常调整，而具体的评估指标则是可以调整的。需要特别说明的是，调整具体指标要审慎，要有充分的依据，同时要有一定的前置期，不能到考评时临时调整指标或指标标准。

（二）政府绩效指标体系建立的原则

政府绩效评估指标体系是管理者的价值取向和目的，在实践中会产生鲜明的导向作用，所以建立政府绩效评估的指标体系，应该主要遵循目标一致、系统全面、客观可测和操作简便的原则。

（1）目标一致原则是指政府的战略目标、绩效评估的目的与各个被评部门处室、各个工作岗位的工作目标要高度一致。也就是说，政府绩效评估指标体系内，各项指标要纵横相关，战略目标通过评估的目的实现，评估的目的又由具体观测点体现，三者高度一致。

（2）系统全面原则是指组成政府绩效评估指标体系的所有要素都是相互联系、相互制约的，而且作为一个指标体系它没有遗漏的重要方面，通过各项指标，能够完整、准确地反映政府管理绩效的数量和质量状况。同时，在指标体系的各级指标和各个观测点之间，在其含义、口径范围、计算方法、计算时间和空间等方面，要能够统一标准、彼此衔接。

（3）客观可测原则是指绩效评估指标具有客观性，同时在评估过程中具有现实可行性。绩效评估指标的每一个观测点应该使用明确的语言定义，所规定的内容应该是可以用现有的工具测量获得的明确结论。另外，绩效评估指标还应该有现实可行性，应该能够获得相关的充足信息，如果指标设计得很理想，但获取相关信息的渠道不畅，或找不到相关素质的评估主体，这个评估也是不能实现的。

（4）操作简便原则是指绩效评估工作自身应该是低成本的。可能评估指标的设计者为了实现绩效评估指标的科学、有效，会设计多层指标和不同的权重，这样的设计应该是允许的，但指标模型一旦确定，就要保证它的实现。如果过于烦琐，或者必须专人专职才能承担这项评估，评估工作就很有可能会因成本过高而被放弃。实现这个原则，一方面可以通过简化指标实现，另一方面，也可以通过简化操作实现，这主要是指通过采用现代信息技术手段，实现评估的自动化与信息化管理。

（三）政府绩效指标体系的构成

一般来讲，政府管理的绩效应体现为促进辖区的经济发展和社会全面进步，所有对一级政府的评估，要从经济、社会、环境等多方面入手，所以是一个复杂而艰难的系统工程。

建立绩效评估指标体系要从基本国情出发。根据当前政府工作的总体目标任务，根据管理的现状和特点，遵循绩效指标设计的基本规律和要求，进行系统分析和深入研究，并坚持指标体系的建立原则。

建立绩效评估指标体系又要从本级政府的实际出发。既要体现上级意图，完成上级下达的工作任务，又要结合本级政府的实际，体现本级政府的工作特点，既不要不切实际的高指标、高标准，也不要体现不出激励性质的低指标、低标准。

建立政府绩效评估指标体系是一项复杂的技术性很强的工作，国内有学者提出了由“维度—基本指标—修正指标”[①]构成的指标体系模型。其中，维度位居评估指标体系之上，是对评估范围的类型划分，维度的数量没有一定。该学者提出了“基本建设”“运作机制”“工作业绩”三个维度。而在人事部课题组提出的《政府绩效评估指标体系》中，则是运用的三级指标的概念，即他们使用的是“一级指标”、“二级指标”和“三级指标”的概念，而且他们的一级指标

① 卓越：《公共部门绩效评估》，中国人民大学出版社，2004年，第37页。

就是“维度”，是由“影响指标”、“职能指标”和“潜力指标”[①]组成的。一般在实践中，三级指标的概念因为简单明了，使用得更为普遍一些。本书也使用三级指标的概念。

（四）综合平衡的指标体系

综合平衡的指标体系是指运用平衡计分卡理论建立的绩效指标体系。平衡计分卡（balanced scorecards）是1992年由美国哈佛大学教授罗伯特·卡普兰（Robert S. Kaplan）和复兴方案公司总裁戴维·诺顿（David P. Norton）发明的。

所谓平衡计分卡，是指一种管理模式，它将组织的使命和战略转换成具有全面性的一系列绩效测量指标，由此为战略测量和管理系统确立一个框架[②]。平衡计分卡的核心思想是通过财务、客户、内部业务、学习与成长四个方面指标之间相互驱动的因果关系，实现绩效考核—绩效改进，以及战略实施—战略修正的目标。平衡计分卡提供了一种全面的评价体系框架，它从财务、客户、内部业务和学习与成长这四个角度向组织内各层次的人员传递组织的战略，以及每一个工作步骤中他们各自的使命，最终帮助组织达成其目标。这四个方面的指标体系紧密相连，即学习与成长解决企业长期生命力的问题，是提高企业内部管理能力的基础；企业通过管理能力的提高为客户提供更大的价值；客户的满意导致企业良好的财务效益；企业合理高效的内部流程保证产品的高质量、按时交付和售后服务，而这又有赖于企业高素质的职员的努力工作；高质量的职员必须通过不断的学习和培训。

平衡计分卡模式严格地坚持了“平衡”和“全面”的思想，这种四个角度的评价体系，通过财务与非财务考核手段之间的相互补充，不仅使绩效考核的地位上升到组织的战略层面，使之成为组织战略的实施工具，同时也是在定量评价和定性评价之间、客观评价和主观评价之间、指标的前馈指导和反馈控制之间、组织的短期增长与长期增长之间、组织的各个利益相关者之间寻求“平衡”的基础上完成的绩效管理与战略实施过程。

平衡计分卡作为一种企业绩效测评的指标体系框架被提出，立即在企业管理中显示了它独特的效力。2003年《哈佛商业评论》将平衡计分卡评为75年来最有力的管理理论。有机构统计，《财富》排名前1 000家公司中已经有55%～80%采用了平衡计分卡。除被企业广泛采用外，平衡计分卡还在非营利机构、政府机关及军事机构中获得高度认可，如美欧等国家的政府部门、警察局，美、英等国的国防部门，新加坡政府、中国香港的一些部门也都采用了平衡计分卡。

平衡计分卡的原理被政府管理借鉴，从根本改变了政府管理的考评方式。在传统的政府管理考评中，对行政程序的遵守从来是被放在首位的，考评的内容也从来不会与政府的工作目标联系。而且，考评是单向度的，方法是单一的，基本是定性的结论。而平衡计分卡却为政府管理提供了一个全新的考评体系框架，这个评价体系与政府的职能、业务流程、组织结构、岗位职责等紧密联系在一起。它还能将组织、部门、个人三个层面的目标有机地结合，所以可以成为提高政府绩效的有效管理工具。现在已经被国内越来越多的政府部门机关所运用。

---

① 《政府绩效评估体系》，《时事资料手册》，2004年第6期，第27页。

② Johnsen A. Balanced scorecard：theoretical perspectives and public management implications. Managerial Auditing Journal，2001，16（6）：319-330.

二、政府绩效指标

（一）绩效指标的含义

绩效指标也称评估指标，就是绩效评价因子或评价项目。评估指标直接反映被评对象各个方面的状况，或者说，评估结果的取得实际就是对各个评估指标的评估结果最后的综合。也就是说，单个的评估指标不能实现评估目的，不能客观反映被评对象的实际状况，总是需要多个指标从不同的方面共同反映被评对象的状况。

绩效指标一般由指标名称、指标定义、标志和标度四个要素构成①。指标名称是对指标内容做出的总体概括；指标定义是对指标内容的操作性定义；标志是用来区分各个级别的特征规定的；标度是用于标志所规定的各个级别之间差异的规定。绩效指标的标志和标度依据指标的不同而采取不同的形式。同时，当标度比较简单时，标度和标志往往合二为一，标度本身就起标志的作用了。一般来说，指标的标志和标度是对应关系，它们就好比一把尺子上的刻度和刻度标准的关系，从这个意义上，也可以称为绩效评估的“尺度”。绩效评估标度有量词式、等级式、数量式和定义式等多种形式。一般可量化的指标用数量式标度，不可量化的指标根据具体情况使用其他形式的标度。

绩效指标无论用哪种标度形式，都需要相对独立，内涵明晰。

（二）绩效指标的类型

为了科学设计绩效指标体系中的评估指标，需要对评估指标进行分类。根据评估指标内容的特点，可以将评估指标分为经济性指标、质量性指标、公平性指标、稳定性指标和公平性指标等。

（1）经济性指标就是从经济角度判断政府绩效，它主要从三个方面进行度量：第一，政府为自身干预经济活动所设立的各项宏观经济指标的完成程度；第二，政府各部门投入的人力、物力、财力与产出的比率，注重节约成本，追求低投入、高产出；第三，公众生活水平的提高程度。经济性指标大多是可以量化的，制定时必须考虑当地的实际情况，要把长期目标和短期目标结合起来，不能片面地追求高指标，以致某些地方政府用“数字游戏”来换取荣誉、地位等好处，而当地人民却要为这种反常的行为付出相应的代价。

（2）质量性指标就是从质量角度衡量政府绩效，主要强调政府要提升服务的质量，保证产品的质量，提高公众满意度。公共产品的服务质量与公民满意度是密切相关的，公民的满意度是对公共产品和服务质量的评价，包括对政府所出台的各项法规、制度的反馈，以及政府部门向民众提供服务时的态度好坏、程序繁简、收费合理与否等方面。

（3）公平性指标就是从公平角度衡量政府绩效，它主要强调政府在运用公共权力进行公共管理，提供公共产品和服务时要做到公平，政府的经济政策要使收入差距控制在一定范围内，而不是扩大收入差距。只有当政府的行政行为既实现了整体经济效益和社会效益，又实现了公平合理，政府的行政行为才算取得较好的绩效。

（4）稳定性指标就是指政府在执行其职能时所颁布并实施的各项政策、法规要在一定时期内基本保持不变。要使公众信任政府，最基本和关键的是使他们相信政府的各项政策、法规。政府的政策、法规实际上就是政府和相关的社会主体达成的一种契约，这种契约通常关

① 方振邦：《绩效管理》，中国人民大学出版社，2003 年，第 151 页。

切社会上一部分人的切身利益，而各社会主体放心地安排自己各种活动的前提和基础就是这些政府法规稳定且可预见。

（5）公开性指标就是衡量政府行政行为的透明度高低，公众的民主参与程度指标，是衡量政府绩效的重要标准。只有大力提高政府行为的透明度和公开性，扩大公众参与和公众监督，政府的行政行为才符合公众意愿，才算得是有效的。

三、政府绩效指标的标准与权重

（一）绩效指标的标准

绩效指标的评估标准可以简称为绩效标准或评估标准。所谓绩效标准，是指达到或完成绩效指标所必须实现的工作程度或工作数量。

政府绩效指标的标准可以分为可量化标准和不可量化标准两类。可量化标准因为有明确的数量规定为实现标准，所以一般也被称为“硬指标”。不可量化标准则因为没有明确的数量规定，只是有程度或等级为实现标准，主观评价的成分比较多，会出现因人而异，标准不易把握的情况，所以也被称为“软指标”。

绩效标准的确定过程是一个协商的过程。无论是确定“硬指标”还是确定“软指标”，一般都会经过一个领导与被评单位反复磋商，最终双方都认可绩效标准的过程。最初的标准可以由领导提出，也可以由被评单位提出，一般领导提出的情况比较多。在实践中，绩效标准的确定过程双方都会是十分慎重的。领导会希望标准具有挑战性，以激励被评单位的工作积极性。而被评单位会希望保持工作常态，以防标准不能实现。所以确定绩效标准的磋商，一定要在使被评单位充分认可评估意义的前提下进行，否则，双方的意见是难以统一的。

（二）绩效指标的权重

所谓指标权重，是指表示绩效指标重要程度的计算系数。一般在指标体系中，有指标对绩效目标实现影响大，就会有指标对绩效目标实现影响小，而这种根据指标间互相影响大小所确定的系数就是权值。

权重的确定，一般有主观构权法和客观构权法两种。主观构权法就是由管理者或专家，根据工作要求、自己的经验，以及对评估内容的了解和掌握，主观判断各指标的重要程度，确定权重。客观构权法需要汇总各种原始数据，进行分析、排序后得出权重。由于客观构权法操作起来比较复杂，所以使用主观构权法的比较多。

第三节　政府绩效评估

一、政府绩效评估工作的基础

（一）绩效评估的含义

政府绩效评估是按照绩效计划，对政府部门处室及其工作人员的工作做出评价和判断的活动。绩效评估有广义和狭义两种理解，广义的绩效评估等同于绩效管理，包括制订绩效计划、实施绩效评估和反馈结果等几个环节的总和。而狭义的绩效评估则仅指绩效评估实施这一个环节。我们这里是在狭义上使用绩效评估的概念。也就是说，这里的所谓政府绩效评估是在政府绩效指标体系已经建立后，运用这个绩效指标体系对被评单位进行的评估。

制订绩效计划即建立绩效指标体系后，如果不运用这个绩效指标体系进行评估，以及评估的结果不与预定的奖惩形式兑现，指标体系不会有任何作用。运用绩效指标体系进行评估就是实施评估。

绩效评估的对象可以是一级政府、一个政府部门，也可以是公务员。政府部门的绩效评估，主要是上级主管单位或上级政府对下级单位或下级政府工作实行的评估，而公务员的工作业绩就被包括在其中了。

绩效评估的内容可以有多种，可以是就被评对象的全部工作进行全面评估，也可以是就其某一方面的内容进行专项评估，专项评估因为内容具体，涉及面相对小，操作相对容易，所以实行得比较普遍。

（二）绩效评估的制度建设

制定与绩效评估相关的制度应该在三个层面进行，一是评估基础层面，二是评估操作层面，三是评估反馈层面。

评估基础层面的制度建设，主要是要明确政府各部门处室的职责范围、工作方法，政府各部门处室之间工作的衔接方式，以及各个工作人员的岗位职责、责任方式等，这些是评估的基础，也是评估的目的。评估本身不能对政府工作有任何改变，但是为了适应评估的要求，或者说，被评单位为了接受评估却必须改革或完善自身的工作，这才是评估的实际意义所在。现在我们的政府部门内关系不顺、职责不清、人浮于事的现象十分严重，评估正是通过这个基础层面的制度建设，规范政府行为，促进工作的改革和完善。

评估操作层面的制度建设主要是要明确有关评估主体、评估对象、评估方法、评估时间、评估频度、评估结果的运用等问题，并严格遵照执行。偶尔进行的绩效评估意义不会大，必须加强绩效评估的制度化建设。要注重处理好评估成本问题。评估是需要人力、物力、精力的投入的，过于频繁的评估成本太高，被评单位也会不堪重负，所以评估频度是一个很重要的问题。一般单位的评估周期是例行的年度评估，与传统的政府机关的年度考核频度一致，所以，现在我们也称之为绩效考评。一些专项绩效评估是在系统内进行的，涉及面广，组织起来成本更高，所以评估的周期就会要相对长一些。

评估反馈层面的制度建设主要是要明确评估结果的奖惩处理，并严格遵照实行。评估结果奖惩兑现，是评估工作能够收到实效、能够真正促进工作改进的关键所在。

二、政府绩效评估工作的组织

（一）绩效评估组织工作的意义

绩效评估是一项程序复杂、评估主体多样，同时又与评估对象利益攸关的系统工程。评估工作的组织会直接关系评估结果的真实程度，以及评估效果的理想程度。

一般来说，政府绩效评估的组织工作内容包括成立专门的绩效评估工作领导机构，制订评估的具体工作计划和工作方案，确定并组织评估主体，组织实施和监督整个评估过程，最后负责分析评估指标，报告评估结果。

政府的绩效评估一般都是上级政府或部门组织的，但上级部门并不等于就是评估工作的领导机构，因为评估期间还要保证正常的工作，所以会把评估作为一项专门的工作，组建专班领导进行，这个专班就是整个评估工作的领导者和组织者。另外，评估专班会是评估主体的成员，但不会是评估主体的全部成员。也就是说，评估领导专班的成员与评估主体成员是可以兼任的。

评估工作的宣传发动是评估组织的重要内容。在评估计划、评估方案确定后评估的宣传发动就特别重要。由于评估会涉及被评单位及其成员的切身利益，所以需要得到他们的积极配合，关键是思想观念、接受评估态度的配合。否则，不能获得可靠的数据，也不能起到真正的工作推动作用。

（二）评估主体

评估主体问题就是谁来评的问题，过去政府机关的评估主体一般就是上级和自己，即上级考核和自我总结。但是绩效评估应该是按照“多主体”和“第三方”的原则进行评估的。

有资格参与评价的主体，肯定应该是对评估对象有发言权的主体。也就是要求评估主体，一要对评估对象的工作有一定的了解，二要对评估对象的岗位有一定了解，三要以促进评估对象的工作为出发点。按照这样的基本要求，政府绩效评估的主体一般可以有直接主管领导、行政相对人、评估专家，以及被评对象的代表。在多数情况下，评估工作组就是由各方专家组成的，这样可以实现 360 度全方位评估，使评估结果的客观性、科学性更有保证。

国外的政府绩效评估多是由专门评估机构作为评估主体，这些专门评估机构多数是非政府组织，所以也称为独立第三方评估。所谓第三方评估，是一种强调评估主体特征的评估形式，它适用于任何类型的评估。比较传统的组织内部评估或自体评估，对政府绩效进行第三方评估意义重大。第三方评估可以根本改变政府既当“运动员”又当“裁判员”的状况。第三方评估的优势、公信力，来自“第三方”的独立、专业、权威、组织这些基本特征。第三方评估的这几个特征是互为前提、互相依存的。

我国也有类似的专门评估机构，但是由于我国的特殊国情，现在政府绩效第三方评估更多的是由上级政府委托专门研究机构或院校专家进行。我国已经实行的第三方评估取得了显著成效，评估直接推动了政府职能转变，或促进了政府提高行政能力和服务质量，政府也因此收获了公众的赞誉。

（三）评估类型

政府绩效评估是个很大的概念，实际上可以将评估分为不同的类型。按照被评单位的性质可以分为某级政府工作评估、某个政府部门评估、某个单位评估；按照评估内容分为政策评估、专项评估、工作评估，也可以进行满意度评估、信用评估、达标评估、等级评估等。

而且评估一般是有时效的，即是对某一个时段工作进行的评估，如年度评估。评估内容的时段也可以以某项工作的起止时间为界，如进行专项评估就是以被评工作的起止时间为界的。

评估的类型不同，评估的主体和评估的方法就会不同。

三、政府绩效评估的方法

绩效评估的具体方法有多种，归纳起来可以分为主观评估法和客观评估法。

（一）主观评估法

主观评估法就是评估主体主观评价被评对象，并将被评对象互相比较后，按照相对优劣程度排序作为评估结果的方法。

主观评估法的具体方法有几种，最常见的有直接排序法、等级法、图示量表法、强制分布法等。

（1）直接排序法就是评估主体直接凭主观印象，对被评对象按照评价标准进行优劣排序的方法。

（2）等级法与直接排序大体相同，只是它是直接将被评对象归为不同的等级，如优秀、良好等不同等级。

（3）图示量表法是按百分制打分，然后按得分归为不同等级，最后再按得分排序的方法，如规定 90 分及 90 分以上为“优”，80 ~ 89 分为“良”等。

（4）强制分布法（forced distribution method）是预先设定不同的等级，同时规定各等级的数量或比例数量的评估方法。例如，预先规定“优秀”的 5 个，“良好”的 10 个，或者预先规定 5%的“优秀”等。

这些方法简单易行，而且是以定性评价为主，不要对评估主体进行专门培训，但是主观偶然因素的影响也就会比较明显。

（二）客观评估法

客观评估法就是按照评估的标准给出一个量化的分数或程度判断，然后再对评估对象中各个方面的分数进行相加，得到最后评估结果的评估方法①。

最常见的客观评估具体方法有关键事件法和行为锚定法。

（1）关键事件法就是以被评对象中评估时间段内的突出行为记录为依据，确定评估等级的评估方法。例如，规定凡在评估时间段内获得国家级表彰及荣誉称号的单位和个人，都可以评为“优秀”。又如，现在各地评估中比较时兴的“一票否决”制，如计划生育“一票否决”、社会治安“一票否决”等，就是一个单位只要有一例计划生育违规，或发生了一起重大治安案件，就不能评“优”。鉴于被列入“一票否决”的项目有增加趋势，而且这样的方式过于武断，不够科学，现在国内许多地方实行“减分法”，就是将这种反向的关键事件作为“减分”（负分）记入总分。这种方法奖罚分明，导向性很强，操作也方便。在实际使用中，对于纠治不良行为提高绩效有特殊的作用。

（2）行为锚定法就是对每项评估指标都使用一系列典型的行为描述句与评价的等级标准相对应的评估方法。例如，对政府的公共服务指标，可以使用一系列典型的行为锚定观测点，如基础设施建设、信息公开程度、公民满意度等，另外，将观测点的实际状况程度与评价的等级标准对应，得到评估结果。

客观评估法最突出的特点就是客观性，由于所有的评估结果都是来自可量化的衡量标准，

① 卓越：《公共部门绩效评估》，中国人民大学出版社，2004 年，第 119 页。

所以可以避免主观评估法具有不确定性的弊端，但是对评价标准的科学性要求就会提高。

第四节 政府绩效反馈

一、绩效反馈机制

（一）绩效反馈及其意义

绩效反馈是将绩效评估的结果向被评单位及其上级领导反馈，也包括向所有评估主体反馈，反馈目的是兑现奖惩，同时根据被评单位评估反映的问题进行整改，从而使评估工作成为改进工作的动力，促进工作的开展，实现评估的目的。绩效反馈是整个政府绩效管理的第三个环节。绩效反馈也可以是向所有评估主体反馈评估结果，兑现奖惩才能真正激励先进、鞭策后进，使评估工作成为改进工作的动力。

政府绩效评估形成的结果，可以反映出政府部门一定时期的工作成绩和不足。这时就应该高度重视绩效评估结果的运用，凭借具有影响力的评估结果来提高政府部门的绩效。

（1）评估结果可以作为上级部门对被评估部门奖惩的依据。明确的评估结果是奖惩的基础，明确的奖惩也是推动绩效评估的动力。同时，这也是上级部门和监督部门对被评估部门的一种监督手段，可以很好地了解部门的状况，监督其工作开展情况。政府部门绩效评估通过对评估对象的各方面工作进行评估，可以分清这些非竞争部门工作孰优孰劣，为职务任免、奖惩、待遇的确定提供可靠依据，从而建立一种竞争激励机制。

（2）评估结果可以促进被评部门改进工作。对于被评估部门来说，可以有效地使用评估信息，总结部门过去的成绩和不足。它不仅可以使公众意识到政府并不只是一个僵化的官僚机构，还可以使政府更好地和公众进行沟通，有利于公众对政府工作的理解和支持，并且使公众乐于对政府的工作提出建议。只有政府与公众形成一种双方互相信任的关系并产生良好的互动，才能为政府开展好工作提供前提和基础。

（3）评估结果可以反映公众评价。对于社会公众，通过定期有选择地发布评估结果，可以作为一种监督手段，推动公众对政府部门的监督。政府工作的结果与公众的生活密切相关，公众作为政府工作的最终承受者，政府每一项决策的做出，都可能会影响其日常生活。因而，将评估的结果进行公布并比较，会对政府形成一种压力，是公众进行监督的有效途径之一，如果公众不能获得政府工作的信息，公众对政府的监督职能将会流于形式，没有实际作用。

（二）全面反馈机制

对绩效评估的结果进行反馈才可能取得评估的真正意义。以往的年度考核，除了评出“先进”（评“优”）没有其他的反馈。绩效管理中的绩效评估反馈应该是全面的反馈，即向评估对象、评估对象的直接上级、评估对象所在单位的人事部门、社会舆论、政府的服务对象反馈评估结果。

绩效评估主要不是为了评出等级，而是为了改进工作。围绕这个目的，就要向每一个受评部门和个人具体反馈评估意见，尤其是要肯定好的方面，而决不能仅仅只是指出不足。

向评估对象的直接上级反馈评估结果。向上级反馈结果也是全面的反馈，既不能报喜不报忧，也不能成为“告状信”。因为反馈意见，一是为了使上级了解下属，二是为了使上级能及时进行工作调整。对政府工作人员评估结果的反馈，便于领导知人善任；对政府部门评估结果的反馈，便于领导统筹部署，具体指导。

向评估对象所在单位的人事部门反馈评估结果。这主要是指对政府工作人员评估结果的反馈，用于人事部门存档。这样做一是作为评先晋级的基本依据，二是作为培训进修的参考，三是作为处分、调离依据。

向社会舆论反馈评估结果。这样做主要是为了主动接受社会监督。所以，并不是所有的政府工作人员、所有的政府部门都要向社会舆论反馈评估结果，而是以两种主要形式反馈，一是对评估的整体结果进行反馈，二是有目的地重点反馈“两头”的典型，尤其是群众最关注的部门和部门主要领导的情况。

向政府的服务对象反馈评估结果，与向社会舆论反馈评估结果有所不同，这类反馈主要是有针对性的反馈。例如，政府的服务对象具体向某部门、某个人有什么意见、要求，或有什么评价，这个部门和个人对服务对象进行回复，这样的反馈以对意见要求的回应为主。

二、绩效调控机制

绩效管理与传统的工作考评或工作评估的最大不同，就在于对评估结果的运用。绩效管理中的绩效评估的最终目的是提高组织绩效，而不仅仅只是评出等级。一方面，评估指标有鲜明的导向性，可以引导被评对象通过实现评估指标达到评估目的；另一方面，评估结果可以清晰地反映工作“短板”，被评对象针对工作“短板”修订绩效计划就是绩效调控。建立绩效调控机制，就是建立制度性的绩效评估结果反馈运用机制，这个机制可以促进包括工作计划、人事计划等在内的全部工作的完善。

（1）工作计划是为实现政府本阶段的中心工作制订的，但需要根据评估反馈意见及时调整下一年度的工作计划，对内部评估认为工作不经济的方面进行调整。这个不经济可能是用人方面的不经济，即没有用人所长、人尽其才。也可能是做事方面的不经济，即工作的成本过高。对外部评估认为用不恰当的方式做了该做的事，或根本就是做了不该做的事，也要通过调整计划避免再出现类似情况。将群众满意的方面继续列入计划。例如，每年“10 件实事”，群众满意就继续以这样的形式解决群众急需解决的问题，提高群众的满意度。对群众反映出来的问题，及时调整思路、改进方法，把好事办好、办实。例如，群众对集资修路是同意的，但对硬摊派不满，就要改变工作方式。

（2）人事计划同样是为实现本阶段的中心工作制定的，也需要根据评估反馈意见及时调整。人事计划调整包括三种形式：一是根据评估反馈的用人不经济情况及时进行人事岗位调整；二是根据实际需要制订人员培训计划；三是制订和调整进人计划。

经调整的计划成为新的工作目标后，就又开始了新一轮的绩效管理工作。

➢ 本章小结

绩效就是指组织或员工经过评价的工作行为、工作方式及工作结果。政府绩效就是指政府在管理活动中经过评价的工作行为、工作方式及工作结果。政府绩效的主要影响因素有价值取向、管理体制、组织结构、人员素质和技术手段。绩效管理是管理者用来确保组织及员工的工作活动、工作条件与组织目标保持一致的手段及过程。绩效管理包括“计划”“评估”“反馈”三个主要环节。其中，“计划”是绩效管理的手段和起点，也是绩效管理的目的和终点。“评估”是核心环节，也是技术含量最高、最复杂、起直接引导作用的环节。“反馈”是实现评估目的的关键环节，也是传统的管理形式中常常被忽视的环节。政府绩效管理就是运用科学的方法、标准和程序，对政府机关的业绩、成就和实际工作做出尽可能准确的评价，在此基础上对政府绩效进行改善和提高。

制订绩效计划是政府绩效管理的第一个环节，在实践中，这个环节的主要工作就是制定绩效评估指标体系，以及确定指标标准。狭义的绩效评估是政府绩效管理的第二个环节，这个环节是指绩效评估的实施。就是在绩效指标体系建立后，运用绩效指标体系对被评单位进行的评估。绩效反馈是绩效管理的第三个环节。是将绩效评估的结果向被评单位及其上级领导反馈，兑现奖惩，同时根据评估反映的问题进行整改，从而促进工作的开展，实现评估的目的。

➢ 关键术语

绩效；政府绩效；绩效管理；政府绩效管理；绩效计划；绩效评估；绩效反馈

➢ 思考题

1．绩效与效率有什么区别？
2．如何理解政府绩效的“3E”含义？
3．如何理解政府绩效管理的特点？
4．政府绩效管理有哪几个主要环节？
5．什么是第三方评估？第三方评估有什么意义？
6．如何理解政府绩效管理与政府绩效评估的区别联系？

➢ 案例

国务院办公厅组织对重大政策措施落实情况开展第三方评估①

为全面了党中央国务院稳增长、促改革、调结构、惠民生一系列重大政策措施贯彻落实情况，国务院办公厅组织启动对部分政策措施开展第三方评估，以推动各项政策措施尽快落到实处、见到实效。

第三方评估是本届政府管理方式的重大创新。李克强总理多次强调，评价政府工作不能“自拉自唱”，要让第三方独立公正评估，让社会和群众来评判，更好地推动国务院各项政策的落实。此次第三方评估将根据2015年《政府工作报告》部署的重点任务和当前经济社会发展形势，围绕简政放权、放管结合、优化服务，促进大众创业、

① 《国务院办公厅组织对重大政策措施落实情况开展第三方评估》，http://news.xinhuanet.com/fortune/2015-07/24/c_1116031282.htm，2015年7月24日。

万众创新，增加公共产品和公共服务供给，金融支持实体经济，全面支持小微企业发展，实施长江经济带发展战略，实施精准扶贫、精准脱贫等方面展开，重在通过独立的第三方，更多倾听来自企业的呼声、群众的期盼，客观评估政策落实的实际状况，评判政策实施是否达到了预期效果、群众是否享受到了改革红利，研究政策取向和力度是否需要调整完善，不断以群众的获得感来“校正航向”，用立行立改的实际行动来推动政策落实，确保完成全年经济社会发展主要目标任务。

为确保第三方评估取得更好效果，国务院办公厅在总结去年评估工作的基础上，进一步吸纳更加广泛的专业力量参与，通过竞争性遴选，确定委托中国科学院、国务院发展研究中心、国家行政学院、中国科学技术协会、中华全国工商业联合会、中国国际经济交流中心、北京大学、中国（海南）改革发展研究院等独立第三方开展评估。参与评估机构中，既有专业咨询研究机构，又有高等院校和社会机构，充分体现了权威性、专业性、独立性、客观性。各评估机构采取访谈部门、走访企业、入户调查、网络调查、大数据分析、专家评估等多种方式，坚持问题导向，访实情、听民意、出实招、解难题，促进政府决策更科学、改革更符合实际、政策更好落实、群众得到更多实惠。

在2015年9月16日李克强主持召开的国务院常务会议上，受国务院委托的中华全国工商业联合会、中国国际经济交流中心及相关高校、研究机构等对简政放权和放管结合、支持小微企业、金融服务实体经济、区域协同发展等政策落实情况做了第三方评估汇报①。评估结果显示，这些改革发展举措对推动经济增长、促进结构优化、激发企业活力等正在发挥积极效应，同时也揭示了政策落实中存在的问题。对此，会议要求：一要标本兼治，深入推进简政放权和放管结合，提高放权的含金量，增强监管的有效性，突出便民服务的主动性，打掉违法中介和不合理收费，对不负责、不作为等大力追责整改。二要落实小微企业税收优惠和清费政策，加大财政对企业贷款、担保等的支持，发展中小金融机构，降低融资成本，缓解小微企业融资难题。三要加强统筹规划，以投融资、贸易便利化等改革推动区域协同发展和产业转移承接，打造新的增长点。

请思考：

1．政府绩效管理有哪些步骤？绩效评估有哪几种类型？

2．对开展重大政策措施落实情况引入第三方评估的意义是什么？

➤ 拓展阅读

包国宪. 2015. 政府绩效管理学——以公共价值为基础的政府绩效治理理论与方法. 北京：高等教育出版社

蔡立辉. 2012. 政府绩效评估. 北京：中国人民大学出版社

陈天祥. 2015. 政府绩效评估与管理：政治、过程与技术. 广州：中山大学出版社

芦刚. 2014. 地方政府绩效评估中的公民参与：制度、方法与战略. 北京：中国社会科学出版社

高洪成. 2014. “异体评估”视域下的政府绩效评估研究. 沈阳：东北大学出版社

① 中国政府网：《李克强主持召开国务院常务会议》，http://www.gov.cn/guowuyuan/ 2015-09/16/content_ 2933- 058.htm，2015年9月16日。

第十三章

行 政 监 督

行政监督是行政管理的重要环节。它是以制度形式对行政权力实行制约。通过监督权的有效运用，可以保证行政决策全面、准确地贯彻执行；也可以通过对违法和不当行政行为的惩戒、处置，约束和促使国家行政人员恪尽职守。所以要研究行政监督的概念及必要性，研究内部监督的主要类型和形式、外部监督的主要类型和形式，以及预防性监督、行政监督的主要类型和形式。

第一节　行政监督概述

一、行政监督的概念

“监督”在英文中是 supervision，而“super”本意为“在上”，“vision”的意思则为“看”，所以“监督”字面上的本来含义应该是上级对下级督察、督导。在我国，“监”和“督”最早都是作为官职出现的，即行使督查、监督职责的官员，如《后汉书·荀彧传》中就有“古之遣将，上设监督之重，下建副二之任，所以尊严国命，谋而鲜过者也”。这里所说的监督，是指对派出去打仗的将军进行监察、督导而设的官吏。现在“监督”仍然保留了职务的名词含义，但作为动词则指“查看并督促”①。

关于行政监督，目前我国学术界有不同的理解，总体上认为行政监督有广义和狭义之分。广义上的行政监督是指立法机关、行政机关、司法机关、政党、社会团体、公民、社会舆论等众多的政治力量和社会力量，对国家行政机关及其工作人员所实施的监督。狭义上的行政监督是指行政机关内部上下级之间，以及专设的行政监察、审计机关对行政及其公务人员的监督。广义的行政监督包括狭义的行政监督。

不同的界定方式会给研究的进程和结果带来显著的区别，考虑到我国的具体国情，本书赞同广义的理解。本书认为，行政监督就是指国家机关、政党、社会团体和公民依据有关的法律法规，对国家行政机关及其工作人员的行政行为进行的监察、检查和督促活动。

二、行政监督的必要性

加强对行政机关及工作人员的监督主要是制约公共权力的需要、制约人性弱点的需要，

① 中国社会科学院语言研究所词典编辑室：《现代汉语词典》，第 6 版，商务印书馆，2014 年，第 629 页。

以及民主政治建设的需要。

（一）制约公共权力的需要

行政主体所拥有的行政权力是公共权力的重要组成部分，制约公共权力的需要也是制约行政权力的需要。

加强对行政主体监督的必要性首先是源自公共权力的委托性。人民主权原则是现代国家的基本原则，国家机关就是人民行使权力的形式，国家机关的工作人员就是受委托的管理者。国家的管理者一旦获得委托，便拥有了广泛的权力，这些管理者能否善用手中权力，实施有效管理，不仅直接影响到国家政治目标的实现，还直接影响到国家和社会的整体利益及公民具体利益的实现。为了保证这些获得了特殊地位的管理者不至于滥用权力，保证他们公正决策或减少错误决策，保证国家法律和政策的有效实施，就必须加强对管理者的管理和监督。

加强对行政主体监督的必要性也源自公共权力自身的特性。公共权力客观上都具有权威性、强制性，同时公共权力还具有强烈的扩张性、排他性，以及明显的腐蚀性。针对公共权力的这些特性，孟德斯鸠曾提出一个著名的观点，即“一切有权力的人都容易滥用权力，这是万古不易的一条经验。有权力的人们使用权力一直到遇有界限的地方才休止”，“从事物的性质来说，要防止滥用权力，就必须以权力约束权力”①。正是为了防止管理者把自己的意志等同于公民的意志，进而把自己的意志强加于公民，监督成为必需的机制。

（二）制约人性弱点的需要

加强对行政主体监督的必要性，是由于人性天生具有“自利”等道德弱点。关于人性存在弱点，所以需要防止或制约这些弱点，这是部分古今中外学者的共同观点。资产阶级启蒙思想家霍布斯、洛克（John Locke）、孟德斯鸠等，中国古代申不害、韩非等认为，任何时候都不能祈求完美无缺的行政主体来治理国家，也不能期望仅仅靠培养、锻炼、教育就可以造就完美无缺的行政主体。而应当借助有效的监督，健全监督体制和制度来弥补行政主体的缺陷，防止和纠正他们的错误和过失。现代的公共选择理论则认为，政府官员同样是理性“经济人”，所以，不要期盼通过自我发展、修身养性来完全弥补这一缺陷，要加强对行政主体的管理，就是为了防止人性这些不易克服的弱点。

加强对行政主体监督的必要性还在于可以避免管理者的无知。无论人有多高的先天禀赋，多么刻苦的后天学习，面对知识爆炸的现实，都不免出现知识短缺问题。既然行政主体的个体不可能是全知的，自然也就不可能是全能的。为了避免管理者因无知带来的失误，也有必要加强对他们的监督。

（三）民主政治建设的需要

对行政主体监督的必要性是建设政治文明的需要。民主是政治文明的核心内容，民主的本质就是多数人执掌国家的权力。从发展民主的要求看，人民必须保留对国家管理者的监督权、控制权、管理权，这样才能有效地保障国家机关及其工作人员权力行使的合法性和正当性。为了确保人民公仆遵照人民的意志行使权力，保障人民的合法权益，必须建立一套行之有效的监督制度。

现代国家权力向行政权力集中成为趋势，为了在这个趋势中强化民主，也需要加强对行

---

① 孟德斯鸠：《论法的精神》（上册），张雁深译，商务印书馆，1989 年，第 154 页。

政主体监督。

三、行政监督的类型

行政监督的类型，可根据不同的标准进行划分。

（一）以监督主体的职责为标准的划分

以监督主体的职责为标准，行政监督可以分为一般监督、职能监督、主管监督和特种监督。

（1）一般监督，指按照行政隶属关系和机关协作关系而产生的监督。一般监督主要包括两种情况，即行政机关上下级之间的监督和不同行政机关之间的监督。一般监督没有特定指向，一般以遵守纪律、执行政令为主，在存在行政隶属关系的地方，则还负有指导工作的责任。

（2）职能监督，指政府各职能部门或直属机构依据法定权力，就其上管业务对下级政府对应职能部门的监督，以及对所属企事业单位的监督。职能监督通常围绕着业务职能进行。从世界多数国家的监督实践来看，职能监督的权限和范围因业务性质和法律传统而存在差别，一般而论，集权型政治体制职能监督较强，分权型则较弱。

（3）主管监督，主要指政府专设的廉政行政机关因特殊授权而对其他行政机关实行的监督，如中国香港地区的廉政公署和中国内地国务院的监察部等。一般说来，主管监督部门享有较大的和较广泛的监督权限，与此相一致，其监督对象和监督领域也较复杂和广泛。因此，其监督任务、机构设置和技术手段多具有综合性。主管监督部门通常直接向政府首脑负责，但其具体权限因国家不同而存在较大差别。

（4）特种监督，相对一般监督而言，指除主管监督以外的各种普遍适用的专业性行政监督，如审计监督、环境保护监督等。特种监督的专业技术性较强，通常以某一特定领域为监督对象，并以法律规定保障其监督权的行使。

（二）以监督主体性质为标准的划分

以行政监督主体是否是国家行政机关为标准，行政监督可以分为内部监督和外部监督。

（1）内部监督，是指行政机关本身所进行的监督，也就是前面所说的管理意义上的监督。内部监督主要有行政机关内部的自我监督、行政监察和审计监督等。

（2）外部监督，是指国家行政机关外部的监督主体对国家行政机关及其工作人员所进行的监督。外部监督主要有国家机关的监督、政党的监督和社会监督。

（三）以监督时间为标准的划分

以监督时间为标准，行政监督可以分为事前监督、事中监督和事后监督。

（1）事前监督，是指在行政管理活动开始之前进行的监督。在行政管理活动开始之前，对行政机关做出的决策，制订的工作规划、计划，以及为此而制订的实施方案等，进行审查、监督，目的是防患于未然，堵塞漏洞，减少失误，尽可能杜绝和防止违法违纪行为和不合理现象的产生。

（2）事中监督，是指对正在进行的行政管理活动的监督。对正在进行的行政管理活动是否按照决策目标或工作规划、计划运行进行监督，目的在于及时发现问题，及早采取对策，避免造成重大损失和不良后果。

（3）事后监督，是指行政管理活动完成以后的监督。对行政管理活动完成以后，决策目标或工作规划、计划是否按期完成，是否符合质量要求等情况进行监督，目的在于总结经验，汲取教训，对存在的问题及早采取补救措施。

（四）以监督行为为标准的划分

以监督行为为标准，行政监管可以分为合法性监督和合理性监督。

（1）合法性监督，是对国家行政机关及其工作人员的合法性监督，它包括两方面的内容：一是对国家行政机关及其工作人员职务活动合法性的监督；二是对国家行政机关工作人员的非职务活动合法性的监督。合法性监督的目的在于杜绝可能发生的违法行为，揭露和纠正已经发生的违法行为，及时处罚和教育违法违纪的行政工作人员，维护国家、集体和公民个人的合法权益，确保依法行政原则的实现，加强国家行政管理的法制化建设。

（2）合理性监督，对国家行政机关及其工作人员的职务活动和非职务活动，还必须要求具有合理性。合理性监督的内容也包括两个方面：一是对其职务活动是否符合总政策和本地区本部门的实际情况；是否从大局出发，维护全局的利益；是否符合行政管理的基本原则等进行监督。二是对其非职务活动是否遵守社会公德和职业道德，是否有损国家公职人员的形象等进行监督。合理性监督是合法性监督的延伸和补充。因为法律很难对国家行政机关及其工作人员的所有活动都做出规范，还需要用社会道德规范进行调整。因此，对国家行政机关及其工作人员的职务活动和非职务活动除了进行合法性监督外，还要进行合理性监督。

（五）以监督结果为标准的划分

以监督结果为标准，行政监督可以分为督促性监督、改进性监督和惩处性监督。

（1）督促性监督，是指对国家行政机关及其工作人员的工作采取有关监督措施，督促其积极工作，恪尽职守，提高工作效率或改进某项工作。

（2）改进性监督，是指对国家行政机关及其工作提出改进措施，以确保国家宪法、法律、党的路线方针政策和行政管理目标的实现。

（3）惩处性监督，是指对违法违纪的国家行政机关及其工作人员采取有关处罚措施，追究其行政责任或刑事责任，以实现对国家行政机关及其工作人员的监督和教育。

第二节 内部监督

一、内部监督的概念

行政系统内部监督简称内部监督，是指国家在行政机关内部设立的专门行政机关，根据国家的法律法规，对国家行政机关及其工作人员的行政行为进行全面的监察、检查、督促和指导。

行政内部监督的主体是根据宪法专设的机关，所以，行政内部监督权的产生并非是由任何享有立法权的机构都能确定的，它是明载于国家根本大法，而且是只有国家最高权力机关才能确定的权力，因此它的监督权是以国家强制力来保证实施的。但行政内部监督仍然属于国家管理活动，不同于司法权，其是一种行政权力。

由于行政监察的适用对象是国家行政机关及其工作人员、国家行政机关任命的国有企事业单位的领导干部，或者是所有涉及财政支出的领域。因此，行政内部监督的功能是国家行政机关内部专司自我监督的控制系统或机制，而非行政机关的外向监督的控制系统或机制。

行政内部监督不仅着眼于依法行政的检查督促，而且更注重合理行政，即科学行政和高效行政的检查督促。不仅注重“照章办事”的检查督促，而且更注重在严格遵守政纪规范的前提下，如何发挥主动性和创造性，灵活行政的检查督促。

行政内部监督与行政外部监督相比，其有利之处在于，可以适应现代政府专门化、技术化的发展趋势；可以适应行政管理权兼有委任立法权、司法权的发展特点。这些行政内部监督具有的独特优越性，使内部监督成为每个国家监督体系中不可缺少的部分。

二、内部监督的主要类型

现在各国主要的内部监督，主要有行政监察、审计监督和上级机关监督三种类型。

内部监督的这些类型是为了我们研究的需要，按照不同标准划分得出的，所以这样的分类不是绝对的，而且也是可以同时存在的。

（一）行政监察

行政监察是指行政机关内部设立的专门监察机关，对国家行政机关及其公务员和国家行政机关任命的其他人员的行政行为进行监察、检查和督促的活动。

行政监察机关是国家行政机关的组成部分，同其他行政机关一样，具有管理国家行政事务的职能。但与其他行政管理机关不同的是，行政监察机关是通过对行政执行机关及其公务员在贯彻执行国家法律、法规和政策及决定、命令的过程中，对其行为的合法性、合理性进行监督检查，以保证行政机关的高效和行政人员的廉洁，而不是直接行使一般行政机关的执行职能。国家行政监察机关的权力来源及工作性质，决定了它对社会实施管理职能的权威具有高层次的性质。

各国的行政监察体制不同，有的在行政机关内部设置独立的专门监察机关，如我国和日本；有的在行政机关内部设置专门监察职位行使监察权力，如美国；有的则是行政机关在社会聘用独立身份的监察人员行使监察权力，如加拿大。

我国的行政监察制度是相对完备的，行政监察机构是在国家行政机关内部行使监察职能的工作机构，是行政系统内部的自我监控机构，其监督检查的对象仅限于国家行政机关及其公务员、国家行政机关任命的其他人员，而不包括国家行政机关中的工勤人员和其他社会公民。

（二）审计监督

审计监督是由国家专门设立审计机关依法对行政机关的财政财务收支活动、经济效益和财经法纪的遵守情况进行的审核和稽查。审计监督权包括调查权、审查权、建议权、处理权、通报权等。我国的审计监督范围主要包括国务院各部门、地方人民政府及其各部门、国有的金融机构和企业事业组织及其他依照《中华人民共和国审计法》应当接受审计的单位或事项。审计监督的内容主要是国家财政收支和与国有资产有关的财务收支。审计机关在对国家财政收支和财务收支进行审计过程中，应当对其是否真实、是否合法、是否有效益实施监督，以保障国有资产的安全完整，促进其保值增值。

对于审计监督可以按照不同的标准分为不同类型。

（1）按照审计目的可分为财务、财政审计和经济效益审计及财经违纪审计。财务、财政审计，即以财政预算、决算、财务收支活动为审计对象，监督财政预算、财政收支计划实施的一种审计方式；经济效益审计，即以提高经济效益为中心所进行的审计。财经违纪审计，即以检查遵守国家的方针、政策、制度和财经纪律的情况，揭露违法犯罪行为为主要目的一种审计方式。

（2）按照审计的时间顺序可分为事前审计和事后审计。事前审计，即经济业务发生前进行的审计；事后审计，即根据会计资料，对已发生的经济业务进行的审计。

（3）按照组织审计的形式可分为送达审计、就地审计、委托审计及其他审计方式。送达审计，即由被审计单位按照审计法规的规定，定期或不定期地将各项预算、计划和会计决算报表等报送审计机关进行审计；就地审计，即国家审计机关或部门审计机构，委派审计人员到被审计单位进行审计；委托审计，即委托经政府有关部门批准、注册的会计咨询机构（如会计师事务所）所进行的审计，或者委托下级审计机关或财政、税务、银行等其他机关审查某种专项业务等；其他还有一些审计方式，如审计机关会同财政、银行、税务及纪律检查委员会等组成审计组，对被审计对象进行的联合审计等。

（三）上级机关监督

这种监督是具有行政隶属关系的上级行政机关对下级行政机关的层级监督，其主要形式是行政复议。它主要通过上级行政机关对下级行政机关行政行为的再次审查并做出维持、变更，或者撤销决定来实现的监督方式。在上级机关监督中，监督主体必须和监督对象有直接隶属关系，是监督对象的领导机关，即监督主体可以是上级政府，也可以是上级主管部门。例如，各级人民政府对所属各部门的监督，上级主管部门对下级相应的工作部门实施的监督，等等。

上级机关监督是行政机关自我纠正错误的一种监督方式，在众多的监督形式中，行政复议制度在解决行政争议、化解行政矛盾等方面发挥的特殊作用越来越明显。上级行政机关通过行政复议，特别是被撤销的行政复议案件，对下级行政机关的行政复议进行监督，督促下级机关采取措施有针对性地加以改进，提高依法行政的意识和能力。行政监督系统中上级机关监督是解决问题效率最高的监督形式。

三、内部监督的主要形式

内部监督有不同的具体形式，如对公务员进行的准司法化惩戒、财产申报、行政对话、调查审计合一，以及中国特有的对公务员的“双规”等。

这些监督形式一般都是由国家的有关法律、法规明确规定的，一个国家可以对不同的监督对象使用不同的监督形式，也可以对同一个监督对象使用几种不同的监督形式。这些监督形式多数已经制度化。

（一）公务员准司法化惩戒

在西方各国，宪法和公务员法都规定，公务员违法行使职权应当给予纪律惩戒。由于这种对公务员的纪律惩戒是由法律规定的，具有法律刚性，所以被称为准司法化惩戒。各行政机关的行政负责人有权对公务员实施警告、申诫、罚俸，而其他更严重的惩戒，如停止晋升、降级、降任等，则由行政裁判所做出。公务员对惩戒决定不服的，可以向上一级行政裁判所提出起诉。将对公务员的惩戒纳入法律管理的范畴，而不再属于行政机关的内部人事行为，是行政监督法治化的形式，有助于促进依法行政。

（二）公职人员的财产申报

一些国家的法律、法规规定，国家高级公职人员必须向专门监督机关申报个人财产。公职人员的财产申报都是以制度的形式存在的，如英国、美国、法国、德国、新加坡及中国台湾和中国香港都建立了此种制度。规定财产申报制度的法律也被称作“阳光法案”。这项制度有两个方面的作用：一是在查出公职人员的消费水平和生活方式与其收入不相符时，即可要求对其做出解释，或对其进行监督观察，这样就可以起到事先警告和预报的作用；二是在明知公职人员有腐败行为但查不到证据的情况下，仍可就其来源不明的财产对其提起诉讼。

（三）行政对话

这是行政监察部门、重要的行政部门及其委托的官员，同因行政失误而受到损害的公民进行交谈，听取改善行政工作的意见和要求，并尽可能解决受害人提出的问题，以达到改进行政管理的一种制度。通过行政对话，有助于行政监察机关及时发现行政机关在行政管理中存在的问题，使行政监察更加及时、有效。

（四）调查审计合一

这是美国实行的监察长制度的具体形式，即将行政系统内原来分离的调查和审计的职责统一到监察长办公室行使的监督形式。监察长及其所属部门主要有两项职能：一是对财政的公共计划支出进行审核，防止出现侵吞、诈骗及浪费现象；二是对发现的各种不合理、不合法的财政支出项目进行调查取证，并提出相应的改进建议。这种监督形式实现了行政法纪监察与行政审计监督的有机结合，既降低了机构设置的成本，又加强了调查审计监督的综合性，避免了条块分割带来的监督效率低下、成本过高的缺陷，提高了行政系统内部自我约束的能力。

（五）“双规”

“双规”是中国行政监督的一种特殊调查形式。“双规”概念最早见于1990年12月颁发的《中华人民共和国行政监察条例》。条例中规定：监察机关在案件调查中有权“责令有关人员在规定的时间、地点就监察事项涉及的问题作出解释和说明”。此后“规定的时间、地点”就被简称为“双规”。“双规”是为了避免被调查对象再犯错误，或受到不必要的干扰和影响。“双规”是在法治尚未完善、司法体制还不健全的情况下，实行内部监督的一种非常规、但是十分有效的措施。

1997年5月颁布的《中华人民共和国行政监察法》用“两指”代替了“双规”。《中华人民共和国行政监察法》规定：监察机关有权“责令有违反行政纪律嫌疑的人员在指定的时间、地点对调查事项涉及的问题作出解释和说明”。实践中，“两指”措施的有效性主要来自三个方面：一是监察机关已经掌握一些确定的基本证据；二是“双规”期间被调查对象的权力暂停行使；三是“双规”期间被调查对象不能与外界联系。从某种意义上讲，“两规”“两指”也是对被调查对象采取的保护措施，即避免被调查对象继续犯错误，或受到不必要的干扰和影响。

第三节　外 部 监 督

一、外部监督的概念

行政系统的外部监督简称外部监督，是指行政机关以外的监督主体，根据国家的法律法规，对国家行政机关及其工作人员的行政行为进行全面的监察、检查、督促和指导。

外部监督具有监督主体多样、独立；监督范围全面、完整；监督活动经常、及时的特点。

（1）外部监督的主体多样、独立。外部监督的主体不仅有立法、司法及执政党等国家机关，还包括社会组织和公民个人。社会监督、舆论监督、个人监督和权力监督、司法监督并驾齐驱，构成了多样化、多极化的行政监督主体网络体系。另外，外部监督的主体都不是行政机关，是独立于行政机关之外的监督主体。从行政监督的本身要求来看，监督主体和监督客体决不能两位一体，更不能让监督主体依附或受制于监督客体，外部监督主体具有相对的独立性，就便于保证监督的公正性。

（2）外部监督的范围全面、完整。尽管各类监督主体具有自己的独立性，但它们的差异性使它们能够形成彼此联系、相互衔接、相互照应、相互补充的完备的行政监督体系。因为它们的监督范围可以涵盖所有的行政主体的行政行为，从行政过程到行政方式，从行政实体到行政程序，从行政行为的合法性、合理性到有效性，几乎无所不包。这样一个多元化、多角度、多层次的监督体系，保证了外部监督的科学性。

（3）外部监督活动经常、及时。行政管理活动不仅每时每刻都在进行，而且每时每刻都在发生变化，这也决定了内部监督无法保证行政监督的经常性、及时性。而外部监督由于监督主体众多、分布广泛，就可以弥补内部监督的不足。尤其是越来越多的社会组织和公民的参与，他们甚至运用“行政诉讼法”的法律武器，与行政主体直接“对簿公堂”。从而还能促进监督主体的民主权利的实现。

外部监督的这些特点，既能保证行政监督的公正性、科学性、权威性，使他们在各种法定的场合对政府机关的工作提出批评建议，又能使国家行政机关及其工作人员的行政行为随时置于这种监督之下，起到内部监督不能起到的作用。

外部监督的实质问题，是法定的外部监督主体通过享有和行使监督权，来督促和保证行政机关和行政官员遵从法律，对国民尽职尽责，履行行政责任。

二、外部监督的主要类型

外部监督主要有法制监督、政党监督和社会监督三大类。

（一）法制监督

法制监督是指为保证政府依法行政，由除行政机关以外的其他国家权力主体依据宪法和法律所赋予的权力，对行政机关及其工作人员的行政行为实行的监督。法制监督的核心问题是依法监督，即通过国家法律、法规的制定和运用，来制约和督促政府及其官员依法行政。

法制监督的主体是除政府以外的其他国家权力主体，如立法机关、司法机关和检察机关；法制监督的对象是一切国家行政机关和全体政府公职人员的全部行政行为；法制监督的性质不同于国家权力主体之间的权力制约，即不是国家的立法、行政、司法权力之间的制约，而是依据宪法和法律所赋予的权力对国家行政权力主体行政行为的制约监督；法制监督的程序是由法律规定的，监督主体必须严格按照法定程序实施监督职能，进而产生合法的效力；法制监督的目的既是保证行政主体依法行政，也是督促行政主体尽心尽责，以优良的行政管理服务于社会，从而推动社会的发展进步。

法制监督又可以分为立法监督、司法监督和检察监督。

（1）立法监督就是国家立法机关对国家行政机关及其工作人员实行的监督。不同国家的政体和国家结构形式不同，由此产生了国家立法机关的地位和职权方面的差别。但一般说来，西方国家的议会多拥有立法权、财政权、监督权、弹劾权和条约权，这些权力构成对政府行政行为的直接的立法监督。

（2）司法监督就是国家司法机关对国家行政机关及其工作人员实行的监督。狭义的司法机关主要指法院。司法机关所形成的法制监督主要从法律制裁角度，部分地执行行政责任所包含的惩戒功能，纠正由于行政官员的不负责所造成的不良后果及损失，裁判国民与行政主体之间的纠纷，审定行政行为合理与否，并借此化消极因素为积极因素，增强行政人员的责任感，推动行政任务的完成，实现行政责任的客观目的。法院通过对具体行政诉讼案件的审理和审判来实现对行政行为主体的法制监督。

（3）检察监督就是国家检察机关对国家行政机关及其工作人员实行的监督。检察机关是司法行政机关，是代表政府追究责任和提起公诉的机关。所以，检察机关是一种行使司法行政权的国家机关，它在形式上相对独立于行使审判权的法院。检察机关作为公诉机关，检察官作为公诉人，一般有权进行预先调查、侦查和搜查，决定对被告是否执行羁押、监督审判，并有权终止追究刑事责任，必要时还可以指挥司法警察。检察机关在公诉阶段享有广泛的自由裁量权。许多国家的检察官实行垂直领导，自成体系，这样有利于实现其检察职能。

（二）政党监督

政党监督是指国内的政党对行政机关及其工作人员的监督。政党监督分执政党监督和非执政党监督。

（1）执政党监督实际上涉及执政党如何控制和行使公共权力的问题，包括政党与立法机关、政府和司法机关等国家权力机构之间的关系。西方国家政体不同、政党制度不同，政党监督的形式就不同，在议会制国家，一般情况下政府首脑是执政党领袖，政府主要成员或内阁成员是执政党成员，议会党团通过组织政府、任命官员、制定和执行议会重大决策的形式对政府形成监督。在总统制国家，议会党团通过支持或反对政府活动、决策等实现对政府的监督。西方国家的执政党与非执政党的地位是随大选结果的变化而变化的，所以，政党监督主体和监督对象的地位不是固定的。在中国，中国共产党是执政党，政党监督主要体现在两个方面：一方面，党的章程、纪律、政策和制度是政党监督的依据和主要内容；另一方面，政党监督的工作程序、工作方式、工作手段及目标，已经用法规、条例、制度等规范性文件形式确定下来。随着中国法制建设的不断发展，党越来越强调依法治国，更加重视把自己的主张和政策法律化。实际上，我国的党内监督力度和有效性远大于行政机关的内部监督。

（2）非执政党监督在西方就是在野党监督，在野党与执政党意见相左时就成为“反对党”监督。西方国家的非执政党主要通过竞选、组织政府、任命官员、议会辩论等形式监督政府。中国的非执政党不是在野党，是参政党，是执政党的友党。中国参政党在政府的组织、运作、政府的重大决策方面，有制度化地参政议政、政治协商和民主监督，中国的各级政府和各级党委都尊重参政党的监督地位，并注意为参政党行使监督职能提供必要的条件。

（三）社会监督

社会监督通常是指社会团体、社会舆论、公民等社会行为主体，依据法定的权利，必要时经过法定的程序，对政府及其官员实施的监督。在现代国家里，社会监督是民主制度的主要内容。社会监督最直接和最广泛地体现民主权力，是公民参政议政、维护自身权益、监督鞭策政府及其官员的主要形式。可以说，没有广泛的、行之有效的社会监督，就没有现代的民主政治体制。

在实践中，社会监督具有广泛性、非规定性、非程序性及一定的个性化的特点，这些特点使社会监督有时可能带有非公正性，如一些流言蜚语、小道消息、公众评价等。但总体看，社会监督的广泛性和实时性都是其他类型的监督所无法达到的，会使国家行政机关和行政人员时时处处都处在监督之下。

社会监督方式可以分为公民监督、社会团体监督和舆论监督。

（1）公民监督主要是指公民通过批评、建议、检举、揭发、申诉、控告等基本方式对国家机关及其工作人员权力行使行为的合法性与合理性进行监督。

（2）社会团体监督主要指各种社会组织和利益集团对国家机关和公职人员的监督。社会团体通过选举、请愿、对话、示威、舆论宣传等形式，构成了对政府管理活动的监督。

（3）舆论监督是指社会利用各种传播媒介和采取多种形式，表达和传导有一定倾向的议论、意见及看法，以实现对政治权力运行中偏差行为的矫正和制约。随着互联网的普及及各种移动终端的丰富和发展，微博、微信和客户端等新媒体成为公民舆论监督的重要工具，新媒体舆论监督具有实时性、双向性、广泛性、迅速性等特性，极大地提升了舆论监督的影响力。

三、外部监督的主要形式

从世界范围看，外部监督的形式有多种，其中主要的有以下几种。

（一）行使立法权

立法机关行使立法权是立法监督的主要形式。国民选举产生的立法机关享有立法权，并通过实际行使立法权形成对行政权力的监督。此外，立法机关还可以通过立法，对政府的机构设置、预算和决算、行政机关权限划分、人员编制和职责范围等工作进行监督。

（二）行使违宪审查权

违宪审查是国家最高司法机关或专门的宪法法院，通过司法程序审查和裁决行政行为是否违反宪法。违宪审查可以针对抽象行政行为进行，违宪审查判决宣判后立即产生法律效力。西方的违宪审查制度对于监督行政行为，防止和反对个人专制独裁和破坏法制，起到了十分重要的作用。

（三）审理和判决行政诉讼案件

这是指法院依法对特定行政机关或行政官员的特定行政行为的诉讼案件，做出是否违法、越权、侵权、失职、不当等结论的审理和判决。审理和判决行政诉讼案件可以最直接地反映国家行政机关及其工作人员的行政行为有无不当或违法，并使受不当或违法行政行为侵害而造成损失或损害的行政相对人获得应有的赔偿。因此，审理和判决行政诉讼是行政监督的一种特殊的、有效的方式。

从世界各国的情况看，大致存在三种类型独立的、专职的行政诉讼机构。第一种是设立专门的行政法院，归属行政系统，专门审理行诉案件。一般大陆法系国家属于这种类型，如法国、德国、埃及等国。第二种是不设专门的行政法院，包括行政诉讼案件在内的一切案件均由普通法院审理，实际就是行政诉讼机构归属司法系统。一般英美法系国家属于这种类型，如英国、美国等国。我国与之类似，但又不完全相同。我国采用在普通法院内设立行政审判庭的体制。第三种是将行政诉讼机构归属于立法系统，由议会司法性督察专员受理和裁定行政诉讼案件。某些北欧国家，如瑞典、芬兰等国属于这种类型。

（四）执政党意志的表达

执政党意志的表达是执政党监督的主要形式。在我国，由于有宪法和法律的保证，执政党意志上升为国家意志的途径是畅通的，执政党监督也是强有力的。在西方国家，执政党意志的表达主要通过国家立法或重大决策，以及人事安排两个途径来实现。

议会立法或重大决策是把执政党的意志上升为国家意志的重要途径之一。政治体制不同的国家，具体形式不同，在实行议会制的国家，为了确保执政党的意志上升为国家意志并得到贯彻，执政党通常通过议会党团，确保议员与本党的立场保持一致。在实行总统制的国家，执政党不仅要对本党议员在议会辩论、表决时的行为进行监督，还要通过总统的个人影响在议会中进行游说，尽可能多地提高本党议案的支持率，这项工作在执政党不是议会多数党时尤显重要。

人事安排是实现执政党意志表达的另一条重要途径。无论实行什么政治体制的国家，政府中的大多数职务都是由执政党党员担任的。这样，党的政策和主张就可以通过这些党员个人来实现。但是，通常执政党不以组织的名义对政府发号施令，这是保证政府维持其全体公民代表形象的基本前提。进入政府的党员受党的约束，主要体现在他们对党的忠诚和基于日后继续当选的需要而产生的对党的依赖上。

（五）全民公决

全民公决亦称公民复决，即由全国公民用直接投票的办法来通过或批准某项法律或决策，由于启动这个程序一般都是在立法机关与行政机关不能取得一致时，所以也被称为“公民复决”。这也是公民直接参与监督的一种形式。

第四节　预防性行政监督

一、预防性行政监督的概念

（一）预防性行政监督的含义

预防性行政监督是国家机关通过采取思想教育、道德规范及制度完善等措施，防止行政机关及其工作人员违法或不合理行使职权的一种前置监督机制。

行政监督可分为事前监督、事中监督和事后监督。预防性行政监督是事前监督或事中监督，因为单纯的事后监督并不能从根本上解决行政机关违法行为的发生。如果考虑到一旦发生违法或不当行为给国家、集体和公民造成的巨大损失，则应该把监督的逻辑重点放在预防性行政监督上。

预防性行政监督对于防止行政腐败有特别重要的意义。1993 年，总部设在柏林的国际性反腐败非政府组织透明国际（以下简称“透明国际”），提出“国家廉政体系”的概念和理论。所谓国家廉政体系是指由一个国家建立的、旨在能够长期预防腐败、实现廉洁政治的体系结构。透明国际认为，治理腐败的根本途径是构建国家廉政体系，同时，透明国际还系统地提出了六个主要的改革领域，即领导层、公共项目、政府重组、执法、公众的反腐败意识和建立预防腐败的机构。有关构建“国家廉政体系”的理论具有普遍适用性，为各国开展跨政治制度、跨社会文化的廉政制度研究提供了一个框架。现在世界各国都把预防性行政监督放在了突出重要的位置。

（二）预防性行政监督的特点

预防性行政监督主要有主动性、系统性、经济性和长效性四个特点。

（1）主动性。相比惩治性的事后监督，预防性行政监督具有主动性。对于各种可能发生的腐败，预防性行政监督显示出惩治所没有的前瞻性、预见性和主动性。

（2）系统性。建设高效廉洁的行政机关是一项宏大的系统工程，该体系包含教育、制度、监督、惩治等多项内容，而每项内容都是预防腐败体系的有机组成部分，都需要其他方面的配合和支持。有效的预防性行政监督体系的建设作为其中一个子系统工程，是一项非常重要的奠基性工程。我国也已经在 2003 年提出，要建立健全的与社会主义市场经济体制相适应的教育、制度、监督并重的惩治和预防腐败体系，其重点也在于预防。

（3）经济性[①]。预防性行政监督付出的成本较少，仅仅包括预防机构和队伍建设、制度建设的成本及开展相关工作的成本，所以比惩治性监督更经济。腐败行为的发生对社会的政治、经济等各方面的破坏性都是巨大的。另外，惩治腐败也要付出人力、物力、财力等巨大

---

① 清华大学公共管理学院廉政与治理研究中心主任任建明认为，预防腐败局和现有反腐机构之间存在职能重叠的问题，反腐败的绝对成本肯定要增加。但应该从相对意义上来科学理解成本。如果设立一个专门预防机构，不能取得足够的成效或收益，那就是简单的成本增加；而如果成效大于成本，则是可以接受的。

成本。而且惩处腐败者，给其家庭也会带来巨大痛苦。相比之下，预防当然是最经济的选择。

（4）长效性。预防性行政监督工作的实质是对公职人员加强教育；建立健全监督约束制度和机制，以及加强行政监督的技术性设施的建设。这些都是可以长期稳定地发挥作用的措施。

（三）预防性行政监督的主要功能

预防性行政监督的功能主要在表现在如下几点：第一，通过预防性行政监督的工作，明确行政机关及其工作人员的行为规范，也就是使行政机关及其工作人员明确什么是能做的什么是不能做的。第二，明确行政机关及其工作人员行使职权的标准，区分违法行为与违纪行为。也就是使行政机关及其工作人员明确了能怎么做，不能怎么做。第三，使行政机关工作人员可以预计违法违纪的后果，从而预计自己违法违纪的成本。从此提高他们的自我约束力，减少行政违法违纪行为的实际发生。

二、预防性行政监督的主要类型

一些国家和地区根据自己的实际情况，积极探索有效的预防性行政监督方法和途径，从表面上看措施纷繁多样，但实质上不外乎三种类型，即思想预防、制度预防和技术预防。

（一）思想预防

思想预防主要是对全体公民进行道德教育、廉政教育及对公职人员进行职业道德教育，在全社会形成一个以廉为荣、以贪为耻的社会文化。“思想预防”的实质，是既要使行政人员都强化“自律”意识，也要建设一个“自律”的环境和氛围。

（二）制度预防

制度预防是通过构建一套科学完整的行政监督制度，使行政权力的行使者没有机会滥用职权。“制度预防”的实质是规范“他律”，是刚性约束。思想意识是无形的，所以它的约束也是无形的，相较之下，制度是有明确的制度边界为行为规范的，所以制度的约束就是“有形”的约束，违纪或违法是要受到惩罚的，所以这种约束就是“刚性”的。当然，制定监督制度主要是为了从根本上防止滥用职权、防止腐败，而不是为了起惩罚的作用。

（三）技术预防

技术预防主要是利用现代信息技术的高效、便捷及透明等特点，拓宽监督范围，强化全方位与全过程的行政监督。技术预防的实质，是增加监督主客体之间的信息对称性。技术预防可能性在于：第一，信息技术可以改变现行权力运行的方式，使政府机关的职权、程序、办事过程、办事结果、监督方式等均为公众所知，避免出现暗箱操作和腐败现象。而且可以使政府的政策制定、决策和执行过程在“阳光”下运作，受到公众的监督。第二，运用信息技术可以实现工作的全程监控，使监督贯穿于权力行使的全过程，改变传统的人盯人、人盯事的监察手段。在这样的技术条件下，多数违规行为将可能被制止在萌芽状态。第三，可以借助计算机程序减少人为因素的干扰，防止公务员滥用自由裁量权，从而加大制度和规则的执行力度。

三、预防性行政监督的主要形式

（一）思想预防的主要形式

1. 加强对国家公务员的职业道德教育

在预防性监督方面，各国都十分重视对各级公务员进行职业道德教育。例如，英国制定了政府工作“无私、正直、客观、责任感、公开、诚信、领导才能”七大原则，并且对每条原则都做出详细解释。与此同时，又相继制定国会议员、特别顾问、部长、公务员等行为准则，并加强宣传教育工作。新加坡政府专门设立公务员学院和培训中心，新招聘的公务员必须首先接受训练，对在职的公务员也实行定期培训，政府有关部门还每年都对公务员进行考察、评价和奖励，并于年底召开全国公务员评奖大会，表彰先进人员。香港的廉政公署社区关系处定期为公务员举行防贪培训，并与公务员事务局联手推行“公务员廉洁守正计划”，取得了积极的效果。

2. 形成以廉为荣、以贪为耻的社会文化

在反腐倡廉的教育方面，许多国家在中学阶段设立了廉政和反贪污的课程，在社会上对领导层面的公职人员，有针对性地采取举办讲座、讨论会、展览等形式进行反腐倡廉教育，形成一种廉洁光荣、贪污可耻的社会风气，使公职人员树立诚实、正义、积极向上的价值观念。

各国社会文化不同，道德教育的途径也不同，一些东方国家，利用文化传统中反腐倡廉的积极元素走出了有效开展思想预防的道路。例如，新加坡政府号召新加坡人必须保持和发扬“忠、孝、仁、爱、礼、义、廉、耻”这八种美德，同时新加坡政府还注意廉政教育从青少年抓起，在中学普遍设立廉政和反贪课程，而西方国家的国民一般都具有较高的民主意识、制度意识，他们就利用这样的社会基础开展反腐倡廉教育，在形成廉洁的社会氛围方面也收到了很好的效果。

（二）制度预防的主要形式

各国反腐败工作中积累了一些有效的经验，如注重相关法制建设、实行财产申报制度、实行“高薪养廉”制度等。英国是世界上第一个制定反腐败专门法律的国家，现在美国、新加坡及一些欧盟国家也都制定并实施了相关的法律。这些法律针对不同类型的官员制定了工作行为准则及从政道德标准，规定了官员腐败类型和具体惩治措施，对政府官员的行为起到了规范和约束作用。

实行财产申报制度。这是公开政府高官财产，以达到制约政府高官行为，预防腐败或职务犯罪的有效形式。早在 1766 年瑞典就第一次公布了首相的纳税清单，这是世界历史上的第一份财产公示。1883 年英国产生了世界上第一部财产申报法律——《净化选举、防止腐败法》。但是 1978 年美国通过的《政府行为道德法》是当代最为完备的财产申报法，也被称为“阳光法案”。财产的透明、公开，使监督预防更为有效，同时也大大提高了政府的信誉。

实行“高薪养廉”制度。这是通过使遵纪守法公务员获得稳定的工资收入、优厚的福利待遇及由此而带来的较高的社会地位，而使贪赃枉法的公务员将立即失去这一切的方式，促使公务员珍惜自己的职务、名誉和前途的又一种有效形式。美国和新加坡都是典型代表。不过国家实行这个制度的成本比较高，各国国情不同，需要全面考虑。

（三）技术预防的主要形式

技术预防最主要的形式就是发展电子政务，此外，建设国家诚信体系也是高技术含量的措施。

发展电子政务。近年来，世界上许多国家的电子政务发展速度很快，一些国家已经进入相对成熟的发展期，这就为利用高技术手段实行预防性监督提供了技术保证。

建设国家诚信体系。诚信体系是指将分布在各政府部门、商业银行和其他社会机构中的与企业和个人信用有关的信息，进行采集和汇总，形成企业和个人信用信息数据库，为政府机关、商业机构和个人提供个人信用信息查询服务的一套系统。建立国家诚信体系对于反腐倡廉的重大意义主要在于，能够通过及时了解、掌握企业和个人的不廉洁、不诚实行为，如欺诈、行贿行为等，把这些企业和个人排斥在某一市场之外，即对其实施“禁入”政策，以消除腐败隐患。

➢ 本章小结

行政监督就是指国家机关、政党、社会团体和公民依据有关的法律法规，对国家行政机关及其工作人员的行政行为进行监察、检查和督促的活动。加强对行政机关及工作人员的监督，主要是制约公共权力的需要，是制约人性弱点的需要，以及是民主政治建设的需要。

内部监督是指国家在行政机关内部设立的专门行政机关，根据国家的法律法规，对国家行政机关及其工作人员的行政行为进行全面的监察、检查、督促和指导。现在各国主要的内部监督主要有行政监察、审计监督和上级机关监督三种类型。内部监督的主要具体形式有对公务员进行的准司法化惩戒、财产申报、行政对话、调查审计合一，以及中国特有的对公务员的“双规”等。

外部监督是指行政机关以外的监督主体，根据国家的法律法规，对国家行政机关及其工作人员的行政行为进行全面的监察、检查、督促和指导。外部监督具有监督主体多样、独立；监督范围全面、完整；监督活动经常、及时的特点。外部监督主要法制监督、政党监督和社会监督三大类。从世界范围看，外部监督的形式有多种，其中主要的有行使立法权、行使违宪审查权、审理和判决行政诉讼案件、执政理念的表达、全民公决和社会舆论。

所谓预防性行政监督是国家机关通过采取思想教育、道德规范及制度完善等措施，防止行政机关及其工作人员违法或不合理行使职权的一种前置监督机制。预防性行政监督具有主动性、系统性、经济性和长效性的特点。预防性行政监督主要可以分为思想预防、制度预防和技术预防三种类型。

➢ 关键术语

行政监督；内部监督；外部监督；预防性行政监督；行政监察；舆论监督

➢ 思考题

1．行政监督与行政监察的区别与联系有哪些?
2．行政监督有哪些类型?

3．内部行政监督有哪些有效形式？
4．外部行政监督的类型有哪些？
5．预防性行政监督的概念及特点是什么？
6．预防性行政监督的主要形式有哪些？
7．中国行政监督有什么特点？

➢ 案例

武汉电视问政“期末考”①

由武汉市治庸问责办主办、武汉广播电视台承办的2015年电视问政“期末考”于12月25日晚正式开考，连续六天播出，每天一场，以“聚焦承诺整改，推进城市治理”为主题，将分别关注办理群众投诉不及时、不到位，部分村级组织软弱涣散，城市路网、停车场规划不科学、建设滞后，支持企业发展专项资金管理使用不规范、不透明，街道、社区对业主委员会组建、履职管理不到位，安全生产隐患发现、整改、查处不及时，企业违法排污整治、监管不到位，文明城市建设不持久、不深入等问题。当晚问政短片更是曝光政府官员一年前承诺整改的问题，时至今日仍未解决到位。

本次有53名市领导、市直部门与各城区（功能区）党政“一把手”走上演播厅问政台，就问政短片、督查组与市民群众反映的“十个突出问题”，接受人大代表、政协委员、党代表、治庸问责督查员、专家、市民代表、新闻记者的询问与评价，被问政官员阵容为历年来最多的一次。

当晚问政现场，总共播放了19个问政短片，曝光了17个具体问题。首先聚焦武汉市黄陂区政府负责人年初承诺的解决姚集“百兴街”挖山建房无证销售问题，必须给居民把“两证”办到位。如今时隔近一年，“两证”还没办下来。对此，参加问政的黄陂区政府负责人解释称，一些问题没解决完，像房屋的鉴定、消防验收都还没解决完，并现场承诺今年春节前首批“两证”将办理到位。

此后回放的2014年7月3日《电视问政》曝光江夏区大桥新区大桥村排污管直通鱼塘，污水流向汤逊湖导致渔民损失惨重问题。当时江夏区领导曾现场表示，“要进行雨污分流，保障承包户的利益”。可如今一年6个月后，该项问题依然没有得到有效解决，反而污染越来越严重导致渔民绝收。对此，今晚参加电视问政的江夏区长解释，是因地铁施工单位破坏雨污分流设备，导致的再次污染。他再次现场承诺，政府部门将敦促施工单位连接好雨污分流管道，并赔偿承包户一定经济损失。

对于这些办理群众投诉不及时、不到位现象，华中科技大学教授陈鹤认为，官员承诺不应只是夸夸海口，而是应该注重承诺的可操作性，能够实事求是地进行解决。政策制定需要简明、政策实施需要透明、政策落实需要严明。

参加电视问政的武汉市委常委、常务副市长龙正才更是认为，政府官员在主观上认识不到位，部分工作人员党性原则丧失，没把百姓迫切需要解决的事情放在心上。同时，客观上也暴露一些体制机制不顺的问题。此外，市政府将加大追责力度，促进

① 徐金波：《武汉电视问政“期末考”，官员一年前承诺仍未整改》，http://www.hb.chinanews.com/news/ 2015/1226/235372.html，2015年12月25日。

相关问题的逐步解决。

据悉，2015 年是武汉电视问政举办的第五年。从 2011 年武汉市掀起治庸问责风暴至今，共举办 40 场电视问政，聚焦承诺整改突出问题 50 个，近 100 位承诺单位党政一把手走进演播室接受问政，曝光具体问题 552 个，问责干部 760 人，查处率 100%，回复率 100%，解决率 90%以上，推动全市性的建章立制 60 多项。

请思考：

1. 请结合武汉市“电视问政”的具体做法，谈谈你对这一新问责形式的看法。

2. “电视问政”也存在部分曝光问题久而不决的情况，请谈谈应如何完善“电视问政”？

➢ 拓展阅读

杜兴洋. 2008. 行政监察学. 武汉：武汉大学出版社

侯志山. 2013. 行政监督与制约研究. 北京：北京大学出版社

石书伟. 2011. 行政监督原论. 北京：社会科学文献出版社

汪波. 2013. 中国网络监督与政府治理创新（1994—2012）：“四维制衡”视角透析. 北京：北京师范大学出版社

王臻荣. 2009. 行政监督概论. 北京：高等教育出版社

尤光付. 2013. 中外监督制度比较. 北京：商务印书馆

行政改革与发展

改革从来就是社会发展进步的基本途径，在任何领域都是一样。行政领域的改革当然也总会成为促进社会发展，巩固执政者地位的有效途径。20 世纪的最后 20 年，行政改革在各个发达国家成为潮流，被人们称为新公共管理运动。西方这场持续而卓有成效的改革运动，为中国正在进行的体制改革提供了重要的启示。但中国的行政改革是正在进行的体制改革的重要组成部分，也是建设中国特色社会主义的重要内容，所以，中国不会、也不可能重复西方的行政改革，中国需要用不断深化的行政改革，促进社会化经济的不断发展。

第一节　行政改革概述

一、改革与行政改革

（一）改革的一般含义

“改革”是我们日常接触比较多的一个词，关于“改革”,《现代汉语词典》上的解释是：“把事物中旧的不合理的部分改成新的、能适应客观情况的。”①也就是说，所谓改革，就是我们通常所谓的除旧立新。

“改革”是有普遍适用意义的概念，对发生在社会生活各个领域的变革都可以使用这个概念。

改革的实质是利益在相关利益方之间的重新分配；改革的性质是事物的自我调整和自我完善，不是根本改变；改革的内容是在量变中包含部分的质变；改革的形式是有控制、有组织、有步骤、渐进展开的；改革的目的是适应变化了的外部条件和内部状况，以求得事物自身更好的发展。当然，由于促成改革的各方面因素不同，所以实际发生的各领域的改革，在改革的力度和影响等方面会有明显不同，有的近乎革命，有的则像改良。

（二）行政改革的定义

“行政改革”顾名思义，就是行政领域进行的改革。但是这肯定不能作为行政改革的定义，因为，这样的说法没有对行政和改革的含义进行任何诠释。中外学者们关注行政改革，已经从他们自己不同的学术立场上，对行政改革下了不同的定义。

综合各种观点，我们的行政改革定义是：行政改革就是为了适应变化了的行政环境，由

① 中国社会科学院语言研究所词典编辑室:《现代汉语词典》，第 6 版，商务印书馆，2014 年，第 416 页。

政府主导并推动的变革行政管理的功能、体制、机制，及组织机构、工作流程和方式的一系列活动。

（三）行政改革的实质和特点

行政改革是任何历史时期的、任何政体形式的国家都会开展的活动。

总结各国古往今来曾经发生和正在发生的行政改革，我们可以看到，行政改革就是国家为完善和巩固政治统治采取的特殊行动。在行政改革中，国家的行政职权在国家的各主要利益集团中重新分配，以适应变化了的国内各利益集团实力的变化。而国内各利益集团实力的变化往往又是由生产力发展引起的，所以，行政改革的实质就是上层建筑对经济基础的适应性变革。

由于行政改革的目的是巩固政权，而不是改变政权，所以它具有目的明确、顶层设计、分步实施、整体推进的特点。

（1）目的明确。行政改革总是在行政权力行使遇到困难或障碍时，为了克服困难或消除障碍时实行的，所以，行政改革的目的总是从政府眼前遇到的问题入手，总是非常具体、非常明确。

（2）顶层设计，行政改革是对政府工作的体制、机制、组织结构、人员配置等的改变，所以必须是顶层设计的。一方面，行政改革的对象是实行严格的科层制的行政部门，不顶层设计，改革就无法开展，如果是外力来改，恐怕就不能称其为“行政改革”了。另一方面，行政改革的内容是政府工作，政府工作是法无授权不可为，要从立法授权的“顶层”进行修改，才能保证改革的实施。

（3）分步实施。任何一个国家的行政机构和行政体制都是非常庞大和复杂的系统，这是由它的工作内容决定的，所以一旦确定要进行行政改革，改革的工程也一定会十分浩大，会涉及方方面面。为了保证改革期间国家行政职能的正常运行，改革就必须分步实施。

（4）整体推进。所谓整体推进，并不是指行政改革一开始就在全国范围整体铺开，而是指改革在重点突破后，总是需要行政改革的整体跟进，否则局部的改革不能深入，也不能持久。

行政改革的目的是适应变化了的行政环境。行政改革的主体是政府，政府在行政改革中的主体地位表现在：它既是改革的领导者、主导者，又是改革的对象，政府机构和政府机构的工作人员都是改革的对象，所以，行政改革是政府的自我革命。行政改革的内容十分广泛，既包括政府的职能、行政体制、管理机制这样事关整体的内容，又包括组织机构、工作流程、方式方法等具体的内容。行政改革不可能一蹴而就，它是一个由一系列活动组成的过程。

不同国家在不同历史条件下进行的行政改革，总会带有本国的和时代的印记，上述特点只是从一般意义上对行政改革主要特点的归纳。

二、行政改革的条件和动力

（一）行政改革的条件

行政管理涉及国家经济、政治、社会的各个方面，要开始一场行政改革当然也需要各方面条件的具备，这些条件主要包括政治条件、组织条件、人事条件、经济条件、社会条件。

（1）政治条件是指开展行政改革时必须获得国家权力的支持。国家权力既包括国家立法机关也包括国家权力的领导人，他们对行政改革的支持和直接领导，是行政改革成功的首要条件。因为，从政治与行政的关系看，行政权力是国家权力的重要组成部分，行政机关是国家权力机关的执行机关，所以，行政权力机构的行为和将要采取的行为必须取得国家权力的认可。同时，行政机关所有工作都只有在争取到国家权力的同意和支持后才能顺利开展。从行政改革的内容看，行政改革所涉及的政府职能、权力结构等方面同时也是政治权力的内容，国家权力的支持和领导，对于行政改革的成功就更是至关重要了。从行政改革的方式看，无论是自上而下的改革还是上下结合的改革，都离不开中央政权的领导和推进。古往今来，还没有哪个历史时期的行政改革完全是自下而上完成的。

（2）组织条件是指开展行政改革时成立的专门领导和组织机构。组织条件实际是对政治条件的落实，即是取得政治支持的组织形式。因为，行政改革的专门领导机构必须具有实际权力，可以在改革中发挥领导、动员、组织、协调等重要作用。近些年西方国家实行的行政改革中，都成立了独立于政府之外的、由议会、政府、各党派、各方面专家组成的委员会、咨询委员会等专门机构，而且这些专门机构都有足够的权力和权威，即它们“上”可以直接与国家最高权力机关、领导人对话，“下”可以直接到基层民众中调查研究、了解情况，不如此，它们也不能担负改革重任。

（3）人事条件是指有积极推进行政改革的政治精英。人事条件实际是对政治条件的另一方面的落实条件。行政改革毕竟涉及方方面面，涉及各级各类行政机构，在上级组织发动之后，具有改革主体和改革客体双重身份的各地方政府、各政府部门对待改革的态度仍然会成为改革成败的关键。所以，行政领导者是否具有改革创新意识，是否能积极主动推进本地方、本部门的改革就十分重要了。我们在各国的改革实践中都不难看到这类实例。

（4）经济条件是指开展行政改革所必需的物质和资金条件。经济条件也是我们通常所说明的狭义的改革成本。经济条件的必要性在于，在改革准备阶段，需要通过调查研究、专家论证才能制订科学的改革方案，有时调查面大，所需资金就会相当可观。在改革实行阶段，需要安置因改革退出权力机关的领导者，需要对因改革受到物质损失的个人进行经济利益补偿等。在改革后期，完成改革配套工作新设置的机构、设备需要投入，新制定的规章制度的实施也会需要物质保障等。各国的改革实例都显示，经济条件越充分，行政改革的进展就越顺利。

（5）社会条件是指社会对开展行政改革的认同度。社会实际就是民众，民众的迫切愿望和积极支持不仅是开展行政改革的必要条件，在很大程度上就是改革的推动力。行政管理遍及社会的每一个角落，民众是行政管理的直接对象，当然也会是行政改革成果的直接享用者，所以民众总会自发地关注行政改革。不仅是否需要开展行政改革，社会有很大发言权，而且改革的结果需要由社会作最终的评价。社会表达意愿的途径一般是各种介质的媒体、网络、各种形式的演说，甚至是集会、游行。

行政改革的各种条件一般是交织的，而且各种条件有时并不是同时具备，或者说各种条件的成熟程度不会相同，但是只要各种条件都在一定程度上存在，行政改革就有成功的可能。

（二）行政改革的动力

行政改革条件具备并不等于改革可以自动展开，改革的真正实行还需要有动力。所谓改革动力，实际就是对实行行政改革的愿望和需求。而这种改革愿望和需求往往会来自各个方面，既会来自行政机构外部，也会来自行政机构内部。所以，可以将行政改革的动力分为外部动力和内部动力。

外部动力就是来自行政机构外部的改革需求。它一般包括在经济、政治、社会、意识形态等方面形成的动力。

（1）经济动力是指由于经济发展或衰退等原因产生的对行政改革的需求。也就是说，不论经济的发展是正向的还是负向的，只要不同于过去的常态，都可能会产生对行政管理进行相应调整的需求，也就是成为行政改革的动力。

（2）政治动力是指由于国家权力改变或国家所处政治环境改变等原因产生的对行政改革的需求。

（3）社会动力是指由于阶级、阶层社会地位变化，或它们之间关系变化等原因产生的对行政改革的需求。

（4）意识形态动力是指由于处于社会主导地位的价值体系或价值标准改变而产生的对行政改革的需求。严格地说，意识形态动力应该属于社会动力，因为社会意识形态从来就是社会的组成部分，意识形态不可能独立存在，它存在的载体就是社会公民。但是由于意识形态的相对独立性具有十分重要的地位，它会强烈地影响人们的社会存在，即影响人们的行为、行为评价标准，所以将其单列为一种动力是有必要的。

内部动力就是来自行政机构内部的改革需求。它一般包括价值实现、观念转变、技术更新等方面形成的动力。价值实现动力是指行政机关工作人员为寻求自身价值实现产生的改革需求。观念转变动力是指行政机关工作人员因摒弃旧有的思想意识而产生的改革需求。技术更新动力是指行政工具和手段现代化引起的改革需求。

行政改革的这些内外动力经常是交织的，它们不一定会同时出现，其实也不必同时出现，只要有一两种动力，并集聚到一定程度，就可以启动改革。往往是改革开始后，各种动力才逐步增加，从而加速了改革，同时也使改革全面推进。

三、行政改革的目标、内容和方式

（一）行政改革的目标

不同行政环境中的政府行政改革目标都不会相同，而且政府的行政能力也会显著影响行政改革的目标，但一般来说，行政改革的目标一般包括减少财政负担、提高行政效率、转变行政观念、优化行政系统、增强政府信誉这样几个方面。

行政改革的目标是分阶段逐步确立的。行政改革目标所涉及的问题是不同层次的，所以不会在开始改革时就一起都提出来。财政负担、行政效率和政府信誉的问题处在表层，解决这些问题一般会首先成为行政改革的目标。行政观念、行政系统处在较深层次，一般总是随着改革的深入才被列入改革目标。而我们通常所谓改革不彻底，往往就是指改革不能触及深层次的问题，导致问题的反弹。

（二）行政改革的主要内容

行政改革的内容是由改革的目标决定的，同时也是与行政管理的要素直接相关的。一般来说，行政改革的主要内容包括三个方面，即功能调整、结构调整和行为改变。

（1）功能调整是指政府调整自己在社会系统中的功能，包括重新定位政府职能和调整政府职能的行使方式。职能是行政管理的核心要素，政府为了回应社会发展、经济转型、国家工作重心调整等行政环境因素的改变，需要重新定位自身职能，包括调整政府的职能范围和转变政府职能，也包括调整政府的职能行使方式。

（2）结构调整是指政府行政结构的调整。行政结构是物化的行政权力和行政职能，所以当职能、职能行使方式调整之后，必然要求行政结构进行调整。行政结构的调整，包括调整行政体制、进行机构改革和行政人事制度的改革。也就是会涉及中央与地方的关系、各级机构的设置及人员的任用等内容。

（3）行为改变是指行政机关和行政机关工作人员行政行为的改变。行政机关和行政机关的工作人员是行政管理的主体，是直接承担或履行行政职能的主体，行政改革最后当然会落脚到“主体”改革。行为改革对行政机关而言，是改变机关的行政规章制度、工作程序，对行政机关的工作人员是转变观念、改变工作态度和工作方式。

行政改革的这三个方面紧密联系，是一个整体。任何时候进行的改革，如果只改某一个方面的问题，改革不会彻底，成效也就不会显著，或者改革取得成效也很难巩固。不同历史条件下实行的行政改革，三个方面内容的具体形式会有不同。而且一般改革总会有重点，即会侧重某一方面的改革，但这并不意味着另外方面的改革不重要，或者可以不实行。

（三）行政改革的方式

行政改革的方式有多种。如果按照不同的标准划分，又可以分为不同的几类，比较常见的有按行政改革推进的方向划分，按行政改革推进的力度划分，按行政改革经历的步骤划分，按行政改革涉及的内容划分等多种。

按行政改革推进的方向划分，可以分为自上而下式、自下而上式和上下结合式几种。

（1）自上而下式就是由中央决策层组织、发动改革指令，要求下级层层遵照执行的改革方式。这种改革方式的特点是改革目标明确、统一指挥、统一行动，可以保证“全国一盘棋”，各地各部门的改革进度大体相当。但其不足也比较明显，主要是有很大的强制性，不能充分顾及各地、各部门的实际情况。而且在不能引起下级改革共鸣时，不能充分调动下级的改革积极性，改革的阻力会很大。

（2）自下而上式就是改革由基层发起，逐级向上推进的改革方式。这样的改革可以充分调动基层的改革积极性，改革成果的可行性也明显。不过在法治完善的国家，这种改革实际也是另一种形式的“自上而下”改革，即由上级政府决定下级或下级部门进行某个领域改革的试点，待改革积累经验了再逐步向其他地区、部门推行。也就是说，形式上是下级自己在探索性改革，但也是在上级规定的范围、时间里开展的。

（3）上下结合式就是改革由中央决策层和基层上下同时开始，并相向推进的行政改革方式。这种改革方式中的基层改革实际上最初也是盲目自发的，中央决策层敏感到基层改革的意义，便有意识地制定规划，呼应基层发起的改革，于是形成上下结合的改革形势。因为可以避免前两种改革方式的不足，而充分发挥前两种改革方式的优势，所以这是比较理想的改革方式。

按行政改革推进的力度划分，可以分为激进式、渐进式和中间式几种。

（1）激进式就是整体规划，全面铺开、疾速推进的行政改革方式。这种改革方式由于规划周密、推进力度大，所以可以在短时间内实现综合性的改革目的。但可能引发的问题也比较明显，由于改革面广、改革的冲击面也就大，所以改革极有可能引起较大的社会震动，需要有完备的应对措施。

（2）渐进式就是局部的、间断的，甚至是零星进行的改革。在实践中，这种改革不打乱各行政机构的运作，而只是使它们服从更严格的管理监控。这种改革实行时一定有很明确的整体和长期的改革目标，一般主要是为了解决当时最迫切需要解决的行政管理中遇到的困难或阻碍进行的，所以可能是间或进行的。正因为如此，有学者称其为“调整”，而不是改革。

（3）中间式是介于激进式和渐进式中间的一种改革，它的最显著特征就是“小步快走”，以及全面推进改革的目标很明确，但是并不急于全面推开，一般是试点先行，取得经验后再全面铺开。为此，也有人称这样的改革模式是“渐进式”，但这种“渐进”显然与前述“渐进式”有很大不同，所以在有比较大前提下称之为“中间式”更准确。这种改革由于推进时涉及面小，速度缓，所以可以保持社会正常的生产生活秩序不受影响。但这样也有不利的一面，即改革的过程可能会很长，改革的成效会很难显现。不过，在进行大规模改革时，渐进式还是一种比较可靠的方式。

按行政改革经历的步骤划分，可以分为“一步到位”和“分步实施式”。按行政改革涉及的内容，将改革划分为系统化改革、非系统化改革或制度化改革、合法化改革等某项具体内容的改革；按行政改革的推进状况，划分为连续性改革、间断性改革等。

行政改革的方式都是各有利弊的，不同时期不同国家所实行的行政改革，都是依据本国的行政管理实际，结合国内外的行政环境，并充分借鉴他国经验做出的选择。所以在实践中还会不断有新的行政改革方式被创造出来，这些改革实践也会丰富我们的行政管理理论。

第二节　西方国家的行政改革

一、西方国家行政改革兴起的背景

20世纪70年代末，英国开始了一场持续的、大规模的行政改革运动。90年代以后，几乎所有西方国家都被卷入这场改革运动，同时人们开始用“新公共管理运动”作为这场改革运动的专有名词，而“公共管理理论”“公共管理学”则成为它的“伴生物”。

促发改革有深刻的国际国内背景。

（一）改革兴起的国际背景

经济全球化和新技术革命是行政改革兴起的国际背景。具体来说，行政改革是为了回应民众诉求和信息化趋势出现带来的新问题，也是为了回应环境、能源等可持续发展问题凸显所提出的挑战。

行政改革是适应经济全球化的需要。第二次世界大战后出现的经济全球化趋势加剧了各国间的竞争，对各国政府的工作质量和效率提出了新的和更高的要求。这样一来，过去传统的科层制、程式化的政府管理体制和机制就不能适应需要了。

行政改革是信息革命的推动。20世纪70年代以后，信息技术的快速发展和普及，一方面大大提高了政府对各种公共信息的收集和分析处理能力；另一方面也打破了决策高层对公共信息的垄断，为民众和各种社会团体参与公共管理提供了可能。同时，信息传递途径的高速革命，也迫切要求政府对组织结构及其运作程序进行重大调整，以提高政府的决策反应速度和行政能力。

行政改革是适应可持续发展的需要。20 世纪 80 年代末，两极格局解体后，各种涉及人类可持续发展的重要问题，如资源、能源、人口、气候、环保等问题越发突出，回应和解决这些问题迫切要求政府的决策和政策评估更具科学性、协调性，而其实质是要求政府更新观念，突破传统的管理理念，发展以人为本的治理理念，以适应科学发展、可持续发展的需要。

（二）改革兴起的国内背景

"政府失灵"是促使西方各国走上行政改革之路的基本国内背景。20 世纪 70 年代末，西方各国政府先后遇到了巨大的财政压力、官僚制弊端显现、公众对政府的信任度降低、公众更为强烈的民主诉求、公民社会自组织能力提高和应对各种频发的突发事件不力等"政府失灵"的困境，所以行政改革就是为了应对"政府失灵"。

当然，这些是西方国家政府改革的一般原因，各国政府在走上改革之路时，还会有本国更为具体的特殊原因，而那些特殊原因则决定了各国改革的突破口、侧重点和方法的不同。

二、西方国家行政改革的理论依据

对于西方国家始于英国的这场行政改革，许多学术背景不同的学者对其进行研究，探究改革成功的理论依据，同时也为即将开展的新的改革提供指导。正是在这个过程中产生了众多的新概念，如"管理主义"（managerialism）、以市场为基础的公共行政学（marke-based public administration）、企业型政府（entrepreneurial government）、新治理（new governance）等。20 世纪 90 年代初，"新公共管理"的概念得到公认[①]后，引申出一系列与之相关的概念，如"新公共管理理论""新公共管理运动""新公共管理模式"等。实际上，这些新概念都是来自对西方这场持续、大规模的行政改革的研究，它们产生后，又成为后人继续研究的工具。

从整体上说，西方行政改革的理论依据就是新公共管理理论。新公共管理理论是各国改革中所运用的全部理论的总称，就像新公共管理运动是各国的行政改革的总称一样。新公共管理理论的"新"在于，它的主要基础和核心理论是经济学理论和企业管理学理论，而传统的行政管理理论是以威尔逊、古德诺的"政治–行政二分"理论和韦伯的官僚制理论为支撑的。新公共管理运动中，经济学的理论方法在行政管理领域的研究取得了极大的突破，而管理学的思维方式也给各国破解"政府失灵"难题以重大启迪。所以，本章所谓西方行政改革理论，实际就是"新公共管理理论"。

（一）行政改革的理论前提

西方行政改革的理论前提就是经济学理论中的经济人（economic man，或 home economics）假设理论。经济人假设理论致力于改善政府，而不是控制政府。它为西方的行政改革确立了全新的理论前提，即在充分承认政府利益、政治家利益和官员利益的基础上，重新为政府定位；同时，再造一整套机制，既尊重、保护和实现他们合理的个人（地方）权益，又保证最大限度地实现社会整体的公共利益。

经济人假设是亚当·斯密在 1776 年发表的《国富论》中提出的。经济人假设的核心就是认为，在经济社会中，"人"天生具有追求个人利益的动机。而且人通过市场活动实现个人

---

① 参见本书第一章第二节。

利益的同时，也会增进社会利益。斯密及其之后的经济学家们，正是在这样的“自利的”经济人（也称 X 经济人）假设的基础上，开始探索他们的互动及其结果。著名的“看不见的手”（an invisible hand）的理论也是建立在这个假设基础上的。两百多年来，经济人假设贯穿于西方经济学发展的全过程，不过，随着经济学理论的发展，斯密的“自利的”经济人理论已经在后人不断的阐发中改变了其初始的面貌。新古典经济学家用个人“偏好”（preference）取代古典经济学家对经济人的“自利”解释，使经济人带上了“理性”的色彩，理性经济人（rational-economic man）概念的提出，也是新古典经济学家的重要理论贡献。行为经济学的代表人物加里·贝克尔（Gary Becker）把经济人假设运用到经济学领域之外的人类行为及其相互影响方面的研究，贝克尔的观点也被人们称为“家庭经济学”。而最后将经济人假设理论带入“政治市场”的，是公共选择理论的创始人布坎南。布坎南用经济人假设为前提，分析公共领域各种行为主体的行为。他指出，受自利动机支配的个人，在进入公共机关，担任公职以后，同样还是一个追求自我利益最大化的普通人，也还是会通过政治交易，实现这种自我利益的追求。所以，社会经济关系和政治关系都是一种交换的关系，即人们在有组织的市场上进行交换，形成合作，并通过某种直接有益于交易另一方的产品或服务促进自己的利益，从而交易各方彼此都能够获益。就这样，公共选择理论用个人动机和目的解释了政治经济现象，并把社会看做个人之间的相互作用，以探讨建立在个人选择和行动基础上的社会选择和社会行动的规律，行政改革也需要遵循这个规律。

（二）行政改革的核心理论

公共物品理论（public goods theory）及外部效应问题的研究，是西方行政改革的核心理论。关于公共物品的所有研究，都是为了使公共物品的供应机制更加合理和有效；而与之联系紧密的关于外部效应的研究，则是为了更合理地分担成本与收益，以达到资源的最优配置。所有这些，正是西方行政改革的核心所在。

公共物品（public goods）的概念是瑞典经济学家林达尔（Erik Lindahl）在 1919 年第一次正式使用的。1954 年，美国学者保罗·萨缪尔森（P. Samuelson）发表了著名的论文《公共支出的纯粹理论》（*The pure theory of public expenditure*）。该论文给出了公共产品的经典定义：“公共物品是这样一种物品，在增加一个人对它的分享时，并不导致成本的增长，而排除任何个人对它的分享都要花费巨大成本。”[①]在这个定义里，萨缪尔森从消费的角度，提出了公共物品区别于私人物品的两个本质属性：消费的非排他性（non-excludability）和消费的非竞争性（non-competitive）。萨缪尔森有关公共物品的定义和特点分析，得到经济学界的普遍认可，更多的经济学家，如斯蒂格利茨（Joseph E. Stiglitz）、布坎南、奥斯特罗姆（Ostrom）等都加入了对公共物品的研究，使公共物品理论不断得到丰富和完善。

根据这些学者的研究，以公共物品消费的非竞争性和非排他性为标准，可以将物品分为纯公共物品、纯私人物品和准公共物品。其中，纯公共物品是严格满足消费的非竞争性和非排他性两个条件的物品。国防是典型的例子。纯公共物品的提供方式是非市场的。纯私人物品则相反，是在消费上不具有非竞争性和非排他性的物品。我们个人消费的多数物品属于这类，它们是完全由市场提供的。介于两者之间的，“只具有两个特性中的一个或者不同程度上具有这些特性”[②]的是准公共物品（或称混合物品），即准公共物品是在一个方面或一定程度

---

① 斯蒂格利茨：《经济学》，姚开建等译，中国人民大学出版社，1997 年，第 147 页。

② 转引自斯蒂格利茨 J E：《政府经济学》，曾强等译，春秋出版社，1988 年，第 118 页。

上存在拥挤（congestion）性的物品，我们现实生活中的纯公共物品是很少的，而准公共物品却是大量存在的，所以对准公共物品的研究是公共物品理论的核心。

准公共物品包括俱乐部物品（club goods）和公共资源性物品（common resources），也就是说，公共物品包括纯公共物品、俱乐部物品和公共资源性物品三类。其中，俱乐部物品是具有消费的非竞争性和排他性的物品。这里的排他性表现为拥挤，如电影院、图书馆。公共资源性物品是具有消费的竞争性和非排他性的物品，如海洋资源、矿藏、免费供应的电和暖气等。对于这类稀缺性的、没有明确产权的公共资源的消费，一般无法做到排他，而无限制地消费则可能导致公共资源的枯竭，产生所谓“公地悲剧困境”，这就是管理者面对的难题。

经济学家关于公共物品的属性及类型的研究给行政管理者极大的启示。过去人们对物品和服务的分类习惯是人性标准，即是“公”“私”分类，这样的分类可以解决物品属性及制度问题，而公共物品的分类则是以解决供应机制问题为目的的。由于古典经济学家就论证过公共物品的供应是政府的职责，所以，公共物品，尤其是准公共物品的研究目的就是寻找更有效、更合理的供应机制。

关于外部效应（也称“外部性”）的研究，也是与公共物品密切相关的研究。经济学家指出，造成市场失灵的主要原因之一就是外部效应的存在。所谓外部效应就是经济人个体经济活动的外在影响[①]。这种影响一般可以分为正面的（即有利于社会的）和负面的（即不利于社会的）两种。另外，经济活动的主体又是生产者和消费者两方。所以，实际存在四种外部效应，即生产的正外部效应、生产的负外部效应、消费的正外部效应、消费的负外部效应。经济学家指出，外部效应是市场失灵的一种表现，它会导致资源配置的低效率或无效率，现实表现就是商品供过于求或供不应求。所以外部效应的纠治就是亟待解决的问题。由于外部效应是市场失灵引起的，所以传统的解决方案就是政府干预，即政府采用征税、罚款、补贴、管制等措施，减少外部效应造成的损失，但这些措施并不能完全解决外部效应的问题。实际上，任何制度本身都是有缺陷的，所以，外部效应的成功纠治应该是市场和政府双方共同努力的结果。

将外部效应的研究引入公共物品的研究，不仅可以有助于准确理解公共物品的概念，而且可以启发解决公共物品供应机制的思路。经济学的相关研究及西方国家的改革成功经验表明，由政府、市场和社会（即非政府组织）构成的公共物品多元供给机制，是目前可能实现的理想机制。

（三）行政改革的工具性理论

在西方行政改革中，不同领域、不同部门的改革还大量运用了管理学的理论和方法，其中主要有战略管理理论、权变管理理论、弹性管理理论、人力资源管理理论、绩效管理理论、标杆管理理论等。由于这些理论被直接用于解决某个领域或部门的具体问题，所以也可以称为工具性理论。

（1）战略管理理论是指通过运用和管理所有资源达到目标的艺术和科学。战略管理特别强调组织战略目标的实现，所以强调外部管理和长期、整体目标的实现。在西方的行政改革中，政府要成为“掌舵者而非划桨者”（steering rather than rowing）的观点被普遍接受，政府的宏观规划管理职能的意义更加突出，企业战略管理的所有理论成果和成功经验都被应用于政府的管理工作。

① 赵成根：《新公共管理改革——不断塑造新的平衡》，北京大学出版社，2007年，第74页。

（2）权变管理理论即权变理论（contingency theory）。所谓“权变”就是权宜应变的意思。这个理论认为，管理过程中环境是自变量，管理的观念和技术等是因变量。权变管理就是研究如何在管理中，依据环境自变量和管理观念及管理技术因变量之间的函数关系，确定最有效的管理方法的理论。权变管理理论研究的是为了实现有效管理所“需要”采取的管理方法，而传统的管理则只关注“应当”采取的管理方法，这就为行政理论的研究开辟了新方向。世纪之交，国际国内的环境变化多端，权变理论所强调的管理适应力，以及提出的权变管理模型有极大的借鉴意义。

（3）弹性管理理论（the flexibility theory）。“弹性”就是适应力（adaptability）、柔韧性（pliability）和反应力（responsiveness）。所以，弹性管理理论就是研究组织对环境变化的适应力的理论。弹性管理与权变管理的不同在于它是运用于组织内部管理的理论。弹性管理理论的核心是强调通过管理弹性（managing flexibility）应对内、外环境的变化。在传统科层制组织面对困境时，行政改革中，许多学者运用弹性管理理论为政府提出各种新的弹性化组织设计。

（4）人力资源管理理论中与政府内部传统的人事管理相比较,其中心在“人”而不在“事”。也就是说，人力资源管理改变了传统的对公务员重控制、监督、处罚等消极的管理策略，转而致力于对公务员的能力开发、培训、发展，以及各种激励机制建立、各种环境因素改变等积极的、以发展“人”的主观能动性为出发点的管理策略。

（5）绩效管理理论以整个组织的战略目标为管理依据，以提高工作人员和组织的绩效为核心目的管理过程。绩效评估是绩效管理最核心的环节，建立在绩效评估基础上的奖惩制度，强化了组织的激励机制。对政府绩效管理而言，其意义不仅在于激励约束机制的建立和完善，更重要的是使政府的运作和管理增加了“成本–效益”的观念，绩效管理因此成为政府进行有效资源配置的重要手段。

（6）标杆管理（benchmarking）理论中“标杆”（benchmark）原本是指测量时的参照标记。所以，标杆管理就是学习卓越的工作模式。标杆本身并不能改进组织的绩效，但是标杆可以向管理者提供改进组织绩效的信息，所以也被称为追求卓越的管理。标杆管理在不同性质的组织管理中都具有适用性。

实际上，在西方行政改革中运用的管理理论还有许多，这里不可能完全列举。这些管理理论之间是互补关系，所以一般是可以多个理论同时运用的。

三、西方国家行政改革的主要内容

（一）行政改革的概况

20 世纪 70 年代末到 80 年代初以来，西方各国先后进行了大规模的行政改革。与传统的以机构改革、人员精简为重心的行政改革不同，这次西方国家的改革是以理念、机制、体制的改革为重心的，而且改革的力度之大，甚至被有的学者称为“政府再造”（reengineering government）。

最早开展行政改革的西方国家是英国。20 世纪 70 年代，英国传统的韦伯式官僚制的弊端日益明显，政府规模庞大、冗员充斥、办事拖沓、财政负担过重等，让英国的纳税人不能忍受。1979 年 5 月，撒切尔夫人（Margaret Hilda Thatoher）出任首相，执政伊始她就启动了对传统行政体制的改革。改革的主要思路是：以提高政府管理效率，转变政府职能为目的；

以引进市场机制和市场竞争为手段推进改革。改革的主要内容后来被研究者概括为私有化、分权化、竞争机制、企业精神、非管制化、服务质量、对工会力量的限制。为了克服政府的官僚主义、提高行政效率，从撒切尔夫人直到梅杰的几届内阁先后实施了雷纳评审（Rayne scrutiny programme）、部长管理信息系统（management information system for ministers, MINIS）、财政管理新方案（financial management initiative，FMI）、公民宪章（citizen's charter）运动等一系列改革政策，成效显著。雷纳评审的目的是通过提高效率来降低政府的开支和运营成本。1979~1985 年 6 年间，雷纳评审小组的调查和研究工作带来的直接经济效益高达 9.5 亿英镑[①]。部长管理信息系统建立后，能够为部门的高层领导随时提供本部门全面、规范的各方面的信息，所以很快在英国的政府部门得到广泛的应用。财政管理新方案的实行对于提高政府部门的效益水平，降低政府部门开支起到了明显的作用。公民宪章运动的核心目的是改善政府公共服务的质量。这项运动在英国各个政府部门广泛实行后效果明显，公众对政府的满意度显著提高。1997 年布莱尔政府执政后继续推进改革，但基本思路进行了调整，针对过去十年的改革建立“竞争型政府”的概念，提出了“合作型政府”的新概念。1999 年，工党政府发表《现代政府白皮书》，提出要用十年时间打造一个更加侧重结果导向、顾客导向、合作与有效的信息时代政府。

美国的行政改革没有十分明确的起始时间，但行政改革断断续续一直在进行，从 20 世纪 60 年代实行的“计划—方案—预算系统”、70 年代的零基预算，80 年代的目标管理和质量管理，直到 90 年代提出了“政府再造”。总体看是改革力度越来越大，而且改革主要涉及两个层面的问题：一是政府“做什么”，即政府职能定位问题；二是政府“如何做”，即政府职能行使市场化的问题。由于美国政府是从“罗斯福新政”时期开始就实行“大政府”改革取向，随着政府包揽的社会经济事务越来越多，政府自身规模也逐步膨胀，财政不堪重负。1993 年，美国成立了由副总统戈尔主持的“国家绩效评审委员会”（National Performance Review，NPR）专门负责改革。美国在改革中实行了一系列的公共服务市场化的改革措施，如合同出租、公私合作、用者付费、凭单制度等，其实质是利用政府和市场两方面的优势，提高政府的公共服务能力。在政府内部改革方面，在不到 3 年的时间里，美国精简联邦政府 24 万名公务员，删减了 16 000 页法规，简化了的法规也达 31 000 页。估计联邦政府的行政简化工作，每年可为纳税人节省 280 亿美元[②]。在改革政府间关系方面，主要通过放松规制将联邦政府的权力向州和地方政府转移。同时，通过直接授权，让社区承接原本由政府承担的公共服务的职能。

除英国、美国之外，西方其他国家也相继进行了行政改革，其中澳大利亚和新西兰的改革与英国的改革开始的时间差不多，都在 20 世纪 80 年代前期，而且改革都明显具备系统、全面、连续和激进的特点。澳大利亚和新西兰的改革采用了管理主义的模式，即在政府部门引入私人部门的管理方式及市场机制。而改革的具体措施就包括机构变革、分权化、商业化、公司化和私有化等。相比较之下，欧洲的德国、法国、荷兰、瑞典等国家进行的行政改革，就显得非连续、渐进和零碎。不过这些国家改革的内容也主要集中在调整公共事业、削减公共服务人员、压缩公共人事开支和转变公共组织结构等方面。

西方国家的改革给行政管理带来的变化集中表现在如下几点：第一，通过私有化运动，政府已经从直接的经济活动中撤出。第二，政府在履行职能中创造了“准市场”（quasi-markets）模式，即在公共服务中引入招标、合同承包等市场竞争机制。第三，在政府部门和公共服务

① Greenwood J，Wilson D. Public Administration in Britain Today. 2nd edition. London：Unwin Hyman，1989：124.
② 张成福、党秀云：《公共管理学》，中国人民大学出版社，2001 年，第 360 页。

中引入成本–收益核算机制，对政府活动进行绩效评估，以实现“少花钱多办事”。第四，政府实行了创新型管理，建立学习型组织。

（二）行政改革的基本内容

西方国家行政改革各有侧重，但总体看改革涉及的基本内容有如下几方面①：

（1）重新界定政府职能，即减少政府对社会和经济事务的干预，优化政府职能。通过民营化、放松规制职能外包等方式，使政府从大量的、具体的社会事务中解脱出来，将职能集中在完善法制，加强宏观调控和提供公共物品和公共服务方面。

（2）公共服务市场化、社会化。公共服务市场化的主要形式是民营化、招标、合同外包、特许经营、补助、抵用券、建立公私伙伴关系等，其实质就是政府充分利用市场机制，提高公共服务的质量，降低公共服务的成本。公共服务社会化，主要是政府授权社区并鼓励社会提供各种内容和形式的公共服务。

（3）分权。分权既指中央政府向地方政府分权，也指中央政府内部的上级向下级分权。在上级向下级分权过程中出现的新形式，是将政府内部的中下层组织转变为有独立性质的单位，实行经理负责制，从而在机构、人事、财务等方面具有更大的自主权。分权改革的实质是，上级对下级的管理实现了从过程管理到目标管理的转变。

（4）人力资源管理改革。这方面的主要改革形式有：在人事录用、报酬、职位分类、培训等方面放松管制，增强灵活性；公共机构职位的专门化和永业化转变为非专门化和非永业化；实行绩效评估制度。这样改革的实质是引入竞争机制和激励机制。

（5）机构重组。为了实现有计划的“分权”，一些国家重组了中央机关，或重组了省级机构。这方面的主要改革形式有整合机构功能、放松规制、减少行政层级、简化内部规章制度、扩大管理民主等。

（6）运用现代管理技术。这方面既包括运用现代管理学技术，如战略管理、全面质量管理、成本管理、标杆管理等技术，也包括运用信息技术、发展电子政务。

（三）行政改革的主要趋势

对上述西方国家行政改革内容进行归纳，不难看到西方行政改革的主要趋势主要体现在以下方面。

（1）行政决策与行政执行权力分离。各国在改革中接受了政府做“掌舵者”而不是“划桨者”的观点，所以都认为政府主要职能是行政决策，执行则可以按照市场原则运作，以取得最大效益。

（2）管理重心下移。这是充分调动和利用地方及社会的积极性实现社会管理的趋势。管理重心是上收还是下移，不仅仅是一个理论的或观念的问题，它更直接地取决于行政环境和行政目标。在行政环境比较恶劣时，运用集权管理的方式实现行政目标是必需的。反之，当行政环境相对宽松时，放权、将管理重心下移，会更利于调动和发挥各类经济主体的积极性，实现促进经济、社会全面发展的行政目标实现。

（3）减少管理层级。这是为了适应管理重心下移的需要，但更是为了回应社会民主参与和降低行政成本的诉求。传统的科层制层级节制、程式化严重，已经成为行政低效率的重要原因。行政改革中，各国通过整合机构职能，减少管理层级，有效降低了行政运行成本，同

---

① 陈振明：《公共管理学》，中国人民大学出版社，2003 年，第 113-116 页。

时扩大了行政民主，所以机构“扁平化”改革成为趋势。

（4）市场化和社会化管理。行政改革中，涌现出各种有创新意义的公共管理形式，如公共工程的招标、公共服务的合同外包、公共物品特许经营等，这些公共服务市场化、社会化形式的成功运用表明，市场和社会还会为政府提供更多的解决困境的新思路、新途径。

（5）企业化管理。当前的这场改革却打破公私部门的界限，在公共部门中广泛运用，如战略管理、绩效管理、标杆管理、人力资源管理等企业管理工具，并取得了意想不到的巨大成效。所以各种管理工具被运用于公共组织成为趋势，也成为“政府再造”的重要内容。

（6）运用现代管理技术和手段。计算机和网络就是这样的现代技术和手段的代表。它们被运用于行政管理后，不仅在技术上，更是在管理的理念上要求行政管理创新。

需要特别指出的是，这些趋势之间是密切联系甚至是互为支撑的关系。西方国家的行政改革极大地影响和启发了中国的行政改革，或者说，中国20世纪90年代以来开展的行政改革，实际也成为新公共管理运动的组成部分。

第三节　中国的行政改革

一、行政改革的背景

我国对行政体制进行改革的基础或背景，是新中国建立的行政体制，所以在研究行政改革之前，有必要对新中国的行政体制沿革有一个整体的了解。

（一）新中国行政管理体制的建立

1949年10月至1954年《宪法》颁布前，我国建立的是临时行政体制。当时行政体制的特点是中央政府由两级构成，而且行政层级多。当时是由中央人民政府组织政务院。但是，当时的中央人民政府不是国家的行政权力机构，而是集党、政、军权力于一体的临时国家权力机构，政务院为最高执行机关。当时在国家结构上是实行的大行政区制，即地方政府按照大行政区设立，分为大行政区级、省级、县级、乡级。

1954年9月新中国第一部《宪法》颁布，正式建立了新中国的行政体制。新中国的行政体制是，国务院即中央人民政府，是最高国家行政机关。地方政府撤销大行政区，设置省、市、县、乡四级政府。这就改变了1949年以后建立的两级中央的行政体制，也结束了大区制。

1954年建立的行政体制是与当时指令性计划经济体制相适应的。1956年年底完成社会主义改造后建立的经济体制，是以中央各部垂直管理为主的体制，与这样的经济体制一致，行政机构完全按照所管理的经济部门的内容设置，如设置重工业部、轻工业部、纺织部、电子工业部等，而地方行政机构也是与中央部门层层“对口”设置。国家的行政体制就是这样建立起来了。

（二）改革开放以前行政体制的调整

从1954年至1982年《宪法》颁布，我国的行政管理虽然一直是国务院体制，但在中央与地方关系和行政机构设置方面却一直处在变动之中。调整、变动最频繁的有两个方面，一是在管理体制方面，另一个是机构设置方面。

在管理体制方面，调整的基本线索是集权—分权—再集权—再分权，由于“集权”“分权”被人们形象比喻为“收”和“放”，所以这个基本线索，也可以被称为“收”—“放”的循环。具体看，1956 年以后，以部门垂直管理（即“条条”管理）为主的管理体制逐步建立。但是，由于部门管理与地方管理（即“块块”管理）的矛盾难以协调，1958 年中央决定下放权力，建立“双轨”体制，即建立中央主管部门管理所属企事业单位，与省级地方政府管理辖区所属中央和地方企事业单位同时存在的管理体制。这样的体制实际并不成功，反而削弱了中央权力。于是 1960 年中央又决定在原大行政区的基础上成立中央局，也就是重新“集权”，但是中央局的管理模式实际也不成功。“文化大革命”期间，尽管没有了中央局，但是集权却走到极端。至 1982 年，管理体制始终没能走出“一收就死”“一放就乱”的循环、“怪圈”。

在机构设置方面，机构设置是以政府职责为依据的，所以在计划经济时期，全能政府无所不包的职责决定了中央无论进行怎样的“收放”权力的管理体制调整，机构调整也走不出精简—膨胀—再精简—再膨胀的循环“怪圈”。1954 年第一届人大设置国务院工作部门 64 个，其中经济部门 35 个，至 1956 年社会主义改造完成，国务院工作部门增至 81 个，其中经济部门达 50 个。1958 年中央向地方放权，机构也开始精简，至 1959 年年底，国务院经济部门减至 36 个。1960 年中央开始“收”权，机构就逐年增加，到 1965 年年底，国务院经济部门已经又增至 53 个。1966 年“文化大革命”开始，国家正常的经济活动几乎停摆，各级领导干部也受到严重冲击，1970 年国务院工作部门锐减到 32 个，其中，管理经济的部门只有 13 个。党的十一届三中全会召开前后，再次进入经济建设高潮时期，加之大批“解放”了的老干部需要安置，机构一下子膨胀到前所未有的 100 个，其中管理经济工作的就有 71 个。可见，1982 年以前，机构改革就只是“减”—“胀”的循环。

总体看，改革开放以前，我们国家对行政体制的调整实际一直没有中断过。但是，这些调整基本都是为了解决当时遇到的突出问题采取的应对措施，即只是在管理的形式和方法层面进行，没有职能转变的驱动，不可能进行整体的、长远的规划，所以，不能从根本上解决问题，调整后的反弹在所难免。

（三）原有行政体制的弊端

新中国建立的行政体制是与当时指令性计划经济体制相适应的，其中最突出的有如下几方面：

（1）工作重心偏移。由于党政不分，以党代政现象严重，在以阶级斗争为中心的时期，政府以党的工作重心为自己工作重心的结果，必然会偏离经济工作，或者是经济工作政治化。

（2）政府职能庞杂。计划经济体制要求行政管理体制不仅同样以集权为基础，而且统管一切、一管到底。所以政府不仅包揽了政治的、经济的、社会的一切事务，而且深入每一个具体企事业单位内部的管理，又由于政府职能分解过细，所以在运行中职能交叉、错位、越位严重。

（3）机构重叠、人浮于事。由于没有任何法律、法规的约束，机构设置方面的随意性，以及行政机构用人方面存在严重的“人治”现象，加剧了由职能庞杂带来的机构重叠、人浮于事现象。

（4）地方工作被动。由于中央的高度集权，地方成为中央的附属物，地方的工作积极性、主动性缺失，严重影响国家经济的整体发展。

（5）财政负担沉重。政府机构庞大、冗员充斥，必然造成财政负担沉重。尤其是“文化大革命”结束后行政机构和人员的数量急剧增加，而国家的财政收入却不能相应增加，造成严重的财政赤字，地方财政特别是基层政府的财政“入不敷出”。

为了革除这些弊端，大规模的、彻底的行政改革势在必行。

二、行政改革的历程

（一）行政改革的宪政起点

1982年党的十二大召开，确定了改革开放的基本路线，同年年底，新的《宪法》颁布，重新确定了中国的国家机构体系，成为新时期行政改革的宪政起点。

1982年《宪法》恢复和完善了国家机构设置，健全了国家行政体制，其具体内容包括：坚持国务院领导体制，但是实行行政首长负责制，国务院就是总理负责制；恢复了乡政权的设置，以国家大法的形式结束了从1958年以后就一直实行的人民公社体制；确定了居民自治制度，居民自治制度在农村是村民委员会制度，在城市是居民委员会制度；废除了领导职务终身制，在国家领导人中实行任期制，规定国家领导人实行限任制度，即连续任职不得超过两届；完善了民族区域自治制度，坚持民族区域自治制度，扩大了民族自治机关的自治权，使这个制度得到完善；创立了特别行政区制度，这个制度的预设，为日后香港、澳门顺利回归准备了宪政条件。

（二）党的十四大以前的行政改革

1982年党的十二大召开到1992年党的十四大召开，是中国改革的第一个阶段，即在计划经济体制下的改革阶段。这个时期，全党和全国的工作重心已经转到经济建设方面，为行政改革营造了非常有利的大环境。但是这个时期的改革也带有比较明显的清理“文化大革命”遗留问题，以及多方探索的过渡性特点。

在管理体制方面，这段时间改革的基本指导思想是充分调动各地方和各生产主体的积极性，所以主要的改革措施就是简政放权。即一方面按照“统一领导、分级管理”的原则，明确中央与地方的关系；另一方面，明确提出改革政企关系，实现政企分开的改革目标，同时还恢复了乡政府体制。

在机构设置方面，在1982年和1988年进行了两轮机构改革。1982年的机构改革虽然是在机构急剧膨胀的背景下进行的，但这次与此前的几次机构精简有了明显的不同。首先是使用了“机构改革”的概念，此前都只是使用“机构精简”的概念。其次，提出要在明确机构任务和职责范围的基础上改革。最后，提出机构改革与实现干部的革命化、年轻化、知识化、专业化结合。改革后国务院机构从100个减少到61个，同时使一大批年富力强、具有较高文化程度和专业知识水平的干部进入领导队伍。但是由于机构的基本功能没有改变，机构设置和用人上的随意性问题没有改变，所以，这轮改革刚刚结束，新一轮的机构和人员的膨胀就又开始了。1988年第七届全国人大召开再次启动机构改革。改革中国务院机构由45个调整为41个，其中撤销12个，新组建9个，保留32个，1个转为事业单位，机构人员也精简了15.8%[①]。

1988年的机构改革与此前的历次机构调整相比意义重大。第一，这场机构改革目标明确。第七届全国人大通过的《关于国务院机构改革方案的决定》提出，机构改革的长期目标是：

① 中国行政管理学会：《新中国行政管理简史（1949—2000）》，人民出版社，2002年，第401-402页。

根据党政分开、政企分开和精简、统一、效能的原则，逐步建立具有中国特色的功能齐全、结构合理、运转协调、灵活高效的行政管理体系。今后五年机构改革的目标是理顺关系、转变职能、精简机构、精简人员、提高行政效率、克服官僚主义、增强机构活力。第二，这次机构改革以转变职能为核心。明确提出转变职能就是指：由微观管理转向宏观管理；由直接管理转向间接管理；由部门管理转向全行业管理；由“管”字当头转向服务监督；由机关办社会转向机关后勤服务工作社会化。第三，增强政府宏观调控职能。在改革实践中，本次改革不再单纯是精简机构，而是在撤并的同时，也进行了机构增设，依据就是政府加强宏观调控职能。第四，实行“三定”走向科学管理。在这次机构改革的同时，提出了“定职责、定机构、定人员编制”的“三定”规定，表明行政管理开始从经验管理转向科学管理。

总体来看，这个时期的行政改革还是没有能够跳出“减胀”怪圈，表明改革需要深化。不过党的十三大以后，能够明确提出行政改革的目标，并能够涉及“职能转变”这个核心问题，就是改革逐步深化的标志。

（三）初步建立社会主义市场经济体制阶段的行政改革

1992 年党的十四大召开到 2013 年党的十八届三中全会召开，是中国改革的第二个阶段，即提出并初步建立社会主义市场经济体制的阶段。1992 年党的十四大召开，提出“要建立的社会主义市场经济体制，就是要使市场在社会主义国家宏观调控下对资源配置起基础性作用”[①]的经济体制改革目标，从而使中国的改革进入了建设社会主义市场经济体制的新阶段。在这个阶段，围绕建立社会主义市场经济体制和建设服务型政府，改革的总体方案逐步明朗，转变职能、理顺关系、优化结构、提高效能成为行政改革的主线，围绕这个主线各项行政改革全面推开。2003 年颁布《行政许可法》，2005 年颁布《公务员法》，标志我国依法行政前进了一大步。

这一阶段，按照社会主义市场经济的要求，明确了经济调节、市场监管、社会管理和公共服务[②]的政府职能，着力转变职能、理顺关系、优化结构、提高效能，形成权责一致、分工合理、决策科学、执行顺畅、监督有力的行政管理体制。在转变职能方面，提出要“推动政府职能向创造良好发展环境、提供优质公共服务、维护社会公平正义转变”[③]。在行政体制方面，提出建立健全决策权、执行权、监督权既相互制约又相互协调的权力结构和运行机制[④]，加快推进政企分开、政资分开、政事分开、政府与市场中介组织分开的改革，同时规范行政行为，加强行政执法部门建设，减少和规范行政审批，减少政府对微观经济运行的干预，同时进行了规范垂直管理部门和地方政府关系的改革。在机构设置方面，以国务院换届为契机，每五年进行一轮机构改革，用机构改革的形式固化行政体制改革的成果，同时也促进行政体制改革。通过改革，国务院撤销了一批工业经济管理部门和行政性公司、总会，组建了由部委管理的国家局，以及国务院国有资产监督管理委员会，使政企分开有了新突破；

---

① 《江泽民在中国共产党第十四次全国代表大会上的报告》，http://cpc.people.com.cn/GB/64162/64168/64567/65446/4526311.html，1992 年 10 月 12 日。

② 《全面建设小康社会，开创中国特色社会主义事业新局面（在中国共产党第十六次全国代表大会上的报告）》，http://cpc.people.com.cn/GB/64162/64168/64569/65444/4429120.html，2002 年 11 月 8 日。

③ 胡锦涛：《坚定不移沿着中国特色社会主义道路前进 为全面建成小康社会而奋斗》，《十八大报告辅导读本》，人民出版社，2012 年，第 28 页。

④ 《胡锦涛在中国共产党第十七次全国代表大会上的报告》，http://cpc.people.com.cn/GB/64093/67507/ 6429848.html，2007 年 10 月 25 日。

着眼于保障和改善民生，整合组建了社会管理和公共服务部门，如组建人力资源和社会保障部、住房和城乡建设部及环境保护部等；为完善宏观调控体系，改组建立了国家发展和改革委员会，健全金融监督管理体系，设立了中国银行业监督管理委员会、中国保险监督管理委员会、中国证券监督管理委员会、全国社会保障基金理事会等；按照探索职能有机统一的大部门体制要求，对一些职能相近的部门进行整合，实行综合设置，理顺部门职责关系。例如，为加强能源环境管理，组建了国家能源局，为整合完善工业和信息化、交通运输行业的管理体制，组建了工业和信息化部、交通运输部等。

由于这个阶段的机构改革是以政府转变职能为出发点的，所以这一阶段的改革不仅根本性地跳出了机构“减胀”的怪圈，而且解决了一批长期存在的职能交叉、责权不清、多头管理的问题，从而使国务院机构的设置和职能配置更加合理。尤其是进入 21 世纪以来，行政改革的方向日益清晰，政府找准了自己的职能定位，行政改革的主动性、引导性明显增强。

（四）全面深化改革阶段的行政改革

2013 年以来，中国改革进入了全面建设小康社会的新阶段，也进入了全面深化改革的阶段。2013 年党的十八届三中全会通过了《关于全面深化改革若干重大问题的决定》，提出“全面深化改革的总目标是完善和发展中国特色社会主义制度，推进国家治理体系和治理能力现代化”。要实现这个改革的总目标，就要加快完善现代市场体系、宏观调控体系，使市场在资源配置中起决定性作用[①]。进入这个阶段以来，围绕“使市场在资源配置中起决定性作用”全面深化改革，行政改革的步伐大大加快。

在这个阶段，党的十八届三中全会通过的《关于全面深化改革若干重大问题的决定》中，将政府的职能完善为经济调节、市场监管、社会管理、公共服务和环境保护。提出推进政府转变职能要“放管结合”“双轮”驱动，即简政放权要和加强事中事后监管结合[②]，是这一阶段政府转变职能方面最显著的特点。围绕完善市场体制，使市场在资源配置中起决定性作用的改革目标，行政体制改革加快了步伐。政府加大了简政放权的力度，“简政”一方面是减少政府部门的审批事项，简化、优化审批程序；另一方面是着力推进政企分开、政事分开、政府与市场中介组织分开，在精简政府机构和人员的同时，培育和规范其他市场主体。“放权”既包括向下级政府和部门放权，也包括向市场和社会放权。在这个阶段继续深化简政放权改革的同时，提出了“加强事中事后监管”的改革任务。也就是说，推进简政放权，绝不意味着政府撒手不管，而要在降低或废除市场准入“门槛”以后，加强对市场运行的合法性、规范性的监管。在机构改革方面，特别强调总量控制、调整结构、顶层设计、创新管理。政府机构改革与加快事业单位分类改革、加大政府购买公共服务力度结合，同时，政府机构改革也与统筹党政群机构改革、理顺部门职责关系结合。所以这个阶段机构改革的成果主要不是机构的增减，而是机构职能的划转和优化，尤其是在大部门制改革方面的成果进一步显现。

总体来看，这个阶段不仅改革的方向更加明确，而且改革的举措也更为科学、规范。由于改革是在国家基本建立起了法律体系的行政环境中进行的改革，所以改革显现出顶层设计的特征。也就是由国务院确定某方面改革的试验区，探索经验后再逐步推开。同时要求地方

---

① 《中共中央关于全面深化改革若干重大问题的决定》，http://cpc.people.com.cn/n/2013/1115/c64094- 23559163.html，2013 年 11 月 15 日。

②《李克强在地方政府职能转变和机构改革工作会议上的讲话》，http://www.gov.cn/ldhd/2013-11/08/content_2523935. htm，2013 年 11 月 8 日。

和部门进行的改革，也会上率下行，如权力清单制度等。另外，这一阶段改革中更多地发挥了信息技术的作用。

三、深化行政改革的主要任务

（一）已有改革的主要成就

总结改革开放 30 多年来的主要行政改革成就，主要包括以下几个方面：

（1）基本厘清了政府职能。通过多轮改革，在理论上对市场经济条件下的政府职能有了比较清楚的共识，提出了推动政府职能向创造良好发展环境、提供优质公共服务、维护社会公平正义转变[①]的目标。在实践中，通过简政放权和加强事中事后监管，深化了政府职能转变。同时在推进政企分开、政资分开、政事分开、政府与市场中介组织分开方面前进了一大步。

（2）依法行政已经成为政府运作的基本形式。不仅行政行为无法可依的时代已经结束，而且法无授权不可为的法治意识已经深入人心，政府运用法律手段行使职能已经具备坚实的基础。

（3）政府职能方式发生改变。政府不仅逐步明确了与市场的关系，而且尝试利用市场机制、社会力量购买公共服务、评估政府工作，显著降低了行政成本，提高了公众满意度。

（4）编制管理科学化、法制化。通过多轮改革和《公务员法》的颁布实行，政府组织机构逐步优化，公务员队伍结构明显改善。各级政府的机构设置和公务员管理走上法制化的轨道。

（5）行政决策的科学化、民主化水平不断提高，行政监督进一步强化。随着法制建设的深入，公众参与意识的增强，以及信息技术的发展和普及，政府决策的公示、听证等环节成为规范程序，政府工作引入公众或第三方评价，这些都明显提高了政府工作的公众满意度。

（6）廉政建设和反腐败工作深入开展。我们国家加入了《联合国反腐败公约》，2010 年新修订了《中华人民共和国行政监察法》，各级党委、政府和纪检监察机关坚持把制度建设作为构建惩防体系的核心内容和反腐倡廉的治本之策来抓，围绕监督制约权力、腐败易发多发的重点领域、破解纪检监察工作难点等方面积极进行制度创新，取得了明显成效，制度加科技的惩治和预防腐败理念和方式被逐步接受。

从总体上看，我国的行政管理体制基本适应经济社会发展的要求，有力保障了改革开放和社会主义现代化建设事业的发展。

（二）仍然存在的问题及深化行政体制改革的意义

当前，我国正处于全面建成小康社会新的历史起点，改革开放进入关键时期。面对新形势新任务，现行行政管理体制仍然存在一些不相适应的方面。主要是：政府职能转变还不到位，对微观经济运行干预过多，社会管理和公共服务仍比较薄弱；部门职责交叉、权责脱节和效率不高的问题仍比较突出；政府机构设置不尽合理，行政运行和管理制度不够健全；政府提供的社会公共服务还相对不足、其服务质量也需要提高、公共服务均等化体系远没有确

---

① 胡锦涛：《坚定不移沿着中国特色社会主义道路前进　为全面建成小康社会而奋斗》，《十八大报告辅导读本》，人民出版社，2012 年，第 28 页。

立；政府决策的随意性太大、失误过多，政策多变、政令不一等现象时有发生；政府行政法规体系还不完善，依法执政程度需要进一步提高；对行政权力的监督制约机制还不完善，滥用职权、以权谋私、贪污腐败等现象仍然存在。这些问题直接影响政府全面正确履行职能，在一定程度上制约经济社会发展。深化行政管理体制改革势在必行。

2008 年，党的十七届二中全会通过了《关于深化行政管理体制改革的意见》。该意见指出，行政管理体制改革是政治体制改革的重要内容，是上层建筑适应经济基础客观规律的必然要求；是为其他的经济体制、文化体制、社会体制等改革，提供行政制度环境的必然要求；是促进经济发展方式转变的必然要求；是实现建立中国特色社会主义行政管理体制目标的必然要求。

（三）深化行政体制改革的指导思想、基本原则和总体目标

中共中央《关于深化行政管理体制改革的意见》，明确规定了深化行政体制改革的指导思想、基本原则和总体目标。

深化行政管理体制改革，要高举中国特色社会主义伟大旗帜，以邓小平理论和“三个代表”重要思想为指导，深入贯彻落实科学发展观，按照建设服务政府、责任政府、法治政府和廉洁政府的要求，着力转变职能、理顺关系、优化结构、提高效能，做到权责一致、分工合理、决策科学、执行顺畅、监督有力，为全面建成小康社会提供体制保障。

深化行政管理体制改革，必须坚持以人为本、执政为民，把维护人民群众的根本利益作为改革的出发点和落脚点；必须坚持与完善社会主义市场经济体制相适应，与建设社会主义民主政治和法治国家相协调；必须坚持解放思想、实事求是、与时俱进，正确处理继承与创新、立足国情与借鉴国外经验的关系；必须坚持发挥中央和地方两个积极性，在中央的统一领导下，鼓励地方结合实际改革创新；必须坚持积极稳妥、循序渐进，做到长远目标与阶段性目标相结合、全面推进与重点突破相结合，处理好改革发展稳定的关系。

2013 年党的十八届三中全会通过的《关于全面深化改革若干重大问题的决定》中提出，全面深化改革的总目标是完善和发展中国特色社会主义制度，推进国家治理体系和治理能力现代化[①]。深化行政体制改革是推进国家治理体系建设的重要内容。深化行政管理体制改革的总体目标是，到 2020 年建立起比较完善的中国特色社会主义行政管理体制。通过改革，实现政府职能向创造良好发展环境、提供优质公共服务、维护社会公平正义的根本转变，实现政府组织机构及人员编制向科学化、规范化、法制化的根本转变，实现行政运行机制和政府管理方式向规范有序、公开透明、便民高效的根本转变，建设人民满意的政府。

（四）继续深化行政体制改革

深化行政管理体制改革，要进一步转变政府职能，持续推进简政放权、放管结合、优化服务，提高政府效能，激发市场活力和社会创造力[②]。改革要统筹规划、协调推进；要明确目标、突出重点；要鼓励创新、勇于实践；要及时总结、注重实效。

（1）继续简政放权，加快政府职能转变。转变政府职能是行政体制改革的核心，也是处

---

①《中国共产党第十八届中央委员会第三次全体会议公报》，http://cpc.people.com.cn/n/2013/1112/ c64094- 23519137-2.html，2013 年 11 月 12 日。

② 《中共中央关于制定国民经济和社会发展第十三个五年规划的建议》，http://cpc.people.com.cn/n/2015/1103/ c399243-27772351-3.html，2015 年 11 月 3 日。

理好政府与市场关系的关键。政府职能转变的基本方向和目标，是实现三个方面的转变，即推动政府职能向创造良好发展环境、提供优质公共服务、维护社会公平正义的转变。为此，一要深化行政审批制度改革，继续简政放权。二要进一步加强和改进市场监管，不断完善市场体系，创造良好市场环境，维护公平竞争的市场秩序。三要更加注重社会管理和公共服务，从体制、法制、政策、能力、人才和信息化方面全面加强社会建设，创新社会管理，保障和改善民生，提高公共服务水平；营造既有活力又有秩序的社会环境，切实维护社会公平正义，促进和谐社会建设。

（2）稳步推进大部门制改革，健全部门职责体系。大部门制是一种合理设置机构、优化职能配置的政府组织模式。实行大部门制改革，不仅可以优化政府组织结构和行政运行机制，有效克服行政体制中机构重叠、职能交叉，权责脱节、职责不清，推诿扯皮、效率低下等弊端，而且有利于推进决策科学化、民主化、规范化，提高决策水平，有利于整合公务员队伍，优化人员结构。因此，稳步推进大部门制改革是完善社会主义市场经济体制的客观要求，也是实现政府管理科学化的重要途径。

（3）优化行政层级和行政区划设置。为了适应经济社会发展及政府职能转变的新要求，需要认真解决当前行政层级和行政区划方面存在的问题。为此，一要进一步优化行政层级。合理、协调的行政层级是国家行政权力顺畅、高效运行的重要条件和基础。要合理确定中央与地方政府的职能与责任，健全中央和地方财力与事权相匹配的体制。要科学界定和明确省以下不同层级地方政府职能与权责关系，充分发挥地方各级政府的积极性。二要进一步优化行政区划设置。行政区划是国家行政管理的基础，区划设置是否科学合理直接关系行政管理的效能。三要深化乡镇行政体制改革。乡镇政府等基层政权组织是国家政权的基石，乡镇行政体制直接关系到农村经济发展和社会稳定。

（4）创新行政管理方式，提高政府公信力和执行力。这是加快建立中国特色社会主义行政体制的重要方面。一要树立现代行政理念，创新服务和管理模式。二要全面推行依法行政，着力建设法治政府。三要大力推进政务公开。四要提高科学决策水平。五要加快电子政务建设。六要推进政府绩效管理。这样才能有效提高政府公信力和执行力。

（5）推进事业单位分类改革。事业单位改革与行政体制改革相互联系、相互制约。分类推进事业单位改革，理顺政府与事业单位的关系，既是政府自身改革的延伸，也是转变政府职能、建设服务型政府的重要举措。事业单位改革的总体目标是，到2020年建立起功能明确、治理完善、运行高效、监管有力的管理体系和运行机制，形成基本服务优先、供给水平适度、布局结构合理、服务公平公正的中国特色公益服务体系。事业单位改革的工作方针是，分类指导、分业推进、分级组织、分步实施。同时，还要进一步优化社会力量兴办公益事业的制度环境。

➤ 本章小结

行政改革是国家为完善和巩固政治统治采取的特殊行动。其实质就是上层建筑对经济基础的适应性变革。政府在行政改革中既是改革的领导者、主导者，又是改革的对象，政府机构和政府机构的工作人员都是改革的对象，所以，行政改革是政府的自我革命。行政改革的内容既包括政府的职能、行政体制、管理机制，又包括组织机构、工作流程、方式方法等具体的内容。一般来说，行政改革的主要内容包括功能调整、结构调整和行为改变三个方面。

西方国家在20世纪最后20年，由英国开始了一场持续的、大规模的行政改革运动。这场改革是西方国家应对“政府失灵”、经济全球化和新技术革命的挑战做出的选择。“经济人”假设理论是西方国家行政改革的理论前提。公共物品理论及外部效应问题的研究，是西方行政改革的核心理论。关于公共物品的所有研究，都是为了使公共物品的供应机制更加合理和有效；而与之联系紧密的关于外部效应的研究，则是为了更合理地分担成本与收益，以达到资源的最优配置。这些就是西方行政改革的核心。

我国的行政改革是在计划经济体制时期建立的行政体制的基础上进行的。原有行政体制是与当时指令性计划经济体制相适应的高度集权的体制。1982年《宪法》重新确定的我国国家机构体系，是新时期行政改革的宪政起点。1982年至今的行政改革可以分为三个大的阶段深化行政管理体制改革的总体目标是,到2020年建立起比较完善的中国特色社会主义行政管理体制。为实现深化行政管理体制改革的总体目标，要通过改革，实现政府职能向创造良好发展环境、提供优质公共服务、维护社会公平正义的根本转变。当前全面深化行政管理体制改革，要进一步转变政府职能，持续推进简政放权、放管结合、优化服务，提高政府效能，激发市场活力和社会创造力。

➢ 关键术语

行政改革；新公共管理运动；公共选择理论；公共物品理论；外部效应；服务型政府

➢ 思考题

1．什么是行政改革?
2．西方国家行政改革的背景是什么？
3．如何理解西方行政改革的理论依据?
4．西方国家行政改革的趋势是什么？
5．如何理解中国行政改革的动力?
6．中国当前行政改革的重点是什么？

➢ 案例

上海自贸区：先行先试“小政府大社会”[①]

推出“负面清单”，减少行政审批事项、“先证后照”登记制、对外商投资由审批制改为备案制管理……中国（上海）自由贸易试验区（以下简称上海自贸区）作为一项重要的国家战略，自挂牌成立以来，就肩负着制度创新的重任，一系列切实转变政府职能的新举措陆续被推出，引起各方关注。

1. 精简机构，切实提高行政效率

新成立的中国（上海）自由贸易试验区管理委员会在机构整合调整时对机构数量

① 人民论坛网：《上海自贸区：“小政府大社会”改革理念先行先试》，http://www.rmlt.com.cn/2014/0217/ 231089. Shtml，2014年2月17日。

进行了精简，扩大了单个部门的管理范围和权限，尽量将多个相关事宜交由一个部门统一管理。原上海综合保税区管理委员会有9个内设机构和外高桥、洋山、浦东机场3个驻区办事处。新成立的中国（上海）自由贸易试验区管理委员对机构进行了精简，按照大部制改革思路，由“9+3”合并为“7+3”。同时，某些原有的内设的处室改成了可以独立对外开展业务的局，将权力进一步下放。

2. 负面清单，激发市场企业活力

为了与国际接轨，上海自贸区首次实行负面清单管理，清单根据国家法律法规和《外商投资产业指导目录》制定，明确列出禁止的行业，对负面清单之外的领域按内外资一致的原则，将外商投资项目由核准制改为备案制。上海推出的首份2013版“负面清单”列出了18个门类1 069个小类，其中对约190个小类有管理措施；2014年版“负面清单”已缩减到139条；适用于上海、广东、天津、福建四个自贸区的2015年版“负面清单”再缩减到122项。

3. 审批改革，加强事中事后监管

自贸区在很大程度上简化了对入驻企业的审批程序，工商、税务、海关等部门集中对外办公，对企业的申请材料统一受理，再进行内部处理，多批试点货物以“先入区、后报关”的新型通关模式、在货物到达港口但未办结海关手续前就进入自贸区，缩短了审批时间也降低了运行成本。此外，自贸区还进行了商事登记制度改革，实行“先照后证”登记制，在弱化审批的同时，监管得到了加强。上海市发展和改革委员会副主任顾洪辉说，“一线放开”并不意味着管制的放松，而是要根据政府职能转变的要求，从过去的“重事前审批”转向“重事中、事后监管”，用更为高效管用的方法和手段做好行政管理服务。

政府的全新管理模式提高了自贸区的运行效率，营造了良好的商务环境。政府由行政主导向服务型的功能转变是“小政府大社会”的先行先试，势必会进一步释放服务贸易发展的空间，为其发展带来新的机遇。

请思考：

1．上海自贸区的行政改革实践体现了哪些行政管理学原理？

2．结合案例，谈谈我国行政体制改革的主要趋势。

➢ 拓展阅读

俞可平. 2000. 治理与善治. 北京：社会科学文献出版社

Denhardt J V，Denhardt R B. 2010. 新公共服务：服务，而不是掌舵. 方兴，丁煌译. 北京：中国人民大学出版社

Osborne D，Gaebler T. 2006. 改革政府：企业家精神如何改革着公共部门. 周敦仁译. 北京：中国人民大学出版社

Osborne D，Plastrik P. 2014. 再造政府：政府改革的五项战略. 张成福，谭功荣，刘霞译. 北京：中国人民大学出版社

Peters B G. 2013. 政府未来的治理模式（中文修订版）. 张成福，吴爱明，夏宏图译. 北京：中国人民大学出版社

附录1　中英文重要人物对照表

Aristotle 亚里士多德
Chester I. Barnard 巴纳德
Frank J. Goodnow 古德诺
George E. Mayo 梅奥
Henry Fayol 法约尔
Herbert Kaufman 考夫曼
John Locke 洛克
Leonard White 怀特
Montesquieu 孟德斯鸠
Peter F. Drucker 德鲁克
Thomas W. Wilson 威尔逊
Yehezkel Dror 德洛尔
Charlse E. Lindblom 林德布洛姆
D. Lerner 勒纳
Frederick W. Taylor 泰勒
Harlod D. Lasswell 拉斯韦尔
Herbert A. Simon 西蒙
James M. Buchanan 布坎南
Joseph E. Stiglitz 斯蒂格利茨
Max Weber 韦伯
P. Samuelson 萨缪尔森
Plato 柏拉图
Vincent Ostrom 奥斯特罗姆

附录 2　中英文重要术语对照表

administration 行政
administration by law 依法行政
administrative execution 行政执行
administrative legislation 行政立法
administrative license 行政许可
administration litigation 行政诉讼
administrative openness 行政公开
administrative order 行政命令
administrative participation 行政参与
administrative reconsidering 行政复议
administrative remedy 行政救济
an invisible hand "看不见的手"
balanced score card theory 平衡计分卡理论
behavior sciences 行为科学
behaviorism 行为主义
benchmarking 标杆管理
bureaucracy theory 官僚制理论
citizen's charter 公民宪章
civil servant 文官
club goods 俱乐部物品
common resources 公共资源性物品
contingency theory 权变理论
economic man 经济人
entrepreneurial government 企业型政府
game theory 博弈论
government performance management 政府绩效管理
human resource management 人力资源管理
intergovernmental relations 政府间关系
local government 地方政府
management information system for ministers 部长管理信息系统
managerialism 管理主义
new public management 新公共管理
non-competitive 非竞争性
non-excludability 非排他性
non-governmental organization 非政府组织
performance management 绩效管理
policy sciences 政策科学
polities-administration dichotomy 政治–行政二分
preference 偏好
principal-agent theory 委托—代理理论
production cost theory 生产成本理论
public administration 公共行政
public choice theory 公共选择理论
public finance 公共财政
public goods 公共物品
public goods theory 公共物品理论
public management 公共管理学
rational-economic man 理性经济人
Rayne scrutiny programme 雷纳评审
reengineering government 政府再造
scientific management theory 科学管理理论
separation of the three powers 三权分立
social governance theory 社会治理理论
steering rather than rowing "掌舵者而非划桨者"
the flexibility theory 弹性管理理论
the rule of law 法治
the spoils system 政党分肥制